SHOW ENGLISH READING

you the best way to

영문독해 바로잡기

홍익미디어 ⁺ I
DongYang Books

you the best way to

SHOW ENGLISH READING
*영문독해 바로잡기

초판 인쇄 | 2008년 6월 12일
초판 발행 | 2008년 6월 19일

지은이 | 신융빈, 남궁현석
발행인 | 김태웅
편 집 | 최문선, 형승희, 조선형
디자인 | 안성민, 최진화
내지디자인 | 이현해
영 업 | 한찬수, 육장석, 박종원, 이용주, 한승엽, 박광균
제 작 | 이시우

발행처 | 홍익미디어플러스(주)(동양문고 · 상상공방)
등 록 | 제 2-4410호(2006년 2월 22일)
주 소 | 서울시 마포구 서교동 463-16호 (121-841)
전 화 | 02-333-0957
팩 스 | 02-333-0964
홈페이지 | http://www.hongikmediaplus.co.kr
         www.dongyangbooks.com

ⓒ 2008 홍익미디어플러스(주)
ISBN 978-89-5939-038-0 03740

SHOW

you the best way to

ENGLISH
READING

*영문독해
바로잡기

Prologue

영어를 공부하는 가장 중요한 목적은 영어로 의사소통(communication)을 할 수 있는 능력을 갖추는 일이다. 그러나 대부분의 사람들은 투자한 시간과 노력에 비해 학습능률이 오르지 않는데서 낭패감을 맛보게 된다.

필자는 영문독해를 학습하려는 독자들을 만나 그들의 고민이 무엇인가 알아봤다. 한결같이 똑같은 말이 반복되었다. 산더미 같은 영어책 중에서 자기에게 적합한 책을 고르기도 너무 어렵고, 또한 내용이 너무 어렵다는 것이었다.

영어로 가득한 지면을 접하게 되면 왠지 모르게 거부감을 느끼게 된다고 한다. 그들이 그렇게 느끼는 것은 영어 전반에 자신감이 없기 때문일 것이다. 생소한 어휘, 복잡한 구문 등이 영어 학습에 장애물이 되어 한 순간에 영어정복 결심이 무너지는 것을 주변에서 자주 봐왔다.

'영어학습에 왕도는 없지만 그래도 독자들이 쉽게 공부할 수 있는 방법은 무엇일까?' '그들이 만족할만한 독해 책은 어떻게 쓰여져야 하는가?' 이런 고민 끝에 조금이나마 영어를 즐기며 학습할 수 있는 Show you the best way to English Reading을 집필하게 되었다.

한 번에 공부하기 힘든 것도 나누어서 하다 보면 쉽게 정복할 수 있다. 일부 사람들은 영어 공부를 한두 번 시도해본 후 실패하게 되면 할 수 없다고 판단하여 포기한다. 만약 당신이 그런 사람이라면 할 수 없다는 것을 쪼개고 또 쪼갠 것을 먼저 정복하려고 노력하라.

필자는 이러한 학습자를 위하여, Part I에서 독해지문을 한 문장씩 나누어 구문분석과 함께 단어를 자세히 설명함으로써 쉽게 공부할 수 있도록 했다. Part II에서는 Part I과는 달리 독해지문의 전체문장의 내용이 길고 좀 더 어려운 것으로 선택하여 자신도 모르게 학습능률이 향상될 수 있도록 하였다.

Great teachers are not great because they are successful in cramming the heads of their students with facts; they are great because they inspire their students to think for themselves and to think deeply about those matters of importance to the rich and responsible life.

훌륭한 선생님들이 암기 사항을 학생의 머리속에 각인시켜 주기 때문에 훌륭한 것이 아니라 학생들 스스로 사고하도록 격려하고, 풍부하고 책임 있는 삶에 중요한 문제들을 깊이 생각하도록 학생들을 격려하기 때문에 훌륭한 것이다.

위 글에서처럼 필자는 독자 여러분들이 생각하면서 공부할 수 있는 시간을 가질 수 있도록 '문법강의' 코너에서는 '왜 이럴까? 어떻게 이러한 구조가 되었는가!' 하는 설명을 실어 놓았다. 이런 학습 습관을 여러분이 공부하는 분야에 접목시킨다면 더 많은 발전이 있으리라 필자는 믿는다.

끝까지 문장의 교정을 도와준 Charnel Williams 양과 Ulli 여사께 감사의 마음을 전합니다. 아울러 어느 독해책보다 훌륭한 독해 학습서가 나오도록 힘써주신 김태웅 사장님과 최문선 팀장님께 진심으로 감사드린다.

신융빈 저

About the book

이 책은 독해에 도전하는 독자들에게 낯선 어휘·복잡한 구문 등에 전혀 어려움을 느끼지 않고 자신감을 가지고 공부할 수 있도록 기획된 학습서이다.

Level 1

50개의 지문을 한 문장씩 나누어 정확한 해석과 사전 없이 공부할 수 있도록 정확한 어휘 풀이 및 구문분석을 했기 때문에 누구나 쉽게 공부할 수 있도록 다루었다.

마침표를 기준으로 한 문장씩 해설했기 때문에 누구나 쉽게 접근할 수 있다. 가능한 한 모든 어휘를 발음기호와 함께 빈도수가 높은 뜻을 다루었으며 편의상 첫 번째 뜻이 문장해석과 관련된 것들이다.

Level 2

Level 1단계와는 달리 문단으로 나누어 20개의 지문을 다루었다. Level 1단계를 착실히 학습한 독자라면 쉽게 접할 수 있도록 해설을 했다.

이 책의 부속물

정답과 해설
본문의 정답과 별도로 본책 뒷부분에 코너를 만들었다. 독해의 해결 방향이 잡히지 않을 때 바로 옆에서 설명하듯이 자세하고 생생한 풀이를 제시해 문제의 효과적인 해법을 보여 준다.

단어장
본문에 나온 단어와 숙어들이 미니 단어장에 모두 실려있다.
이 책으로 예습도 해보고 본 책과 함께 마지막까지 공부하세요.

영어 본문 그대로를 원어민의 목소리로 mp3 제공
본문 내용을 CD로 들어봄으로써 원어민의 발음에 익숙해지고 또한 전체적인 내용을 파악하는 데 도움이 되도록 하였다.

각 Lesson별 독해 주제를 나타낸다. 미리 글의 요지를 알려줌으로써 글의 전체 내용을 연상 또는 유추해볼 수 있도록 하였다.

문장별로 구분하여 단계별 독해 학습이 가능하도록 하였다.

원하는 내용을 바로 찾을 수 있도록 Lesson별로 다시 한번 표시해 두었다.

본문 해석에 따라 단어를 정리해 놓았다.

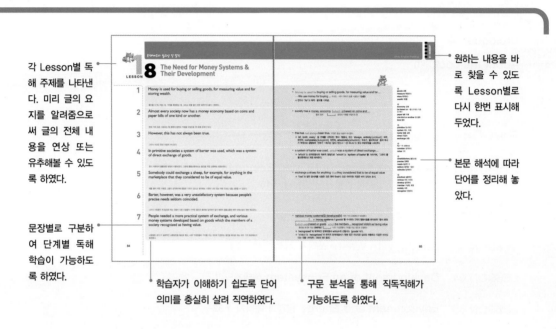

학습자가 이해하기 쉽도록 단어 의미를 충실히 살려 직역하였다.

구문 분석을 통해 직독직해가 가능하도록 하였다.

전체적인 내용을 이해하도록 전문을 실었다.

학습자가 정확한 이해를 했는지 스스로 테스트할 수 있도록 독해 문항을 실었다.

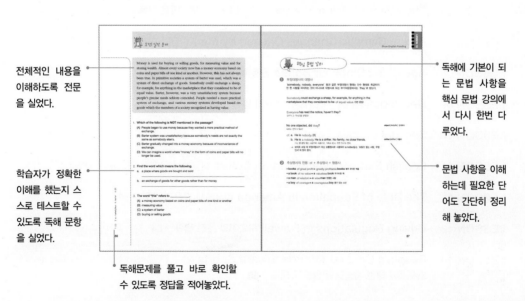

독해문제를 풀고 바로 확인할 수 있도록 정답을 적어놓았다.

독해에 기본이 되는 문법 사항을 핵심 문법 강의에서 다시 한번 다루었다.

문법 사항을 이해하는데 필요한 단어도 간단히 정리해 놓았다.

Contents

목차

Part Two   Level 2

문법 연구 목록

PART ONE

Level 1

LESSON 01

Languages Separate Human Beings from Animals

1 The use of language is an integral part of being human.

언어를 사용하는 것이 인간이 되는 데 없어서는 안 될 중요한 요소이다.

2 Children all over the world start putting words together at approximately the same age, and follow remarkably similar paths in their speech development.

전 세계의 아이들은 거의 같은 나이에 단어를 짜맞추기 시작하고 그들의 언어 발달에 있어 현저히 유사한 길을 따라 간다.

3 All languages are surprisingly similar in their basic structure, whether they are found in South America, Australia or near the North Pole.

모든 언어는 남미, 오스트레일리아 또는 북극에서 발견되든 언어의 기본 구조는 놀라울 정도로 유사하다.

4 Language and abstract thought are closely connected, and many people think that these two characteristics above all separate human beings from animals.

언어와 추상적 생각(머릿속에 그리는 상(像))은 긴밀히 연결되어서, 이 두 가지 특징 때문에 인간과 동물이 특히 구별된다고 많은 사람들은 생각한다.

- the use of language 언어를 사용하는 것
  ➜ 전치사 'of' 는 목적 관계를 나타내어 'using language' 와 같이 다시 쓸 수 있다.
  eg. the management of the store 상점을 경영하는 것(= managing the store)
  the exchange of goods 물건을 교환하는 것(= exchanging goods)

- Children all over the world start putting words together at approximately the
  S └──┘ 전 세계의 (형용사구)   V   O 거의 같은 나이에 단어를 짜 맞추는 것을
  same age and follow remarkably similar paths in their speech development.
  V   부사   O 유사한 길을 └──┘ 그들의 언어 발달에 있어
  ➜ 3형식의 두 문장이 and로 연결된 구조

- whether (양보 부사절을 이끌어) ~이든지 아니든지; (명사절을 이끌어) ~인지 어떤지
  cf. I don't know whether he is at home or at the office.
  그가 집에 있는지 사무실에 있는지 모르겠어. 〈명사절〉

- Language and abstract thought are closely connected
  ➜ 동사만을 수식하는 양태부사('how' 의 응답으로 사용되는 방법 부사) 'closely' 는 수동문에서 수동 형용사 앞으로 이동해야만 한다. 〈19쪽 문법 강의 참조〉

❶
use 사용
language 언어
integral 없어서는 안 될
part 요소
human 인간의

❷
put ... together 짜맞추다
approximately 대략
follow 따라가다
remarkably 현저히
similar 유사한
path 길
speech 말; 연설
development 발달

❸
surprisingly 놀랄 만큼
basic 기본적인
structure 구조, 조직
the North Pole 북극

❹
abstract 추상적인
thought 생각, 사고
closely 긴밀히
connect 연결하다
characteristic 특질, 특성
above all 특히
separate 구별하다
human being 인간

The use of language is an integral part of being human. Children all over the world start putting words together at approximately the same age, and follow remarkably similar paths in their speech development. All languages are surprisingly similar in their basic structure, whether they are found in South America, Australia or near the North Pole. Language and abstract thought are closely connected, and many people think that these two characteristics above all separate human beings from _____.

1. Which of the following is **NOT** mentioned in the above passage?
   (A) It is indispensable for human beings to use language.
   (B) Children of about an age concurrently learn to speak their mother tongue.
   (C) The basic structures of the languages found in South America, Australia or near the Arctic are almost the same.
   (D) The close connection of language and abstract thought can be seen in animals.
   (E) The use of language can distinguish human beings from animals.

2. Which of the following is the most suitable one for the blank?
   (A) ancestors
   (B) offsprings
   (C) animals
   (D) children

3. Choose the incorrect part of the sentence.

   Children all over the world start putting words together at approximately the same age,
                              (A)   (B)
   and following remarkably similar paths in their speech development.
          (C)   (D)

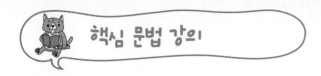

핵심 문법 강의

▶ 수동태에서 양태부사

동사만을 수식하는 양태부사('how'의 응답으로 사용되는 부사)는 수동태에서 수동 형용사 앞으로 이동해야만 한다.

Language and abstract thought are closely connected, ... ⟨4번 문장⟩

Positively used, anger can give strength, release tension and generate warmth and good feelings.
긍정적으로 이용되면 화로 인해 힘을 얻고, 긴장도 풀며 온정과 좋은 기분을 느낄 수도 있다.

→ 부사절 'if you use it positively'를 분사 구문으로 전환하면 'Used positively'가 아닌 'Positively used'와 같이 부사의 위치가 바뀌는 이유는 무엇일까?

   a. If you use it positively, anger can give strength, ... ⟨원래 문장⟩

   b. If it is positively used, anger can give strength, ... ⟨수동 변형⟩

   c. Positively used, anger can give strength, ... ⟨분사 구문: 30과 참조⟩

→ 문장 a)를 b)와 같이 수동으로 한 이유는 분사 구문으로 전환하려면 주절과 부사절의 주어를 일치해야만 하기 때문이다. 수동으로 전환하면서 'positively'의 위치가 바뀐 이유는, 부사절을 축소하면 부사(구) 기능을 하기 때문에 분사 구문에서 'used'는 동사가 아닌 부사 역할을 하게 된다. 그러므로 동사 뒤에서 수식하던 부사 'positively'가 부사 기능을 하는 'used' 앞으로 이동해야만 한다.

positively [pάzətivli] 긍정적으로
strength [streŋkθ] 힘
release [rilíːs] 풀어 주다
tension [ténʃən] 긴장
generate [dʒénərèit] 발생시키다
warmth [wɔːrmθ] 따듯함; 온정
feeling [fíːliŋ] 감정

"How many people, roughly?" "Roughly speaking I'd say 200."
"대략 몇 명?" "대략 말해서 200명쯤."

→ 부사절 'If I speak roughly ...'에서 'Roughly speaking'으로 부사의 위치가 바뀐 것은 분사 'speaking'이 주절을 수식하는 부사적으로 쓰이기 때문에 동사를 뒤에서 꾸며주던 부사 'roughly [rΛfli]'가 분사 앞으로 이동한 것이다.

   cf. **frankly** [frǽŋkli] **speaking** 솔직히 말해서
      briefly [bríːfli] **speaking** 간단히 말해서
      strictly [stríktli] **speaking** 엄격히 말해서
      generally [dʒénərəli] **speaking** 일반적으로

roughly [rΛfli] 대충, 대략적으로

A truck collided with a bus yesterday. No one was injured, but both vehicles were seriously damaged.
어제 한 트럭이 버스와 충돌했다. 부상자는 없지만 2대의 차량이 심한 손상을 입었다.

→ 분사는 동사·형용사의 성질을 지니고 있으므로 양태부사 'seriously'는 'damaged'의 앞뒤에 올 수 있지만 분사(또는 수동 형용사) 앞으로 이동하는 것이 영·미국 사람들에게 보다 자연스럽게 느껴진다.

collide [kəláid] 충돌하다
injure [índʒər] 상처를 입히다
vehicle [víːikəl] 차량
damage [dǽmidʒ] 손상시키다
seriously [síəriəsli] 몹시; 진지하게

LESSON 02

True Happiness

1 I have a friend who went to a social gathering.

어느 사교 모임에 다녀온 한 친구가 있다.

2 A harelipped lad with pimples on his face sat over in the corner.

얼굴에 여드름이 난 언청이 소년이 구석 저쪽에 앉아 있었다.

3 Nobody paid any attention to him.

아무도 그에게 관심을 보이지 않았다.

4 He looked lonely, despondent and miserable.

그는 외롭고, 의기소침하고, 비참해 보였다.

5 My friend went over and spent the evening with him.

나의 친구는 그 소년 쪽으로 가서 자리를 같이 하고 함께 저녁 시간을 보냈다.

6 When he left, the lad was full of smiles. This friend has shown mercy.

그가 떠날 때 소년 얼굴엔 미소로 가득했다. 이 친구는 온정을 베풀었던 것이다.

7 The path to happiness is not found in selfish living.

행복에 이르는 길은 이기적인 생활 속에서는 찾아볼 수 없는 것이다.

8 Instead, when we show mercy to others, then we will make others happy and experience true happiness ourselves.

대신에 우리가 남에게 자비를 베풀 때, 우리는 다른 사람을 행복하게 해주게 되며 우리 자신이 직접 진정한 행복을 체험할 수 있다.

형용사구를 형용사절로 확장:

- A harelipped lad with pimples   on his face
  　　　　　　└──┘ 형용사구　└──┘ 형용사구

  ⋯→ A harelipped lad who has pimples that are on his face

병렬 구조: 등위접속사 'and'로 연결되는 구문에서 좌우는 동일한 문법 구조

- He looked *lonely, despondent* and *miserable*. 〈형용사 + 형용사 + 형용사〉

  eg. He enjoys swimming *and* dancing. 그는 수영하고 춤추는 것을 즐긴다.

→ **over** 위치의 변화를 나타내며, 'join(함께하다)'의 뜻이다.

  eg. Come and sit over here. 이쪽으로 와서 앉아.

  　　 Come over and have a drink. 우리 집에 와서 한 잔 하자구.

강조 복수: 많은 양·정도·강렬함을 표현하기 위해 추상명사·물질명사를 복수로 사용

- the lad was full of smiles 그 소년은 함박웃음으로 가득했다

  eg. the snows of Kilimanjaro 킬리만자로의 적설(積雪)

  　　 the sands of the desert 사막의 모래밭

도착의 뜻을 함축시킨 방향 전치사 to: ~로

- the path to happiness 행복에 이르는 길

  eg. the path to glory 영광으로 가는 길

  　　 the path to ruin 파멸로 가는 길

- we will ... and experience true happiness ourselves.

  → 'ourselves'는 재귀대명사의 강조용법으로 주어 'we'를 강조한다.

  → 재귀대명사는 문장 내의 주어나 목적어 등을 강조한다. 강조 용법의 재귀대명사는 강조하고자 하는 명사의 바로 뒤, 또는 문장의 맨 끝에 위치하며 생략 가능하다.

❶
social 사교적인
gathering 모임

❷
harelip 언청이
lad 소년
pimple 여드름

❸
pay attention to ~에 관심을 보이다
attention 주의, 관심

❹
lonely 외로운
despondent 의기소침한
miserable 비참한

❺
leave 떠나다
full of ~으로 가득한
mercy 자비, 친절; 연민

❻
path 길
selfish 이기적인
living 생활

❼
instead 그 대신에
experience 체험하다
true 진정한
happiness 행복

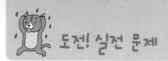

I have a friend who went to a social gathering. A harelipped lad with pimples on his face sat over in the corner. Nobody paid any attention to him. He looked lonely, **despondent** and miserable. My friend went over and spent the evening with him. When he left, the lad was full of smiles. This friend has shown mercy. The path to happiness is not found in selfish living. Instead, when we show mercy to others, then we will make others happy and experience true happiness ourselves.

1. According to the passage, which of the following statements is **NOT** true?

   (A) Happy are the merciful.
   (B) We can gain deep and lasting happiness by showing kindness to the less fortunate.
   (C) Any lad with pimples on his face looks lonely and very unhappy.
   (D) Those who always do something out of self-interest can hardly gain true happiness in life.

2. The word "despondent" means _____.

   (A) completely without hope and courage
   (B) unhappy because of being alone or without friends
   (C) forgiving or being kind rather than punishing or being cruel
   (D) eager to mix socially with others

3. Which of the following is grammatically wrong?

   (A) We ourselves will experience true happiness by making others happy.
   (B) The lad with pimples on his face looked lonely, despondent and miserable.
   (C) Last night I was very surprised by the masked boy.
   (D) Hardly any attention was paid to the homeless.

4. Choose the incorrect part of the sentence.

   Nobody paid <u>any attention</u> to him. He looked <u>lonely</u>, <u>despondent</u> and <u>miserably</u>.
                   (A)   (B)   (C)   (D)

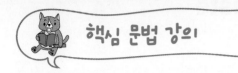

① 관계대명사

   a. I have a friend.

   b. He went to a social gathering.

a + b) ⇒ I have a friend **and he** went to a social gathering.

⬇ → 접속사 + 대명사 ⋯➙ 관계 대명사

⋯➙ I have a friend **who** he went to a social gathering.

선행사 └────┘ 어느 사교 모임에 다녀온 (형용사절)

➙ 관계대명사는 2문장을 연결하는 '접속사 + 대명사'의 역할을 한다. 관계대명사는 선행사의 범위를 한정해 주거나 새로운 정보를 제공한다. 따라서 관계대명사절은 선행사를 수식하는 형용사 기능을 한다.

② 부정 주어의 수동

'Nobody paid any attention to him.'과 같은 문장에서 동사와 목적어의 관계를 아래 a), b)와 같은 구조로 보면 2개의 수동태가 가능하다.

   a. <u>Nobody</u> <u>paid</u> <u>any attention to</u> <u>him</u>.
         S   V   O

     ⋯➙ He was paid *any* attention to by nobody. (x)

     ⋯➙ He was **not** paid *any* attention to.

   b. <u>Nobody</u> <u>paid</u> <u>any attention</u> <u>to him.</u>
         S   V   O   부사구

     ⋯➙ *Any* attention was paid to him by nobody. (x)

     ⋯➙ **Not** any attention was paid to him. / **No** attention was paid to him.

➙ 위 a, b)문장의 첫 번째 수동문장이 틀린 이유는 부정문에서 'any / ever'는 부정어(not, hardly) 뒤에 위치해야만 한다. 그러므로 부정대명사 'Nobody'를 'not ... anybody'로 분리시켜 부정어 (not)가 'any' 앞으로 이동해야 한다. 그 이유는 'any / ever'는 부정어(not, hardly)의 영역 안에 있어야만 하기 때문이다. 즉 'not + any'의 형태가 되어야 하므로 부정어가 주어인 문장을 수동으로 전환할 때 주의해야 한다.

LESSON 03 Dealing with Waste

1

Disposing of the household waste such as paper, empty containers, and food we put out every day is a constant headache in cities around the world.

우리가 매일 버리는 휴지, (상자 · 병 · 깡통 등과 같은) 빈 용기 그리고 음식물 찌꺼기와 같은 집안 쓰레기를 처리하는 것이 전 세계 도시에서 끊임없는 골칫거리이다.

2

In our country, over 100 million tons of garbage are produced annually.

우리나라에서 매년 1억 톤 이상의 쓰레기가 쏟아져 나온다.

3

Ten percent is regular garbage, hazardous waste, or recyclables, such as newspapers, glass bottles, and some metals, ten percent is garbage that can be easily burned, such as kitchen and garden trash, and the rest is put in landfills.

그중 10퍼센트는 일상적 쓰레기, (유해한 화학물질 또는 방사능 물질이 들어있는) 유독성 쓰레기, 또는 신문, 유리병, 그리고 금속류 같은 재활용품이고, 10퍼센트는 쉽게 연소시킬 수 있는 부엌과 정원에서 나온 쓰레기이다. 그리고 나머지는 매립지에 묻는다.

4

However, finding a new landfill site is becoming more difficult.

그러나 새로운 매립지를 찾는 것이 더욱 어려워지고 있다.

- Disposing of the household ... is a constant headache in cities around the ....

　　S 집안 쓰레기를 처리하는 것　　　V　　C 끊임없는 골칫거리　↑__| 형용사구 ↑__| 형용사구

➜ 집안 쓰레기(household waste)의 예(such as paper, ... every day)와; 'food'의 범위를 한정해주는 관계대명사절 '(which) we put out every day'을 따로 분리시키면 간단한 구조이다.

- Ten percent is regular garbage, hazardous waste, or recyclables

　　　　S　　　V　　　　C 일상적 쓰레기, 유독성 쓰레기, 재활용품

➜ 쓰레기와 재활용품의 예(such as newspapers, ... and some metals/such as kitchen and garden trash)와; 'garbage'의 범위를 한정해주는 관계대명사절(that can be easily burned)을 분리시키면 간단한 2형식 구조이다.

❶
dispose of 처분하다
household 집안의
waste 쓰레기
empty 빈, 공허한
container 그릇, 용기
put out (집밖에) 내놓다; 배출하다
constant 끊임없이
headache 골칫거리

❷
over ~이상
million 백만
produce 생기게 하다
garbage 쓰레기(美)
annually 매년

❸
regular 일상의
hazardous 위험한
waste 쓰레기
recyclables 재활용품
burn 타다; 태우다
trash 쓰레기
rest 나머지
put in 넣다
landfill 쓰레기 매립지

❹
however 그러나
site 부지

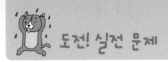

Disposing of the household waste such as paper, empty containers, and **food** we put out every day is a constant headache in cities around the world. In our country, over 100 million tons of garbage are produced every year. Ten percent is regular garbage, hazardous waste, or recyclables, such as newspapers, glass bottles, and some metals, ten percent is garbage that can be easily burned, such as kitchen and garden trash, and the rest is put in landfills. However, finding a new landfill site is becoming more difficult.

1. Which of the following would be the best title for the passage?
   (A) Garbage Recycling
   (B) Garbage Disposal
   (C) Finding New Landfills
   (D) Major Problem of Garbage

2. According to the passage, which of the following is **NOT** true?
   (A) What's annoying is not only getting rid of waste, but finding a new landfill.
   (B) Waste material that can be used again comes up to a small amount.
   (C) Amount of regular garbage is as much as that of what can be combustible.
   (D) Amount of garbage put out every day is not so serious in our country.

3. The word "food" means _____ food.
   (A) thrown-away
   (B) manufactured
   (C) fast
   (D) cooked

4. Choose the incorrect part of the sentence.

   Disposing of the household waste such as paper, and food we put out everyday
        (A)   (B)   (C)
   is a constant headache in cities around the world.
             (D)

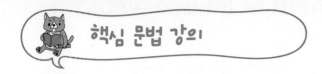
핵심 문법 강의

① 예시를 나타내는 such as

'such as'는 '~같은(like), 예를 들어'의 뜻으로 'for example / for instance(예를 들어)' 등과 함께 예시를 나타낼 때 쓰인다. 〈52과 핵심 문법 강의 참조〉

Disposing of the household waste such as *paper, empty containers, and food* we put out every day is a constant headache ... 〈1번 문장〉
우리가 매일 버리는 휴지, (상자 · 병 · 깡통 등과 같은) 빈 용기 그리고 음식물 찌꺼기와 같은 집안 쓰레기를 처리하는 것이 끊임없는 골칫거리이다.

... recyclables, such as *newspapers, glass bottles, and some metals*, ten percent is garbage, such as *kitchen and garden trash*, 〈3번 문장〉
신문, 유리병, 그리고 금속류 같은 재활용품이고, 10%는 부엌과 정원에서 나온 쓰레기이다.

② 동명사(Gerund)

동명사는 '동사 + -ing' 형태로 문장의 주어 · 보어 · 목적어로 쓰이고 타동사와 전치사의 목적어로 쓰이는 명사 기능을 한다. 또한 동명사는 동사의 성질을 지니고 있기 때문에 수식어구(목적어 · 보어 · 부사)를 가질 수 있다. 아래 문장에서 이탤릭체는 동명사의 목적어, 동명사를 수식하는 부사.

Disposing of *the household waste* is a constant headache ....
집안 쓰레기를 처리하는 것이 끊임없는 골칫거리이다.

Finding *a new landfill site* is becoming more difficult. 〈4번 문장〉
새로운 매립지를 찾는 것이 더욱 어려워지고 있다.

Crash diets don't do you any good! Working out *regularly* is a healthier way to lose weight.
무리한 다이어트는 몸에 전혀 도움이 안 돼! 규칙적으로 운동하는 것이 살을 빼는 데 훨씬 좋은 방법이라구.

crash diet 단기간에 많은 체중을 줄이려는 다이어트
crash [kræʃ] 톕 속성의
do sb good ~에게 효과가 있다
work out 몸매를 다듬기 위해 운동하다

27

LESSON 04
Development of an Ecosystem

1 An ecosystem, such as a tropical rain forest, does not suddenly appear overnight.

열대 우림과 같은 생태계는 하룻밤 사이에 갑자기 나타나는 것이 아니다.

2 It develops over decades or centuries. Ecosystems mature, just as people do, from infants to adults.

생태계는 수십 년 혹은 수백 년에 걸쳐 발달된다. 마치 사람들이 유아에서 어른으로 성숙하는 것처럼 생태계는 성숙하는 것이다.

3 An open field will eventually turn into a forest, but first it must go through several stages similar to a human's developmental stages.

수목이 없는 광활한 벌판이 결국 숲으로 변하겠지만 인간의 발달단계와 유사한 몇 단계를 먼저 거쳐야만 한다.

- <u>An ecosystem</u> does not suddenly <u>appear</u> overnight.
    S   V
  - 예(例) "such as a tropical rain forest"를 따로 분리시키면 간단한 1형식 구조

- <u>Ecosystems</u> <u>mature</u>, just as people <u>do</u>, from infants to adults.
    S   V   (방법) 부사절   부사구
  - 'do'는 'mature'를 대신하는 대동사

- several stages (which are) similar to
  몇 단계   ⌐_____┐ ~와 유사한

❶
ecosystem 생태계
such as ~같은
tropical 열대(지방)의
tropical rain forest 열대 우림
suddenly 갑자기
appear 나타나다
overnight 하룻밤 사이에

❷
develop 발달 / 발육하다
decade 10년
century 백년, 1세기
mature 성숙하다
just as 마치 / 꼭 …처럼
from ... to ~에서 …에 이르기까지
infant 유아
adult 성인

❸
open field 광활한 들판
eventually 결국에(는)
turn into ~으로 변하다
go through ~을 겪다
several 몇몇의
stage (발달) 단계
similar to ~과 유사한
human 인간
developmental 발달상의

An **ecosystem**, such as a tropical rain forest, does not suddenly appear overnight. It develops over decades or centuries. Ecosystems mature, just as people do, from infants to adults. An open field will eventually turn into a forest, but first it must go through several stages similar to a human's developmental stages.

1. **What is the main topic of this passage?**
   (A) Ecosystem and Human beings
   (B) A Human's Developmental Stages
   (C) Development of an Ecosystem
   (D) Tropical Ecosystems

2. **What does the word "ecosystem" mean?**
   (A) all the plants, animals, and people in an area together with their surroundings
   (B) the natural conditions, such as air, water, and land, in which people, animals, and plants live
   (C) everything that exists in the world independently of people, such as plants and animals, earth and rocks and the weather
   (D) a large area of land thickly covered with trees and bushes

3. **Choose the incorrect part of the sentence.**
   An open field will <u>eventually</u> turn into a forest, but first it must <u>go through</u> several stages
   (A)   (B)
   <u>similarly</u> to a <u>human's</u> developmental stages.
   (C)   (D)

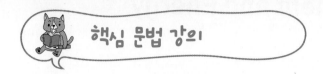

① 양태접속사 'as'

양태 접속사란 '~이 …한/…하는 것과 같이, ~와 마찬가지로'의 뜻으로 방법을 나타내는 접속사를 말한다.

Ecosystems mature, just **as** people **do**(= mature), from infants to adults.
꼭 사람들이 유아에서 어른으로 성숙하는 것과 마찬가지로 생태계는 성숙한다.

Do **as** I tell you.
내 말대로 해라(= Do as I say.)

Leave the table **as** it is.
지금 있는 대로 식탁을 그대로 둬.(즉 건드리지 마.)

As (it) often happens she has married again.
흔히 있는 일이지만 그녀는 재혼했다.

→ 위 문장의 경우 주어 'it' 가 생략되면 'as' 는 의사 관계대명사로, 'it' 가 있으면 양태접속사로 쓰인 것이다.

② 대동사 'do'

대동사란 앞서 언급된 동사 또는 술부를 대신하는 것을 말한다.

Mary reads books faster than he **does**.
메리는 그 사람보다 책을 빨리 읽는다.

→ do = reads books

"I love you, honey." "**So do I.**"
"여보 사랑해."   "저도 사랑해요."

"I don't like smoking." "**Neither do I.**"
"난 담배 피우는 걸 싫어해."   "나도 싫어해."

→ 다른 사람과 같은 느낌을 갖게 되어 동의를 나타내거나, 식당 · 커피숍 등에서 상대방이 주문한 것과 동일하게 주문을 할 때 같은 표현을 반복하지 않고 간단하게 응답할 수 있는 방법이 'Me too. / So do I. / I do, too.' 이다.
긍정으로 되받아 응답할 경우에 'So do I. / I do, too. / Me too.' 가 쓰이고 부정으로 응답할 경우에는 'Neither do I. / I don't, either. / Me, neither.' 가 쓰인다. 앞서 말한 사람이 사용한 동사에 따라 'So do I. / So have I. / So can I. / So am I.' 등이 쓰인다.

LESSON 05 Environment and Energy

1 Once up and running, a nuclear power station produces very little atmospheric pollution, either directly or indirectly.

핵발전소가 일단 완공되어 기계가 돌아가는 순간부터 직접이든 간접이든 아주 소량의 대기 오염물질을 배출하게 된다.

2 Moreover, it requires only small amounts of fuel, whereas a coal-fired power station not only gives off large amounts of carbon dioxide, sulphur dioxide and nitrous oxides, but also requires the large-scale mining and transportation of fuel.

더욱이 그것은(it = a nuclear power station: 핵발전소) 단지 소량의 연료를 필요로 한다. 이에 반하여 석탄을 연료로 하는 (화력) 발전소는 많은 양의 이산화탄소, 아황산가스 그리고 일산화질소뿐만 아니라 대규모의 광업과 연료수송을 필요로 한다.

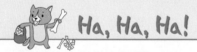

Ha, Ha, Ha!

The doctor's receptionist was startled when a nun stormed out of the examining room and left without paying. When the doctor turned up, she asked what had happened. "Well," said the doctor, "I examined her and told her she was pregnant." "Doctor!" exclaimed the receptionist. "That can't be!" "Of course not," he replied. "But it sure cured her hiccups."

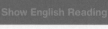

- once (it is built) up and (it is) running
  일단 완공되어 기계가 돌아가는 순간부터
  → 'up'은 '종결(completely finished)·완성' 등을 나타내는 강조 부사

- not only gives off amounts of carbon dioxide, ..., but also requires the
               V   O   V
  large-scale mining ...
         O
  → 상관 접속사 'not only A but also B(A뿐만 아니라 B도 또한)'가 2개의 술부를 연결하고 있고, 익숙하지 않은 여러 가지 가스 명칭 때문에 복잡해 보일뿐 간단한 3형식 구조이다.

❶
once ~하는 순간부터
run (기계가) 돌아가다
nuclear 핵의, 원자력의
power station / plant 발전소
produce 배출하다
atmospheric 대기의
pollution 오염물질
directly 직접

❷
moreover 게다가, 더욱이
require 필요로 하다
amount 양(量); 총계
fuel 연료
whereas ~에 반하여
coal-fired 석탄을 연료로 하는
give off (냄새 등을) 발하다
carbon dioxide 이산화탄소
sulphur dioxide 아황산가스
nitrous oxide 일산화질소
large-scale 대규모의
mining 광업
transportation 수송, 운송

수녀가 임신을?
한 수녀가 진찰실로부터 매우 화가 나서 뛰쳐나와 돈도 지불하지 않고 떠났을 때 병원의 수납계원은 놀랐다. 의사가 나타나자 그녀는 무슨 일이 있었는가 물었다. "글쎄 말이야, 수녀를 진찰하고, 그녀가 임신을 했다고 말했지." "선생님! 그럴 리 없어요."하고 수납계원은 큰소리로 외쳤다. "물론 아니지, 그러나 그것 때문에 수녀의 딸꾹질을 확실하게 고쳤지."라고 그는 응답했다.

receptionist[risépʃənist] 수납계원   **startle**[stá:rtl] 깜짝 놀라게 하다   **nun**[nʌn] 수녀   **storm out** 매우 화가 나서 뛰쳐나가다   **leave**[li:v] 떠나다   **turn up** 나타나다(appear[əpíər], show up)   **examine**[igzǽmin] 진찰하다
pregnant[prégnənt] 임신한   **exclaim**[ikskléim] 크게 외치다   **reply**[riplái] 응답/대꾸하다   **sure**[ʃuər] 확실히
cure[kjuər] 고치다   **hiccup**[híkʌp] 딸꾹질

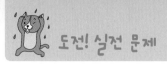

Once up and running, a nuclear power station produces very little atmospheric pollution, either directly or indirectly. _____, **it** requires only small amounts of fuel, whereas a coal-fired power station not only gives off large amounts of carbon dioxide, sulphur dioxide and nitrous oxides, but also requires the large-scale mining and transportation of fuel.

1. What does the above passage mainly discuss?

    (A) Environment and Energy
    (B) Nuclear is clean, but is it safe?
    (C) Problems of Transportation
    (D) Serious Atmospheric Pollution

2. According to the passage which of the following is **NOT** mentioned?

    (A) Burning fossil fuels releases pollutants.
    (B) Nuclear energy doesn't require large amounts of fuel.
    (C) Nuclear energy doesn't create much waste.
    (D) A nuclear power station scarcely has an impact on the environment.

3. Which of the following would be suitable to fill in the blank?

    (A) However
    (B) Therefore
    (C) Nevertheless
    (D) Moreover

4. The word "it" refers to _____.

    (A) a nuclear power station
    (B) atmospheric pollution
    (C) a small amount of fuel
    (D) a coal-fired power station

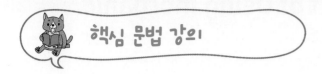

핵심 문법 강의

▶ 상관 접속사

2개 이상의 단어가 서로 떨어져 하나의 접속사 역할을 한다. 상관 접속사로 연결되는 두 어구(語句)는 동일 구조여야 한다.

either A or B
A 또는 B, 양자택일
➡ 'or'는 '둘 중의 하나'를 선택

neither A nor B
A도 B도 아니다
➡ 둘 다 부정

eg. **either** directly **or** indirectly
　　 직접이든 간접이든

not only A but also B = B as well as A
A뿐만 아니라 B도 또한

I love **not only** myself **but also** her. = I love her *as well as* myself.
나는 나 자신뿐만 아니라 그녀 역시 사랑한다.

both / at once A and B
A도 B도, 둘 모두

Both drinking **and** smoking are prohibited here.
이곳에서는 음주와 흡연이 금지되어 있다.

prohibit [prouhíbit] 금지하다

LESSON 06 The Effect of Using Inorganic Fertilizers

1 Inorganic fertilizers provide about 40% of nutrients for the world's crops.

화학비료는 전 세계의 농작물에 대략 40%의 영양분을 제공한다.

2 Their use has greatly increased yields.

무기질 비료를 사용함으로써 농산물 수확이 상당히 증가되었다.

3 But frequently only half the fertilizer is taken up by plants.

그러나 종종 절반 정도의 비료만을 식물들이 흡수한다.

4 The rest which may be as much as half of the original application remains in the soil or is lost through leaching or run-off.

처음 뿌린 것의 절반 정도에 달하는 그 나머지는 흙에 남아있거나 침출을 통해 유실되거나 땅속에 흡수되지 않고 땅위를 흘러 강이나 호수로 들어가게 된다.

5 Some of the residue ends up in the water supply, where it can result in damage to human health, or in rivers and lakes where it can kill fish and cause explosions of algae.

그 찌꺼기 일부는 수돗물에 이르고, 그곳(수돗물 속)에 있는 그것(찌꺼기)은 인간 건강에 해를 끼치는 결과를 초래할 수 있다. 또는 물고기를 죽일 수 있고 해조류의 급격한 증가를 초래할 수 있는 강, 호수에 이르게 된다.

➔ 'Their use'에서 소유격 'their'는 'inorganic fertilizers'를 가리키며, 의미상 목적 관계를 나타내어 'Their use'를 'Using inorganic fertilizers / Using them'과 같이 고쳐 쓸 수 있다.

• <u>The rest</u> <u>remains</u> in the soil
     S   V

    ➔ 'rest'를 수식하는 형용사절(which may be ... application)을 분리시키면 1형식

• in the water supply, <u>where</u>(= and there/in the water supply) it can result in
                    그런데 그것(it = 수돗물 속에 있는 찌꺼기)은 …결과를 초래할 수 있다

    ➔ 관계사 앞에 콤마가 있는 계속적 용법일 때는 '그런데 그것은 ~하다'와 같이 내리 번역하고;

• in rivers and lakes <u>where it can kill fish and cause explosions of algae</u>
       강, 호수에   ┗━━━┛ 물고기를 죽일 수 있고 … 초래할 수 있는

    ➔ 제한적 용법일 때는 뒤에서부터 해석하여 선행사의 범위를 한정해준다.

❶
inorganic 무생물의
fertilizer 비료
provide A for B B에게 A를 주다
about 대략
nutrient 영양소
crop 수확; 농작물

❷
increase 증가하다
yield 수확

❸
frequently 종종
take up 흡수하다

❹
rest 나머지; 휴식
as much as ~만큼
original 최초의
application 사용; 적용
remain 남아있다
soil 흙
lose 잃다, 상실하다
leaching 침출(浸出), 여과
run-off 땅속에 흡수되지 않고 땅위를 흘러 강이나 호수로 들어가다

❺
residue 나머지, 찌꺼기
end up (in) (어느 장소·상태 등에) 이르다
water supply 상수도, 급수
result in 어떤 결과를 초래하다
damage 손해, 손상
human 인간
cause ~의 원인이 되다
explosion 급격한 증가, 폭발
alga 수초, 조류

Inorganic fertilizers provide about 40% of nutrients for the world's crops. Their use has greatly increased yields. But frequently only half the fertilizer is taken up by plants. The rest which may be as much as half of the original application remains in the soil or is lost through leaching or run-off. Some of the residue ends up in the water supply, where it can result in damage to human health, or in rivers and lakes where it can kill fish and cause explosions of algae.

1. Which of the following would be the best title for the passage?
   (A) New High-yielding Grains
   (B) Inorganic Fertilizers
   (C) Improper Use of Fertilizers
   (D) Fertilizers & Human Health

2. According to the passage, which of the following is **NOT** true?
   (A) There is no doubt that the use of inorganic fertilizers has increased crop yields.
   (B) Most farmers use more fertilizers than are necessary.
   (C) The planet's life-giving soil is contaminated by improper use of fertilizers.
   (D) Large amounts of fertilizers are lost into the soil, but they don't damage the soil.

3. Improper use of fertilizers causes the following **EXCEPT** _____.
   (A) fish to die
   (B) crops to be increased
   (C) water to be poisoned
   (D) damage to human health

4. What proportion of inorganic fertilizers is absorbed by plants?
   (A) 25%
   (B) 40%
   (C) 50%
   (D) the rest

1. (C) 2. (D) 3. (B) 4. (C)

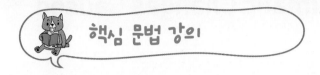

핵심 문법 강의

▶ 소유격의 의미(Genitive meanings)

형태상 소유격이지만 의미상으로는 주격·소유격·목적격·동격 등을 나타내므로 우리말로 해석을 할 때 주의해야 한다.

The mother's love of her children means that the mother loves her children.
어머니의 아이들에 대한 사랑은 어머니가 아이들을 사랑한다는 것을 의미한다.

The police found a women's blouse as a clue in her house.
경찰은 부인용 블라우스 하나를 한 단서로 그녀의 집에서 발견했다.

→ **a women's blouse** 부인용 블라우스 하나(a blouse for women) 〈용도〉
  cf. **a woman's blouse** (어떤) 한 부인의 블라우스 〈소유〉

The villagers thought the shepherd was again deceiving them, and nobody went to his help. So the Wolf made a good meal of the boy's flock.
마을 사람들은 그 목동이 그들을 또 속이는 것으로 생각하고 아무도 그를 도와주러 오지 않았다. 그래서 늑대는 소년의 양을 실컷 먹어 버렸다.

→ 'his'가 형태는 소유격이지만 의미상으로는 목적격을 나타내므로 번역에 유의.
  nobody went to his help
  = **nobody went to** help him

shepherd[ʃépərd] 양치기
deceive[disíːv] 속이다
make ... of ~으로 …을 만들다

인간이 미래 기후 변화의 원인

LESSON 07 Future Climatic Changes Caused by Man

1 The next Ice Age is still in the distant future, and our present growing concern is for the climate during the coming hundreds, rather than thousands, of years.

다음 빙하시대는 아직은 먼 미래의 일이지만 현재 우리의 늘어가는 걱정은 수천년이라기보다는 다음 수백 년 동안의 기후에 관한 (걱정인) 것이다.

2 But human concern is unavoidable. If the current global warming trend continues, and if it is due to Man's activities, we could be creating major problems for our children.

그러나 우리 인간의 걱정은 피할 수 없는 것이다. 현재의 지구의 온난화 추세가 계속되고, 그것(현재 지구 온난화 경향)이 인간의 행위 때문이라면 우리는 후손들에게 여러 가지 중요한 문제들을 초래할 수가 있는 것이다.

3 Climatic change is a natural phenomenon, but Man's excessive burning of fossil fuels may have begun to create climatic changes of a magnitude unprecedented in human history.

기후의 변화는 자연현상이지만 인간이 지나치게 화석연료를 사용함으로써 인간사에 전례 없는 엄청난 기후변화를 초래했을지도 모른다.

- concern is (the concern) for ... hundreds (of years) rather than thousands of years.
  ➡ 'is' 의 보어가 생략되었고, 'of years' 는 'hundreds' 와 'thousands' 에 공통으로 연결

미래를 나타내는 현재: 시간 · 조건 부사절에서 현재 시제로 미래를 나타낸다.
- If the current global warming trend continues, and if it is due to ...
  cf. I wonder *if* it *will* rain tomorrow. 〈명사절〉
  ➡ if절이 동사(wonder)의 목적어로 명사절이므로 미래 시제가 쓰인다.

- Man's excessive burning of fossil fuels may have begun to create ...
  ➡ 'may have begun' 은 '∼를 초래했을지도 모른다' 는 과거 일에 대한 가능성

❶
still 여전히
distant 먼
present 현재의
growing 점점 커 가는
concern 걱정, 염려
climate 기후
coming 다가오는
rather than ∼라기보다는 오히려

❷
unavoidable 피할 수 없는, 불가피한
current 현재의; 통용하고 있는
global 지구의, 전 세계의
trend 추세, 경향
continue 계속하다
due to ∼에 기인하는, ∼때문에
activity 행위, 활동
create 초래하다
major (보다) 중요한

❸
natural 자연의
phenomenon 현상
excessive 지나친
burn (불)타다; (불)태우다
burning 타고 있는, 불타는 (듯한)
fossil 화석
fuel 연료
magnitude (규모 · 중요성의) 크기, 큼
unprecedented 전례 없는

The next Ice Age is still in the distant future, and our present growing concern is for the climate during the coming hundreds, rather than thousands, of years. But human concern is unavoidable. If the current global warming trend continues, and if it is due to Man's activities, we could be creating major problems for our children. Climatic change is a natural phenomenon, but Man's excessive burning of fossil fuels may have begun to create climatic changes of a magnitude unprecedented in human history.

1. Which of the following would be the best summary of the passage?

   (A) Man's activities could produce a new Ice Age.
   (B) Future climatic changes are at present a cause for concern, especially as we may be responsible for them.
   (C) Unstable weather conditions, which occurred two centuries ago, are similar to conditions we experience today.
   (D) Unusual weather conditions are probably not on the increase, but we are much more aware of them.

2. According to the passage, the main cause of the current global warming is:

   (A) a natural phenomenon   (B) excessive burning of fossil fuels
   (C) growing automobiles and factories   (D) climatic changes of a magnitude

3. Choose the most appropriate word in the context.

   There is evidence that the weather has become more _____ in recent years.

   (A) unstable   (B) unequal
   (C) seasonal   (D) unsatisfactory

4. Rewrite the following sentence using the word in a bracket.

   a. We can't help being concerned about the weather. (UNAVOIDABLE)
   b. Rapid changes in temperature caused the unstable weather conditions. (RESULT)

1. (B)   2. (B)   3. (A)
4. a. Our concern/Our being concerned about the weather is unavoidable.
   b. Rapid changes in temperature resulted in the unstable weather conditions.
      The unstable weather conditions resulted from rapid changes in temperature.

42

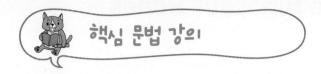
핵심 문법 강의

1 공통 구문

공통구문은 문장을 간결하게 하기 위한 것으로 어떤 낱말이 없더라도 이해를 할 수 있을 때 그 낱말이 생략될(understood) 수 있다.

Passions *weaken*, but habits *strengthen*, with age.
열정은 나이를 먹어가며 약해지지만, 습관은 나이와 더불어 강해진다.

→ 'with age'가 동사 'weaken'과 'strengthen'을 수식하는 부사지만 문장을 간결하게 하기 위해 생략된 것이다.(= ... weaken with age, but habits strengthen with age)

passion [pǽʃən] 열정
weaken [wíːkən] 약해지다
strengthen [strénkθən] 강해지다

2 조동사 + 완료(have + p.p.): 과거 사실에 대한 추측 · 후회 · 유감 · 원망

'may / might + 완료'는 반반의 가능성에서 긍정 쪽으로 기우는 반면에;
'might not + 완료'는 반반의 가능성에서 부정 쪽으로 기우는 느낌을 준다.

Man's excessive burning of fossil fuels may have begun to create climatic changes of magnitude ...

'must + 완료'는 확실한 추측을 나타냄.

Nobody answered the phone. They must have gone out.
아무도 전화를 안 받아. 그들 모두 외출했음이 틀림없어.

'could + 완료'는 과거의 가능성을 나타내는 반면;
'couldn't + 완료'는 'must + 완료'의 뜻과는 반대로 거의 확실한 부정을 나타냄.

You could have told me.
나에게 말해 줄 수 있었는데.

→ 말해 줄 수도 있었는데 말해 주지 않은 것에 대한 짜증 · 실망감을 나타냄.

'should / ought to + 완료'는 과거 행동에 대한 후회 또는 유감을 나타냄.

You should have been more careful.
너는 좀 더 신중했어야 했는데.

43

LESSON 08 Age of the Dinosaur Bones

1 A tourist was visiting New Mexico and was amazed at the dinosaur bones lying about.

한 관광객이 뉴멕시코를 방문하다가 여기저기에 놓여있는 공룡 뼈를 보고 놀랐다.

2 "How old are these bones?" the tourist asked an elderly Native American who served as a guide.

"이 뼈들은 몇 년이나 됐습니까?"라고 안내자 일을 보는 초로(初老)의 미국 원주민에게 여행자는 물어보았다.

3 "Exactly one hundred million and three years old."

"정확히 말해서 1억년하고 3년 되었죠"

4 "How can you be so sure?" inquired the tourist.

"어떻게 그렇게 확신할 수 있어요?"라고 관광객은 물어보았다.

5 "Well," replied the guide, "a geologist came by here and told me these bones were one hundred million years old, and that was exactly 3 years ago."

"저, 한 지질학자가 이곳에 들러서 이 뼈들은 1억년 된 것이라고 말했어요. 그런데 그것(뼈들이 1억년 되었다고 말한 것)이 정확히 3년 전 이었지요"라고 안내자는 응답했다.

- A tourist was amazed at the dinosaur bones (which were) lying about.
  ┗━━━━━┛ 형용사절
  ➡ 관계대명사 절이 수동·진행형인 경우 'who / which + be'를 생략하면 분사가 명사를 수식하는 형용
  사구가 된다. 즉, 분사가 형용사처럼 명사를 수식한다.

- the tourist asked an elderly Native American who served as a guide.
  ┗━━━━━┛ 안내자로 일을 하는
  ➡ 전치사 'as'는 '~로서'의 뜻으로 자격을 나타낸다.

- = (These bones are) Exactly one hundred million and three years old.

➡ '(by) one hundred million years'는 보어 'old'를 수식하는 부사구인데 '정도'를 나타내는 전치사
  'by'가 생략된 채 부사 역할을 한다.
  그러나 아래 예문과 같은 비교급에서 보어 'tall'이 생략되었을 때 전치사 'by'가 생략되지 않는다.
  cf. He's taller than I am *by 5 inches.*

❶
tourist 관광객
visit 방문하다
be amazed at ~에 놀라다
dinosaur 공룡
bone 뼈
lie 놓여있다
about 여기저기에

❷
elderly 나이가 지긋한
native 원주민의
serve 근무하다

❸
exactly 정확히 말해서
million 백만

❹
sure 확신하고 있는
inquire 질문하다

❺
reply 응답하다
geologist 지질학자
come by 잠깐 들르다

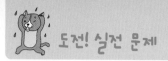

A tourist was visiting New Mexico and was **amazed** at the dinosaur bones lying about. "How old are these bones?" the tourist asked an elderly Native American who served as a guide.

"Exactly one hundred million and three years old."

"How can you be so sure?" the tourist _____.

"Well," replied the guide, "a geologist came by here and told me these bones were one hundred million years old, and that was exactly three years ago."

1. **How old are the bones now?**
   (A) One hundred years old
   (B) 103 years old
   (C) One hundred million and three years old
   (D) The native American did not know

2. **What kind of bones were there lying about?**
   (A) An elderly native American
   (B) Elephant
   (C) Tourist
   (D) Dinosaur

3. **The word "amazed" could be best replaced by _____.**
   (A) very interested
   (B) very surprised
   (C) extremely shocked
   (D) awkward

4. **Which of the following would be most suitable to fill out the blank?**
   (A) inquired
   (B) demanded
   (C) recommended
   (D) requested

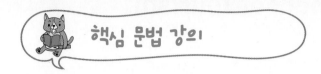

핵심 문법 강의

▶ 전치사에 따라 의미가 달라지는 경우

수동태에서 '행위자'를 의미하는 'by'만 항상 사용하는 것이 아니라 의미에 따라 바뀔 수가 있다. 전치사 'at'는 '~을 보고, 듣고, 생각하고'의 뜻이다.

A tourist was amazed at the dinosaur bones lying about. 〈1번 문장〉

People have been amazed by children of unusual talent. 〈68과 2번 문장〉

Last night I was *very* surprised at the masked boy.
→ '~을 보고'의 뜻인 'at'이 쓰였을 때는 '가면을 쓴 소년을 보고 놀랐다'라는 말이므로 이때 'surprised'는 형용사적 성격을 띠어 very의 수식을 받는다.

Last night I was *much* surprised by the masked boy.
→ '~에 의해서'의 뜻인 행위자 'by'가 쓰였을 때는 '가면을 쓴 소년이 나를 놀라게 했다'는 말로 'surprised'는 동사적 성격을 띠어 'much'의 수식을 받는다.

My car has been damaged by / with *the branch of a tree.*
→ 전치사 'by'는 수단을 나타내므로 '자연 현상인 바람 때문에 부러진 나뭇가지에 의한 손상'을, 도구를 나타내는 'with'가 쓰이면 '자연 현상이 아니고 사람이 나뭇가지를 이용한 손상'을 뜻한다.

Please, bring me a chair to sit in.
→ 전치사 'on'은 평면적, 'in'은 공간적 의미를 나타내므로 'on the chair'에서 'chair' 양쪽에는 '팔걸이가 없는 보통 의자'이고 'in the chair'에서 'chair'는 '팔걸이가 있는 안락의자'이다.

They are sitting on *the grass* / in *the grass.*
→ 'on the grass'는 풀이 짧음을 암시하고, 'in the grass'는 풀이 길게 자란 것을 뜻한다.

She got suddenly angry and ran at me with a bread knife.
그녀는 갑자기 화를 내더니 빵 자르는 칼을 갖고 나에게 달려들었다.

My puppy is running to me.
우리 강아지가 나에게 달려오고 있다.
→ 'shout, throw, run' 등의 동사 다음에 전치사 'at'를 사용하면 '공격할 목적으로 …을 하다' 뜻이 되고 'to'를 사용하면 '방향'을 나타낸다.

관광의 발전

LESSON 09 Development of Tourism

1 It is the change in traditional life-styles that alarms many anthropologists.

많은 인류학자들을 걱정케 한 것은 바로 전통적인 생활양식의 변화였다.

2 Even small-scale development in tourism in some societies can have an adverse effect on the local population.

일부 사회에서 관광 사업이 소규모로 발전해도 지역주민들에게 역효과를 가져올 수 있다.

3 The young are keen to adopt the 'Cocacola culture', and leave behind their rural homes and traditional life-style.

젊은이들은 '미국문화와 풍습'을 받아들이고, 자기들의 시골 고향과 전통적인 생활양식을 버리고 싶어 한다.

4 Yet it is often these traditional life-styles, arts, crafts and culture that tourists come to see.

그럼에도 불구하고 관광객들이 구경하러 오는 것들은 바로 이러한 전통적인 생활양식, 예술, 공예, 그리고 문화인 것이다.

- The change in traditional life-styles alarms many anthropologists. 〈원래 문장〉
  = It is <u>the change in traditional life-styles</u> that alarms many ... 〈주어 강조〉
  ➜ It … that 강조 구문에서 밑줄 친 부분은 'alarms'의 주어로 강조되었다.

- it is often <u>these traditional life-styles arts, crafts and culture</u> that tourists come to see.
  …구경하러 오는 것들은 바로 이러한 전통적인 생활양식, …그리고 문화인 것이다.
  ➜ It … that 강조 구문에서 밑줄 친 부분은 'see'의 목적어로 강조되었다.

❶
traditional 전통적인, 전설의
life-style 생활방식(양식)
alarm 걱정시키다
anthropologist 인류학자

❷
even ~라도, ~조차도
small-scale 소규모의
development 발전, 발달
tourism 관광사업
adverse 불리한
have an effect on ~에 영향을 미치다
local (특정의) 지역의, 지방의
population 주민; 인구

❸
the young 젊은이들
keen 열망하는
adopt 받아들이다
Cocacola culture 미국의 문화와 풍습
leave behind 버리다
rural 시골의, 전원의

❹
yet 그러나
art 예술
craft 공예
culture 문화; 교양
tourist 관광객

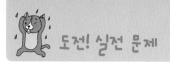

It is the change in traditional life-styles that alarms many anthropologists. Even small-scale development in tourism in some societies can have an **adverse** effect on the local population. The young are keen to adopt the 'Cocacola culture', and leave behind their rural homes and traditional life-style. Yet it is often these traditional life-styles, arts, crafts and culture that tourists come to see.

1. Which of the following would be an appropriate title of the passage?
   (A) Tourism Destroying the Environment
   (B) An Effect of Tourism
   (C) Tourism Destroying the Local Tradition
   (D) Development of Tourism

2. Which of the following is the best summary of the passage?
   (A) Tourism has resulted in environment damage and produced adverse social effects.
   (B) Tourism does not encourage local customs because they are usually adapted to suit the needs of the tourists.
   (C) Tourism gives local people an opportunity to develop their culture and show tourists what it really consists of.
   (D) Tourists are attracted to the traditional life-style of a country, but anthropologists think that young people are moving away from this.

3. Choose the synonym of the word "adverse".
   (A) harmful
   (B) unwilling
   (C) satisfactory
   (D) favorable

4. Complete the sentence with the most suitable one in the context.

We must take care of our cultural heritage, _____ it will disappear.

   (A) and   (B) unless
   (C) or   (D) but

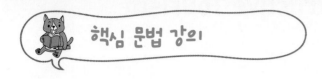

▶ It ... that 강조 구문

강조란 문장의 한 부분을 더 중요하게 하는 것을 말하며, 말을 할 때는 억양(intonation)이 높아지거나, 목소리가 커지고 모음이 더 길어지며, 글로 쓸 때는 대문자나 이탤릭체로 쓰거나 밑줄을 긋는다.

It ... that 강조 구문: 문장 속의 주어 · 목적어 · 부사 등을 'It is ____ that' 의 밑줄 친 부분에 삽입하는 것을 말한다.

The change in traditional life-styles alarms many anthropologists. 〈1번 문장〉

= It is the change in traditional life-styles that alarms ... 〈주어 강조〉

많은 인류학자들을 걱정케 한 것은 바로 전통적인 생활양식의 변화였다.

I happened to see Jane this morning.

= It was this morning that I happened to see Jane. 〈부사 강조〉

제인을 우연히 만난 것은 바로 오늘 아침이었다.

Ann phoned me yesterday.

= It was Ann who phoned me yesterday.

어제 나에게 전화를 한 사람은 (다른 사람이 아니고) 바로 앤이었다.

= It was yesterday when Ann phoned me.

앤이 나에게 전화한 것은 (다른 날이 아니고) 바로 어제였다.

→ 강조하는 말을 that 앞에 두며, that 대신에 강조하는 말이 사람이면 who; 사물이면 which; 장소이면 where; 시간이면 when으로 사용할 수 있다. 형용사나 동사는 이 구문으로 강조할 수 없다.

cf. Mary PHONED me this morning.

메리가 오늘 아침에 나에게 (편지, 이메일 등이 아니라) 전화를 다했어.

→ 글로 쓸 때는 대문자나 이탤릭체로 쓰거나 밑줄을 긋는다.

LESSON **10** Self-destructive Tourism

1 Tourism has grown so quickly during the last quarter of a century that it has become a problem in both industrialized and developing countries.

관광사업은 지난 4반세기 동안 대단히 급속하게 성장해서 산업 선진국과 개발도상국 모두에서 (해결하기 어려운) 난제가 되었다.

2 And it is only during the 1980s that the problems of poor or non-existent planning have been seen and tackled.

그리고 형편없거나 존재하지도 않는 입안의 문제점들이 들어나서 (그 문제점들을) 다루기 위해 조치를 취하게 된 것은 단지 80년대 동안이었다.

3 In short, the problem is this: tourism as it developed in the sixties and seventies is self-destructive.

간단히 말해서 그 문제점은 다음과 같다. 60, 70년대에 개발되었기 때문에 현재는 관광사업이 자멸상태라는 것이다.

4 It destroys the very things tourists come for. It is a classic case of killing the goose that lays the golden egg.

그것(60, 70년대에 개발된 관광사업)이 관광객들이 찾아오는 목적이 되는 바로 그런 것들을 파괴하고 있다. 이것은 '황금 알을 낳는 거위를 죽이는 전형적인 경우' 가 된다.

- grown so quickly ... / that it has become a problem
  너무 빠르게 성장해서   해결하기 어려운 고민거리가 되었다
  ➜ so ... that '너무 / 매우 ~해서 …하다' 라는 뜻의 결과를 나타냄

- it is only during the 1980s that the problems have been seen and tackled ...
  ➜ 밑줄 친 부분을 강조하는 It ... that 강조 구문

- It destroys the very things (that) tourists come for.
  〈56과 3번 문장 참조〉

  It destroys the very things. + Tourists come for the very things.
  그것이 바로 그런 것들을 파괴한다.   관광객들은 바로 그런 것들을 구경하러 오는 것이다.
  ➜ 공통 어구 'the very things' 를 'that' 로 바꾸어 결합된 문장이다.
  ➜ 목적을 나타내는 전치사 'for' 는 '~을 찾아, ~얻기 위해(in order to obtain)' 의 뜻
  = Tourists come to see the very things.

- It is a classic case of killing the goose that lays the golden egg.
  거위를 죽이는 전형적인 경우   황금 알을 낳는
  ➜ it = 60, 70년대에 개발된 관광사업

❶
tourism 관광 사업
grow 성장하다
quarter 1/4
problem 고민; 문제
industrialized 산업 선진의
developing 개발 도상의

❷
poor (품질이) 낮은
non-existent 존재하지 않는
planning 입안
tackle (문제 등을) 다루기 위해 조치를 취하다

❸
in short 간단히 말해서
problem 문제
self-destructive 자멸적인

❹
destroy 파괴하다
classic 전형적인
case 경우, 사례
goose 거위
lay 알을 낳다
golden (황)금빛의

Tourism has grown so quickly during the last quarter of a century that it has become a problem in both industrialized and developing countries. And it is only during the 1980s that the problems of poor or non-existent planning have been seen and tackled. In short, the problem is this: tourism as it developed in the sixties and seventies is self-destructive. It destroys the very things tourists come for. It is a classic case of <u>killing the goose that lays the golden egg</u>.

1. **Which of the following is the best summary of the passage?**
   (A) Lots of resorts have been destroyed and polluted by tourists.
   (B) The damage done to the environment often spoils the natural features that attract the tourists.
   (C) After 25 years we have realized that tourism can be self-destructive.
   (D) Tourism seems on the face of it to be a big earner of foreign currency.

2. **What does the underlined phrase mean?**
   (A) Killing a delicious goose in order to eat it
   (B) Destroying something that would have produced continuous profit in the future
   (C) Bad things do not just happen a few at a time, but in large numbers all at once.
   (D) Using an opportunity before you lose your chance

3. **Complete the sentence with the most suitable one in the context.**

   > The environment is often unimportant to Third World governments, many of _____a_____ regard tourism as a(n) _____b_____ solution to economic problems.

	a	b
(A)	them	— difficult
(B)	who	— desirable
(C)	whom	— possible
(D)	which	— easy

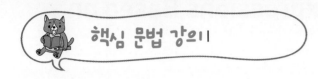

관계대명사 that 용법

관계대명사 'that'는 소유격이 없고, 제한적인 용법에만 쓰이며 전치사와 함께 쓰지 않는다. 회화체에서 관계대명사 'who, which' 대신에 'that'를 쓸 수 있다. 그러나 다음과 같은 경우에 반드시 관계대명사 that를 사용하는 것이 표준 어법이다.

선행사가 최상급 형용사 또는 서수(the first, the second)의 수식을 받을 때

She is *the prettiest* girl that I know.
그녀는 내가 알고 있는 가장 예쁜 소녀이다.

선행사가 'the last, the next, the very, the only, the same, all, every, some, any, no, none, little, few'의 수식을 받거나 '-thing'으로 끝나는 말일 때

There's *something* (that) I want to tell you.
말씀드리고 싶은 것이 있는데요.

의문사가 선행사일 때

Who that has common sense can violate such traffic regulations?
상식이 있는 사람이라면 누가 교통법규를 어기겠는가?

common sense 상식
violate [váiəléit] 위반하다
traffic [trǽfik] 교통의
regulation [règjəléiʃən] 법규

선행사가 '사람 + 사물' 또는 '사물 + 사람'일 때

The child enumerated *the people and the things* that amused her.
그 아이는 자기를 즐겁게 해 주었던 사람과 물건을 열거했다.

enumerate [injú:mərèit] 열거
하다
amuse [əmjú:z] 즐겁게 하다

LESSON 1

English Expressions Based on Colors

1 Many everyday expressions in English are made from colors.

영어에 있는 수많은 일상생활의 표현들은 색깔에서 유래한 것이다.

2 We say we are "in the pink" when we're in good health.

매우 건강할 때 우리는 "we are in the pink"라고 말한다.

3 It is easy to understand how this expression was born.

이 표현이 어떻게 생겨났는지 쉽게 알 수 있다.

4 When my face has a nice fresh pink color, it is a sign my health is good.

나의 안색이 매우 산뜻한 분홍색이면 그것은 나의 건강이 좋다는 신호이다.

5 If I look pale and gray, I may need a doctor. Blue is a cooler color.

만약 내가 안색이 좋지 않고 창백해 보이면 진찰을 받아야 될지도 모른다. 파랑은 다른색보다 더 차가운 색깔이다.

6 The traditional "blues" music of American blacks is the opposite of "red-hot" music. It is slow, sad and soulful.

미국 흑인의 전통적 "blues"음악은 "red hot"음악과 상반된다. 그것(전통적 "blues"음악)은 느리고, 애잔하며 넋이 어려있다.

7 Duke Ellington and his orchestra recorded a famous song – "Mood Indigo" – about the deep blue color, indigo.

듀크 엘링톤과 그의 관현악단은 짙은 파란색인 남색에 관한 유명한 노래 "Mood Indigo"를 녹음했다.

8 In the words of the song: You ain't been blue till you've had that Mood Indigo." To be blue, of course, is to be sad.

노랫말 중에 '당신이 그 남색 기분을 가지고 나서야 우울해졌다.' 가 있다. 물론 "To be blue"는 '슬프고 우울해지는 것' 이다.

- everyday expressions are made from colors
  일상생활의 표현들이 색깔에서 유래한 것이다.
  ➡ 'everyday(매일의; 일상의)'는 형용사로 쓰이고; 부사로 쓰일 때는 'every day(매일)'처럼 두 단어를 따로 떼어 쓴다. 'from'은 '출처·유래 또는 재료'를 나타낸다.

- We say we are "*in the pink*" when we're in good health.
  ➡ 미래를 나타내는 현재: 시간·조건 부사절에서 현재 시제로 미래를 나타낸다.

  ➡ 의문문이 다른 문장의 일부가 될 때 이를 간접 의문문이라 한다. 시험에 자주 출제되는 간접 의문문의 어순 '의문사 + 주어 + 동사'에 주의해야 한다. 〈119쪽 참조〉
  eg. Do you know where he lives? 그가 어디에 사는지 알아?

- it is a sign (that) my health is good.
     신호   └ 동격 ┘ 나의 건강이 좋다는
  ➡ 'that' 이하는 'sign'을 부연 설명하는 동격 명사절
  eg. I have a hunch that Mark may be planning a surprise party.
  마크가 깜짝 파티를 준비하고 있을지도 모른다는 예감(hunch[hʌntʃ])이 들어.

  ➡ 'look 통 ~처럼 보이다'는 보어를 필요로 하는 불완전 자동사
  eg. You look different. Did you have your hair cut?
  딴 사람 같은데요. 이발했어요?

- not ... till ~하고 나서야 비로소 …하다

  A: What time will you be free this afternoon?
  오늘 오후 몇 시에 한가하시겠습니까?
  B: I'll not be free until six.
  6시나 돼야 시간이 나겠습니다.

---

❶
expression 표현
color 색

❷
in the pink 매우 건강한
in good health 매우 건강한

❸
easy 쉬운
understand 이해하다
bear (아이를) 낳다

❹
nice 매우
fresh (색상에서) 산뜻한
sign 신호

❺
look ~처럼 보이다
pale 안색이 좋지 않은
gray 창백한
need a doctor 진찰을 받다
blue 파랑, 푸른색
cool 차가운

❻
traditional 전통적인
blues 느리고 슬픈 재즈음악
black 흑인
opposite 반대되는 것 / 사람
red-hot 매우 신나는
soulful 혼이 담긴

❼
orchestra 관현악단
record 녹음하다
famous 유명한
mood 기분; 분위기
deep 깊은; 짙은
indigo 남색

❽
words of the song 노랫말

Many everyday expressions in English are made from colors. We say we are "*in the pink*" when we're in good health. It is easy to understand how this expression was born. When my face has a nice fresh pink color, it is a sign my health is good. If I look pale and gray, I may need a doctor.

Blue is a cooler color. The traditional "*blues*" music of American blacks is the opposite of "red-hot" music. It is slow, sad and soulful. Duke Ellington and his orchestra recorded a famous song – "Mood *Indigo*" – about the deep blue color, indigo. In the words of the song: You ain't been blue till you've had that Mood Indigo." To be blue, of course, is to be sad.

1. Which of the following is **NOT** true according to the passage?
   (A) To be indigo, of course, is to be fantastic.
   (B) If you look pale and gray, you should consult a doctor.
   (C) The traditional "*blues*" music of American blacks is the same with the slow, sad and soulful music.
   (D) That we are "*in the pink*" means that we're in perfect health.

2. Which color is **NOT** related to our mood?
   (A) Blue
   (B) Red
   (C) Pink
   (D) Indigo

3. Choose the incorrect part of each sentence.

   When my face has a fresh pink color, it is a sign my health is good. If I'll look pale
      (A)   (B)   (C)
   and gray, I may need a doctor.
                  (D)

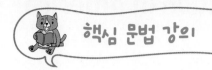

▶ not ... until

not ... until ～해야 비로소 …하다

I don't get up until 6:30.
6시 30분이 돼야 잠자리에서 일어나.

= It was not until 6:30 that I got up. 〈It ... that 강조 구문〉

= Not until 6:30 *did I* get up.

→ 부사구가 문두에 오면 주어 · 동사 도치

I didn't find out the very truth until then.

= It was not until then that I found out the very truth. 〈It ... that 강조 구문〉

= No until then *did I* find out the very truth.
그때가 되어서야 비로소 바로 그 진실을 알았다.

I'll not be free until Saturday.
토요일이나 돼야 시간이 나겠습니다.

cf. I'll *be free after* Friday.
금요일 이후가 한가하죠.

We won't start until Ann comes.
앤이 와야 비로소 우리는 출발할 거야.

She didn't believe in angels till she fell in love with one.
누군가와 사랑에 빠지고 나서야 비로소 그녀는 천사의 존재를 믿었다.

You don't know what you have until you've lost it.
구관이 명관이야.

→ '가지고 있던 것을 잃고 나서야 비로소 옛것이 무엇인가 깨닫게 된다.' 라는 말로 우리말의 '구관이 명
관이야.' 라는 말과 일맥상통한다고 볼 수 있다.

LESSON 12

The Role of Education in America

1 Americans have always had great faith in education.

미국인들은 항상 교육에 대한 신념이 대단하다.

2 They believe that in a democracy all citizens must have some education in order to understand economic and political matters and to vote wisely.

정치, 경제적 문제들을 이해하고 현명한 투표를 하기 위하여 민주국가에서 모든 시민들은 어느 정도 교육을 받아야 한다고 그들은 믿는다.

3 They also believe that education is essential to progress and prosperity; that public education promotes equality; and that every person is entitled to as much education as he can absorb.

미국인들은 또한 교육은 진보와 번영에 꼭 필요하고, 공(公)교육은 평등을 조장하고, 그리고 모든 사람은 자기가 받아들일 수 있는 그만큼 교육을 받을 권리가 있다고 믿는다.

- <u>in order to</u> understand economic and political matters and <u>to vote wisely</u>.
  to부정사의 목적(~하기 위하여)   (동사 'understand' 의 목적어)   in order에 연결됨

→ '~할 수 있는 만큼/가능한 한 …하라'고 할 때 'as ... as one can / as ... as possible' 이 최상급의 뜻으로 쓰인다.

  eg. Do it *as soon as you can*.
      = Do it *as soon as possible*.
      할 수 있는 한 빨리 그것을 해라.

❶
have great faith in ~에 대한 신념이 크다
faith 신념
education 교육; 학력

❷
believe 믿다
a democracy 민주국가
in order to ~하기 위하여
understand 이해하다
economic 경제의
political 정치의
matter 문제
vote 투표하다

❸
essential 매우 중요한
progress 전진
prosperity 번영
public 공공의
promote 조장하다
equality 평등
be entitled to ~할 권리가 있다
absorb 받아들이다
as ... as one can ~할 수 있는 만큼

Americans have always had great faith in education. They believe that in a democracy all citizens must have some education in order to understand economic and political matters and to vote wisely. They also believe that education is **essential** to progress and prosperity; that public education promotes equality; and that every person is entitled to as much education as he can absorb.

1. Which of the following is **NOT** mentioned in the passage?
   (A) Most American children must attend school based on their intellectual ability.
   (B) The goal of American education is believed to create qualified electors.
   (C) Americans believe that education should be a preparation for life.
   (D) Americans are given the right to receive as much education as possible.

2. Which of the following is **NOT** the essence of American education?
   (A) Understanding public affairs of the country
   (B) Becoming a qualified politician
   (C) Becoming financially successful
   (D) Equipping themselves with broad knowledge

3. The word "essential" can be best replaced by _____.
   (A) very qualified
   (B) extremely important
   (C) characteristic
   (D) intellectual

4. Choose the incorrect part of the sentence.
   They believe that in a democracy all citizens must have some education in order to
                    (A)   (B)
   understand economical and political matters and to vote wisely.
                    (C)   (D)

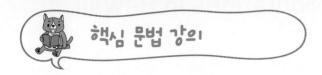

핵심 문법 강의

▶ To부정사의 부사적 용법

to부정사는 동사 · 형용사를 수식하며 목적(~하기 위하여); 조건(~한다면); 원인(~하니, ~하고); 결과(~해서 (결국) …하다); 판단(~하다니, ~을 보니) 등을 나타낸다.

In order to be an inventor, you must be creative. ⟨목적⟩
발명가가 되기 위하여 독창적이어야 한다.

→ 목적을 명확하게 나타내기 위하여 'in order to / so as to'가 쓰인다.

inventor[invéntər] 발명가
creative[kri:éitiv] 독창적인, 창조적인

(I'm) Glad to meet you. ⟨이유⟩
만나서 기뻐요.

cf. **I'd be happy *to see*.** ⟨가정법⟩
너를 만났더라면 반가웠을 텐데.(= I'd be glad *if I saw you*.)

He grew up to become a great teacher. ⟨결과⟩
그는 커서 훌륭한 선생님이 되었다.

grow[grou] **up** 성장하다

He must be angry to say so. ⟨판단⟩
그렇게 말하는 것을 보니 그는 화가 났음에 틀림없다.

LESSON 1 3 Driving Regulations in Hawaii

1 It's not mandatory to wear a seat belt in the state of Hawaii.

하와이주에서 좌석벨트를 매는 것은 의무가 아니다.

2 You must surrender all the drivers' licenses before being issued a Hawaii state driver's license.

하와이에서 운전면허가 발행되기 전에 그 밖의 모든 면허는 포기해야만 한다.

3 A foreign driver's license can be used for up to one year.

외국 운전면허는 만 1년 동안 사용될 수 있다.

4 A valid driver's license from other U.S. states and from Canada can be used in Hawaii.

미국의 다른 주와 캐나다에서 발행된 합법적인 운전면허는 하와이에서 사용될 수 있다.

5 You must have a valid driver's license with you at all times when you drive in Hawaii.

하와이에서 운전할 때는 언제나 법적으로 유효한 면허를 수중에 소지해야만 한다.

- **It** / **is not mandatory** / **to wear a seat belt** ...
  〈가주어〉　의무가 아니다　좌석벨트를 매는 것은 〈진주어〉

부사구 ⋯ 부사절

- ... **before being issued** a Hawaii state driver's license.
  하와이 주 운전면허가 발행되기 전에
  ⋯ **before you're issued** a Hawaii state driver's license ...

- A valid driver's license (<u>which was issued</u>) from other U.S. states
  합법적 운전 면허증　　↑_____│ 하와이가 아닌 다른 주에서 발행된

- ... **with you at all times** when you drive in Hawaii.
  ➜ 시간 · 조건 부사절에서 현재 시제로 미래를 나타낸다.

❶
mandatory 의무적인
wear a seat belt 좌석벨트를 매다

❷
surrender (권리를) 포기하다
issue 발행하다
state 주(州)
license 면허

❸
can ~해도 좋다
foreign 외국의
for up to one year 만 1년 동안

❹
valid 법적으로 유효한

❺
with 수중에
at all times 언제나

▶ It is not mandatory to wear seat belts in the state of Hawaii.

▶ You must surrender all other drivers' licenses before being issued a Hawaii state driver's license.

▶ A foreign driver's license can be used for up to one year.

▶ A valid driver's license from other U.S. states and from Canada can be used in Hawaii.

▶ You must have a valid driver's license with you at all times when you drive in Hawaii.

1. Which of the following is true according to the above regulations?
   (A) It is all right to drive with a Texas state driver's license in Hawaii.
   (B) You can't drive without wearing a seat belt in Hawaii.
   (C) It is all right if you always use a foreign driver's license in Hawaii.
   (D) It would be okay to leave your driver's license at home when you drive.

2. How long are you allowed to drive with a foreign driver's license?
   (A) All times
   (B) At least 12 months
   (C) While you stay in Hawaii.
   (D) It's up to the driver.

3. What are the above items being talked about?
   (A) Hawaiian Drivers' Licenses
   (B) Foreign Drivers' Licenses
   (C) Driving Regulations in Hawaii
   (D) All Kinds of Drivers' Licenses

1. (A)   2. (B)   3. (C)

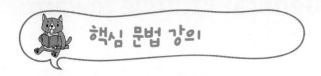

법조동사: Should / Must / Can / May

법조동사란 인간의 심적(心的) 상태를 나타내는 방법의 조동사를 말하며 동시에 2개가 쓰이지 않는다. 그 이유는 2개를 사용하면 인간의 양면성(兩面性)을 나타내기 때문이다.

Should

의무 · 당연성; 충고 · 조언, 또는 앞으로 일어날 일을 합리적으로 예측할 때

a. You shouldn't drive a car after drinking alcohol.
   음주 운전을 해선 안돼. 〈의무 · 당연성〉

b. This homework shouldn't take you too long.
   이 숙제는 시간이 많이 걸리지는 않을 거야. 〈예측〉

Must 〈83쪽 참조〉

의무(obligation[àbləɡéiʃən]) · 추측 · 필연성

Can

허락(be allowed / permitted to), 가능성, 추측, 능력(be able to) 등을 나타낸다.

a. You can park here. 여기에 주차할 수 있습니다. 〈게시물〉
→ 시(市) · 자치 정부 또는 경찰이 허가 할 때는 can을 사용하고, 화자(the speaker)가 허가 할 때는 조동사 may를 사용한다.

b. "Will you do me a favor?" "Sure, if I can."
   "부탁 좀 들어주시겠어요?" "가능하다면 들어 드리죠." 〈능력〉

c. Could I get a refill? 한 잔 더 주세요.
→ 'Can I ~ ?'는 너무 자신만만하고 거만하게 들릴 수 있으므로 억양이 자연스럽지 못한 우리는 'Could I ~?'를 사용하는 것이 좋다.

May 〈187쪽 참조〉

허락을 구하거나, 앞으로 일어날 또는 이미 일어난 일에 대한 가능성을 나타낸다. might는 좀 더 불확실한 태도를 나타낸다.

A: Must I work on Sunday? 일요일에도 일해야 합니까?
B: Yes, you must. 네, 그러셔야 합니다.

   No, you need not / don't have to if you don't want to.
   아뇨, 원하지 않는다면 일할 필요 없습니다.
→ 'Must I ... ?'의 부정 응답은 'need not / don't have to' (~할 필요가 없다)

LESSON 4

People's General Attitude toward Sports

1 It is perhaps significant that Johnson's gold medal did little to attract more young Americans into the sport.

존슨의 금메달 획득이 그 운동(스키)으로 더 많은 미국젊은이들의 마음을 끌어들이는데 별로 도움이 되지 않았다는 것은 아마도 중대한 일이다.

2 "Americans see it as a dangerous sport," champion skier Bill Johnson said, "and one without many rewards."

"미국사람들은 그것을 위험한 운동으로, 그리고 많은 보상이 주어지지 않는 (위험한) 운동으로 생각하고 있다"고 스키 챔피언인 빌 존슨이 말했다.

3 Parents are more likely to steer their kids into baseball or basketball, where the guys are making seven figures.

부모들은 자기 아이들이 야구나 농구 쪽으로 가도록 유도할 가능성이 많다. 왜냐하면 사내들이 야구나 농구에서는 적어도 몇 백만 달러를 벌기 때문이다.

4 Money is the major motivation."

돈이 (스포츠를 하게 되는) 보다 중요한 동기부여가 되고 있다.

- It is perhaps significant that ...
  ~한 것은 아마도 중대한 일일지도 몰라
  ➜ 조동사 대신에 가능성 또는 확고한 생각이 아닌 추측을 나타내고자 할 때, perhaps[pərhǽps], probably[prάbəbli]' 등이 쓰인다.

➜ 'it' 는 'the sport' 를; 'as' 의 보어 'one' 은 'a dangerous sport' 를 대신하는 대명사

- ... into baseball or basketball, <u>where</u> the guys are making seven figures.
  ➜ 관계부사의 계속적인 용법으로 '왜냐하면 그곳(야구나 농구)에서 적어도 몇 백만 달러를 벌기 때문이다' 라는 뜻

❶
perhaps 아마
significant 중대한
do little 도움이 되지 못하다
attract ~의 마음을 끌다

❷
see A as B A를 B로 생각하다
dangerous 위험한
champion 우승자
reward 보상

❸
likely ~할 것 같은
steer 안내하다, 조종하다
guy 사내
make seven figures 적어도
백만 달러를 벌다

❹
major 보다 중요한
motivation 동기부여

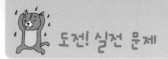

It is perhaps significant that Johnson's gold medal did little to attract more young Americans into the sport. "Americans see it as a dangerous sport," champion skier Bill Johnson said, "and one without many rewards. Parents are more likely to steer their kids into baseball or basketball, where the guys are **making seven figures**. Money is the major _____."

1. Johnson believes that parents encourage their children to become baseball or basketball players because of _____.
   (A) the popularity of the sport
   (B) the gold medal
   (C) the championship
   (D) the large financial rewards

2. The phrase "make seven figures" means _____.
   (A) become outstanding players
   (B) regard the number '7' as lucky
   (C) become millionaires
   (D) think about the sport carefully

3. Which of the following would be most suitable to fill in the blank?
   (A) property
   (B) motivation
   (C) cause
   (D) significance

4. It can be inferred from the passage that _____.
   (A) young Americans are fond of the sports
   (B) baseball is regarded as a dangerous sport by Americans
   (C) money causes young Americans to be motivated to become baseball or basketball players
   (D) American children are good at playing baseball or basketball

1. (D) 2. (C) 3. (B) 4. (C)

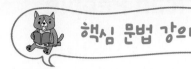

핵심 문법 강의

▶ 관계부사

관계대명사와 같은 기능을 하지만 관계부사는 '접속사 + 부사' 로 선행사를 수식하는 형용사
절이다. 관계부사에는 '장소 + where; 시간 + when; 이유 + why; 방법 + how' 의 4가지
가 있다.

a. This is *the village* where I was born. 〈형용사적 용법〉

   이 곳이 내가 태어난 마을이다.

   = This is where I was born. 〈명사적 용법〉

   = This is the village in which I was born.

   ➡ 'where = in / on which, when = during which, why = for which, how = in
   which' 와 같이 관계부사를 '전치사 + 관계대명사' 로 바꾸어 사용할 수 있다.

b. April Fool's Day is *a day* when people play tricks on friends.

   만우절은 친구를 놀려 주는 날이다.

   play a trick on ~를 속이다

c. Do you know (*the reason*) why we are arguing?

   우리가 왜 언쟁을 하고 있는가를 너는 알아?

   ➡ 'the reason why' 와 같은 표현은 말의 중복되는 느낌을 주므로 되도록 피하고 'the reason
   for which' 와 같은 표현은 거의 쓰이지 않는다.

   argue [ɑ́ːrgjuː] 〔통〕 논쟁하다, 말다
   툼하다(speak angrily to each
   other)

d. That's the way (how) love goes.

   사랑은 원래 그런 거잖아요.

   ➡ how와 the way는 둘 중의 하나를 생략해서 사용한다.

e. Don't be so much depressed. That's the way (how) it goes.

   그렇게 풀이 죽어 있지 마. 세상 일이 다 그런 거잖아.

   depressed [diprést] 〔형〕 우울한

f. "Is this where you want to get off?" "Yeah, this is fine."

   "여기가 내리려고 하는 곳이야?" "응, 여기면 좋아."

g. Is that why they come?

   그것이 그들이 온 이유야?

   ➡ 영 · 미들은 선행사가 생략되고 보어로 쓰이는 명사적 용법(f, g)을 좋아한다.

h. They moved where the climate was milder.

   그들은 기후가 온화한 곳으로 이사했다. 〈동사를 수식하는 부사적 용법〉

LESSON 1 **5** History of the American People

1

Most American citizens are either immigrants or descendants of immigrants.

대부분의 미국 시민들은 이주해 온 사람들이거나 아니면 그들의 후손들이다.

2

More than fifty million people have left the countries of their birth and come into the United States in order to live there permanently.

오천만 명 이상의 사람들이 자기 조국을 떠나 영구히 살기 위해 미국으로 건너온 것이다.

3

Some people came for excitement and adventure.

어떤 사람들은 신나는 일과 신나는 여행 또는 경험을 하러 왔다.

4

Others came to escape poverty and hunger, or political and religious oppression.

또 다른 사람들은 빈곤이나 굶주림을 벗어나기 위해 왔고, 또는 정치적, 종교적 압박을 피해 왔다.

5

Still others were brought over from Africa as slaves.

그 외에 다른 사람들은 아프리카에서 노예로 데려왔다.

6

These immigrants have brought their traditions, languages and foods, and made the United States a country of great ethnic and racial diversity.

이러한 이주자들은 그들의 전통을 지키고, 그들의 모국어를 사용하고, 그들 고유의 음식을 먹고 있다. (예를 들어 한국교포들이 '된장·고추장·김치' 등을 먹는다는 뜻이다.) 그 결과 이민자들은 미국을 언어와 습관이 다르고 피부 색깔이 매우 다양한 나라로 만들었다.

- citizens are either *immigrants* or *descendants of immigrants*.
  ➡ 2개 이상의 단어가 서로 떨어져 하나의 접속사 역할을 하는 상관 접속사로 연결되는 두 어구(語句)는 동일 구조여야 한다.

- people have left the countries of their birth and (have) come into ...
  ➡ 등위접속사 'and'로 연결된 구조에서 반복되는 조동사는 생략될 수 있다.

- (Some came for ...) Others came to escape poverty and hunger, or political ...
  ➡ 특정한 사람을 나타내지 않고 미국에 온 사람들 중 '어떤 사람은 …하고 또 다른 사람들은(other people)은 …하다'고 막연하게 열거할 때 'some ... others'를 사용함
  cf. Some of my classmates like football, and the others do not.
  　　우리 학급의 일부는 축구를 좋아하고 그 나머지(the rest)는 싫어한다.

- made the United States a country of great ethnic and racial diversity
  V 만들었다　　O 미국을　　O.C 언어와 습관이 다르고 피부색깔이 다양한 나라로

❶
most 대부분의
citizen 시민
either A or B A이거나 B(둘 중의 하나)
immigrant (타국에서의) 이주자
descendant 후손

❷
million 백만
leave 떠나다
countries of one's birth 조국
in order to ~하기 위하여
permanently 영원히

❸
for ~을 찾아
excitement 신나는 일
adventure 경험

❹
escape ~에서 벗어나다
poverty 가난; 결핍
hunger 굶주림
political 정치적인
religious 종교적인
oppression 압박; 억압

❺
still 그 외에
bring sb over 다른 나라에서 …를 데려오다
slave 노예

❻
tradition 전통
language 언어, 말
ethnic 인종의, 민족의
racial 인종의
diversity 다양성

Most American citizens are either immigrants or **descendants** of immigrants. More than fifty million people have left the countries of their birth and come into the United States in order to live there permanently. Some people came for excitement and adventure. Others came so as to escape poverty and hunger, or political and religious oppression. Still others were brought over from Africa as slaves. These immigrants have brought their traditions, languages and foods, and made the United States a country of great ethnic and racial diversity.

1. Which of the following is true according to the passage?
   (A) Migrations will profoundly affect the size of this country.
   (B) Immigration has become an important political issue.
   (C) Owing to immigration, the United States has become a multicultural society.
   (D) Unrestricted migration is likely to be counterproductive.

2. Some of the immigrants came to the United States with a view to doing the following **EXCEPT** _____.
   (A) making a lot of money
   (B) getting away from religious oppression
   (C) avoiding political persecution
   (D) not working as slaves

3. Choose the antonym of the "descendant".
   (A) offspring
   (B) children
   (C) ancestor
   (D) posterity

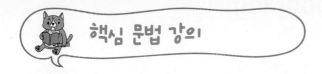

핵심 문법 강의

▶ 수동태: 5형식 문형 [S + V + O + as 보어]

Still others were brought over from Africa as slaves. 〈5번 문장〉
그 외에 다른 사람들은 아프리카에서 노예로 데려왔다.

He was thought of as a fool.

⋯▸ People thought of him as a fool.
사람들은 그를 바보로 생각했다.

think of A as B A를 B로 생각하다

Pink is often thought of as a color for females.

⋯▸ We often think of pink as a color for females.
핑크색은 종종 여성들을 위한 색깔로 생각된다.

female[fíːmeil] 여성
↔ **male** 남성

Hongkong is often referred to as a combination of the East and the West.
홍콩은 동양과 서양이 결합된 것이라고 종종 생각된다.

be referred to as ~으로 불리다 / 간주되다
combination[kàmbənéiʃən] 결합

Home-shopping

LESSON 16

1 Lots of Americans enjoy saving time by shopping from their living room – by computer, by phone or by mail.

많은 미국인들은 컴퓨터, 전화, 우편으로 그들의 거실에서 장을 봄으로써 시간을 아끼는 것을 좋아한다.

2 Home-shopping is a big business these days, and it's getting bigger.

홈 쇼핑은 요즘 커다란 사업이고, 규모가 점점 더 커지고 있다.

3 Using mail-order catalogs makes buying gifts from home easy.

우편주문 상품목록을 이용하여 가정에서 선물을 구매하는 것이 용이하다.

4 From apples to appliances, compact discs to camping equipment, there's almost nothing that can't be ordered by mail.

사과에서부터 전기제품에 이르기까지, 콤팩트디스크에서부터 야영장비에 이르기까지 우편주문을 할 수 없는 것이 거의 없다(즉 우편 주문으로 거의 모든 것을 살 수 있다).

5 Last year, more than five billion catalogs were mailed to Americans, and over forty billion dollars' worth of products were bought from them.

지난해에 50억 이상의 카탈로그가 미국인들에게 우송되었고, 400억 달러 이상의 상품이 그들로부터 구매되었다.

6 It's expected that by the year 2010, more than one-third of all merchandise sold in the U.S. will be sold by mail.

2010년까지는 미국에서 판매되는 모든 상품의 1/3 이상이 우편 판매될 것으로 예상된다.

- Lots of Americans enjoy saving time by shopping from their living room ...
  ➜ 수단을 나타내는 'by' 다음엔 동명사; 'through' 다음엔 명사가 오는 것에 주의
  eg. He succeeded *through hard work.*
         그는 열심히 일해서 성공했다.

- Home-shopping is a big business these days, ...
  ➜ 현재 상황을 말할 때 'these days / nowadays [náuədèiz]' 가 쓰이고; 'recently' 는 '(완료시제에) 최근에/(과거시제에) 얼마 전에' 라는 뜻으로 쓰인다.

- <u>using</u> mail-order catalogs <u>makes</u> <u>buying</u> gifts from home <u>easy</u>
  　　　S　　　　　　　　　　　V　　　　O　　　　　　　　O.C
  ➜ 주어와 목적어로 쓰인 동명사

이중부정 〈79쪽 핵심 문법 강의 참조〉
- There's almost nothing that can't be ordered by mail.
  = You can order almost everything by mail.
  = Almost anything can be ordered by mail.
      거의 모든 것을 우편으로 주문할 수 있다.

- all merchandise <u>(which is)</u> sold in the U.S.
      모든 상품　↑＿＿＿↓　미국에서 판매되는

❶
lots of 많은
enjoy 즐기다
save 아끼다
by -ing ~함으로써

❷
big 큰; 중대한
business 사업
these days 요즈음

❸
mail-order 우편주문
catalog 목록
gift 선물
easy 쉬운

❹
appliance 전기기구
equipment 장비, 비품

❺
more than ~이상의
billion 10억
worth ~의 값만큼의
product 상품, 산물

❻
expect 예상/기대하다
by ~까지는
merchandise 상품

Lots of Americans enjoy saving time. One way they've found to do this is by shopping from their living room – by computer, by phone or by mail. Home-shopping is a big business these days, and it's getting bigger.

Using mail-order catalogs makes buying gifts from home easy. From apples to appliances, compact discs to camping equipment, there's almost nothing that can't be ordered by mail. Last year, more than five billion catalogs were mailed to Americans, and over forty billion dollars' worth of products were bought from them. It's expected that by the year 2010, more than one-third of all merchandise sold in the U.S. will be sold by mail.

1. Which of the following would be the best title of the above passage?
   (A) Buying a Computer
   (B) Shopping the "New-Fashioned" Way
   (C) Shopping from Home
   (D) Running Errands in the Future

2. Which of the following is **NOT** true according to the information in the reading?
   (A) Home-shopping will be reduced by the year 2010.
   (B) Computer shopping in the living room is given a wide range of choice.
   (C) Shopping from home makes customers more comfortable.
   (D) The amount of home-shopping is increasing.

3. Home-shopping can be done by the following **EXCEPT** by _____.
   (A) telephone   (B) computer
   (C) mail-order   (D) money

4. What can you buy through home-shopping?
   (A) Almost everything
   (B) Only books
   (C) Anything but home appliances
   (D) Almost nothing

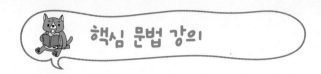

① 이중부정

there's almost nothing that can't be ordered by mail 〈4번 문장〉
우편 주문으로 거의 모든 것을 살 수 있다

→ 두 개의 부정 표현을 사용하여 강한 긍정의 뜻

a. Without *a doubt*. 틀림없어, 확실해.

b. No *question* about it. 그것에 대해서는 전혀 이의가 없어.

c. No *wonder* you were late! 네가 지각한 것은 놀랄 일이 아냐!

d. Not *bad* at all. (예상보다 훨씬 만족스러울 때) 상당히 좋아요.

② 동명사 〈19과 핵심 문법 강의 참조〉

동명사의 역할: 동명사는 '동사 + -ing' 형태로 문장의 주어·보어·목적어로 쓰이고 타동사와 전치사의 목적어로 쓰인다. 또한 동명사는 동사의 성질을 지니고 있어 수식 어구를 가질 수 있다.

His job is teaching English. 〈보어〉
그의 직업은 영어를 가르치는 것이다.

→ his job(S) = teaching English(S.C)

cf. He is *teaching* English.
　　그는 지금 영어를 가르치고 있다.

　　　→ He ≠ teaching English

동명사만을 목적어로 갖는 동사:

- avoid 피하다
- enjoy 즐기다
- finish 끝마치다
- quit 그만두다
- stop 멈추다
- practice 연습하다
- can't help (can't와 함께 쓰여) ~하지 않을 수 없다, 어쩔 수 없다

a. I can't *stop* loving you.
　　당신에 대한 사랑을 멈출 수 없어. 〈목적어〉

b. I can't *stand* being talked about behind my back.
　　사람들이 나 없는데서 수군대는 것을 참을 수 없어.

stand (의문문·부정문에서) 참다
be talked about 남들 입에 오르내리다
behind one's back 안 보는데서

LESSON 17 Clearance Sale

1 This is a clearance sale to purchase goods at a lower than usual price, at a discount of forty percent.

이번 행사는 40% 할인하여 평소 가격보다 저렴하게 상품을 구매할 수 있는 재고 정리대매출입니다.

2 It's unheard-of to sell goods at such a low price.

물건을 이렇게 저렴한 값으로 파는 것은 전례 없는 일입니다.

3 We must get rid of our remaining stocks to make room for new goods.

신상품을 넣어 둘 공간을 마련하기 위해 재고품을 처분해야 합니다.

4 Place your order early to choose from the widest selection.

상당히 많은 물건 속에서 고르시려면 일찍 주문을 하십시오.

5 All sales are cash only and all sales are final.

모든 판매는 현금으로만 하고 일단 구입한 물건은 반환할 수 없습니다.

6 This special offer expires at the end of May, therefore you must act now.

이번 특별 할인 판매는 5월 말에 끝납니다. 그래서 지금 즉시 서두르시기 바랍니다.

- a clearance sale <u>to purchase goods at a lower than usual price</u>,
  재고 정리 대매출 ↑_____ 평소 가격보다 저렴하게 상품을 구매할 수 있는 **(부정사의 형용사적 용법)**

  <u>at a discount of 40%</u>
  at a lower ... price를 부연설명

- We must get rid of our remaining stocks <u>to make room for</u> new goods.
  ➜ to부정사는 목적을 나타내는 부사적 용법으로 'in order to / so as to make(~하기 위하여)'의 뜻

- Place your order early <u>to choose</u> from the widest selection.
  ➜ to부정사는 목적을 나타내는 부사적 용법으로 'in order to / so as to(~하기 위하여)'의 뜻

- This special offer expires at the end of May, therefore you must act now.
  ➜ 2인칭에 '강력한 충고'를 할 때 'must(부디 …해주기 바라다)'를 사용한다.
  3번 문장에서 'must(반드시 …해야만 하다)'는 '논리적 필연성'을 의미한다.

❶
a clearance sale 재고 정리 대
매출
purchase 구매하다
goods 상품
usual 평소의
price 값, 가격
discount 할인

❷
unheard-of 전례가 없는

❸
get rid of 처분하다
remaining stock 재고품
stock 재고(품)
room 공간

❹
place (주문을) 내다
order 주문
choose 고르다, 선택하다
wide 광범한
selection 많은 물건 · 사람

❺
cash 현금
final 바꿀 수 없는

❻
special 특별한
offer 쎄일; 제언; 제안
expire 끝나다
at the end of ~의 말에
therefore 그래서
act 행동하다

This is a clearance sale to purchase goods at a lower than usual price, at a discount of forty percent. It's unheard-of to sell goods at such a low price. We must **get rid of** our remaining stocks to make room for new goods. Place your order early to choose from the widest selection. All sales are cash only and all sales are final. This special offer expires at the end of May, _____ you must act now.

1. **What goods are being sold?**
   (A) Damaged goods
   (B) Models from the previous year
   (C) Redundant Goods
   (D) All things in urgent need of money

2. **Even if a customer isn't satisfied with a purchase, it _____.**
   (A) can be refunded
   (B) cannot be exchanged
   (C) can be sold
   (D) cannot be discounted

3. **The phrase 'get rid of' means _____.**
   (A) dispose of
   (B) purchase
   (C) be out of stock
   (D) discount

4. **Choose the one that is most appropriate for the blank.**
   (A) moreover
   (B) nevertheless
   (C) therefore
   (D) besides

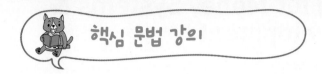

▶ Must

의무, 논리적 필연성, 추측 또는 어떤 일이 중요해서 상대방에게 강력하고 직접적인 충고를
할 때 'must' 가 쓰인다.

We must get rid of our remaining stocks … 〈3번 문장: 논리적 필연성〉

…, therefore you must act now 〈6번 문장: 강력한 충고〉

You must wipe your feet whenever you come in.
(외출에서 집) 안으로 들어올 때마다 너는 발을 닦아야만 돼. 〈의무〉

Mary must *have* some problem; she keeps crying.
메리에게 어떤 고민이 있음에 틀림없어. 계속 울고 있거든. 〈현재 추측〉

Mary must *have seen* it.
메리가 그것을 봤음이 틀림없어. 〈과거 일에 대한 추측〉

If you must smoke, at least you could use an ashtray.
담배를 꼭 피워야겠다면 적어도 재떨이는 사용해야지. 〈비꼬는 말투〉

cf. I'm sorry but I *have to* study for the exams this evening.
죄송하지만 오늘 저녁엔 시험공부를 해야만 해요.
→ 예의를 갖추고 핑계를 대고 싶을 때

A: *Can* it be Ann?
앤일까?
B: No, it *can't* be Ann. She must be in Washington now.
아니야. 앤일 리 없어. 그녀는 지금 워싱턴에 있음이 틀림없어.
→ 'must' 는 확실한 추측을 할 때; 의문 · 부정문의 추측에는 'can, cannot' 을 사용한다.

LESSON 1

8 The Need for Money Systems & Their Development

1 Money is used for buying or selling goods, for measuring value and for storing wealth.

물건을 사거나 파는 데, 가치를 측정하는 데, 그리고 부를 쌓기 위한 목적으로 돈이 사용된다.

2 Almost every society now has a money economy based on coins and paper bills of one kind or another.

현재 거의 모든 사회에는 몇 종류의 동전과 지폐를 바탕으로 한 화폐 경제가 있다.

3 However, this has not always been true.

그러나 이것은 항상 사실이 아니었다.

4 In primitive societies a system of barter was used, which was a system of direct exchange of goods.

원시 사회에서 물물교환 방법이 이용되었다. 그런데 물물교환제도는 물건을 직접 교환하는 방법이었다.

5 Somebody could exchange a sheep, for example, for anything in the marketplace that they considered to be of equal value.

예를 들어 어떤 사람은 그들이 생각하기에 동등한 가치가 있다고 생각하는 시장에 나와 있는 어떤 것과도 양을 교환할 수 있었다.

6 Barter, however, was a very unsatisfactory system because people's precise needs seldom coincided.

그러나 사람들이 꼭 필요로 하는 것들이 다른 사람들이 가져온 물건과 좀처럼 일치하지 않기 때문에 물물교환은 매우 만족스럽지 못한 제도였다.

7 People needed a more practical system of exchange, and various money systems developed based on goods which the members of a society recognized as having value.

사람들은 보다 더 실용적인 교환방법을 필요로 했고, 사회 구성원들이 가치를 지닌 것으로 인정하는 물건을 토대로 하는 여러 가지 화폐제도가 발전했다.

❶
- Money is used for buying or selling goods, for measuring value and for ...
  ⋯▸ We use money for buying ... 우리는 ⋯하기 위하여 돈을 사용한다 〈능동〉
  ➥ 전치사 'for'는 목적 · 용도를 나타냄.

- society has a money economy (which is) based on coins and ...
  통화 경제 ↑_____↑ 동전과 지폐를 바탕으로 한

- this has not always been true. 이것은 항상 사실이 아니었다.
  ➥ 'all, both, every' 등 전체를 나타내는 명사 · 형용사, 또는 'always, entirely[entáiərli] 아주,
  완전히, completely[kəmplí:tli] 완전히, absolutely[ǽbsəlù:tli] 무조건, 절대적으로' 등의 부사
  가 부정어와 결합하여 '전부가 ~하지는 않다/반드시 ~은 아니다'는 뜻의 부분부정을 나타낸다.

- a system of barter was used, which was a system of direct exchange ...
  ➥ 'which'는 관계대명사의 계속적 용법으로 'which'는 'system of barter'를 가리키며, '그런데 물
  물교환제도는' 처럼 해석한다.

- exchange a sheep for anything that they considered that to be of equal value
  ➥ 'that'과 같은 글씨체를 사용한 것은 원래 that이 있던 자리지만 지금은 비어 있다는 표시.

- various money systems(S) developed(V) 여러 가지 화폐제도가 발전했다
              ↑ ➥ 'money systems / goods'를 수식하는 2개의 형용사절을 분리하면 1형식 문장
  (which were) based on goods which the members ... recognized which as having value
  물건을 토대로 하는 (화폐제도) ↑_____↑ 사회 구성원들이 가치를 지닌 것으로 인정하는
  ➥ 'recognized'의 목적어인 관계대명사 which의 선행사는 'goods'이다.
  ➥ 'which'는 'recognized'의 목적격 관계대명사가 원래 있던 자리지만 앞으로 이동하고 지금은 비어있
  다는 것을 나타낸다. 〈56과 3번 참조〉

❶
goods 상품
measure 측정하다
store 축적하다
wealth 부(富)

❷
economy 경제
be based on ~을 근거로/기초
로 하다
paper bill 지폐
one kind or another 몇 종류
kind 종류

❹
primitive 원시적인
system 제도, 체계
barter 물물 교환
direct 직접의
exchange 교환

❺
for ~와 교환으로
consider 생각하다
value 가치

❻
unsatisfactory 불만스런
precise 정확한
needs 필요한 것
seldom 좀처럼 ~않다
coincide 일치하다

❼
practical 실용적인
various 여러 가지의
develop 발전하다
member 구성원, 회원
society 사회
recognize 인정하다

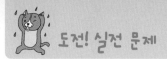
Money is used for buying or selling goods, for measuring value and for storing wealth. Almost every society now has a money economy based on coins and paper bills of one kind or another. However, **this** has not always been true. In primitive societies a system of barter was used, which was a system of direct exchange of goods. Somebody could exchange a sheep, for example, for anything in the marketplace that they considered to be of equal value. Barter, however, was a very unsatisfactory system because people's precise needs seldom coincided. People needed a more practical system of exchange, and various money systems developed based on goods which the members of a society recognized as having value.

1. Which of the following is **NOT** mentioned in the passage?
   (A) People began to use money because they wanted a more practical method of exchange.
   (B) Barter system was unsatisfactory because somebody's needs are not exactly the same as somebody else's.
   (C) Barter gradually changed into a money economy because of inconvenience of exchange.
   (D) We can imagine a world where "money" in the form of coins and paper bills will no longer be used.

2. Find the word which means the following.
   a. a place where goods are bought and sold

   _____

   b. an exchange of goods for other goods rather than for money

   _____

3. The word "this" refers to _____.
   (A) a money economy based on coins and paper bills of one kind or another
   (B) measuring value
   (C) a system of barter
   (D) buying or selling goods

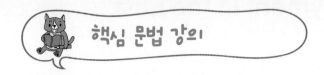

핵심 문법 강의

❶ 부정대명사의 대명사

'somebody, nobody, everyone' 등과 같은 부정대명사 형태는 단수 형태로 취급하지만 한 사람을 의미하는 것이 아니므로 대명사로 또는 부가의문문에서는 'they'로 받는다.

Somebody could exchange a sheep, for example, for anything in the marketplace that they considered to be of equal value. 〈5번 문장〉

Everyone has read the notice, haven't *they*?
모두가 그 게시판을 읽었죠?

No one objected, did they?   object[əbdʒékt] 반대하다
아무도 반대가 없죠?

cf. a. He is nobody. (X)

   b. He is a nobody. He is a drifter. No family, no close friends.   drifter[dríftər] 떠돌이
      그는 별 볼일 없는 사람이야. 떠돌이고, 가족도 없고, 친한 친구도 없어.

   → 보어로 쓰일 때 부정대명사가 아닌 보통명사로 사용되어 a nobody는 '보잘것 없는 사람, 무명인사'의 뜻이 된다.

❷ 추상명사의 전용: of + 추상명사 = 형용사

- **books** of great profit = greatly profitable **books** 매우 유익한 책들
- **a book** of no value = a valueless **book** 무가치한 책
- **a man** of wisdom = a wise **man** 현명한 사람
- **a boy** of courage = a courageous **boy** 용기 있는 소년

LESSON 19
Unemployment in the East

1

The total number of the jobless in the East is already over a million and is still rising as the restructuring of industry takes place.

동양에서 실업자의 총수는 이미 백만을 넘었고 기업의 구조조정이 일어나고 있기 때문에 실업자가 계속 증가하고 있다.

2

Germany, by contrast, has been able to absorb hundreds of thousands of immigrant workers while keeping unemployment down to about 6%.

이와는 대조적으로 독일은 실업률을 대략 6%까지 낮추면서도 수십만 명의 외국인 근로자들을 흡수할 수 있게 되었다.

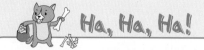

Ha, Ha, Ha!

I grew up in a non-musical family – only one of five siblings can even carry a tune. So I've restricted my singing to private places like the bathtub or the car. But one night, I softly sang a lullaby to my nine-month-old baby. After the first verse, he sweetly looked into my eyes, took the pacifier from his mouth and placed it in mine.

- The total number of the jobless in the East
  ➜ the + 형용사 = 보통/추상명사
  eg. the wise 현명한 사람들　the mystical [místikəl] 신비함　the good 선(善)

  ➜ 명사에 '-less'를 붙여 '~이 없는(without)'의 뜻의 형용사를 만든다.
  eg. homeless 무주택의　meaningless 의미가 없는
  cf. priceless 매우 귀중한

- as the restructuring of industry takes place
  ➜ 동사와 명사적 특징을 지닌 동명사가 'the + 동명사'가 되거나 형용사의 수식을 받거나 복수로 쓰일 때는 보통명사가 되어 목적어를 가질 수 없다.
  cf. My hobby is collecting *coins.*

❶
total 전체의
number 수; 번호
jobless 실업의
million 백만
still 여전히, 아직
rise 일어나다
restructure 재구성하다, 개조하다
industry 산업; 근면
take place 발생하다

❷
by contrast 대조적으로
able to ~할 수 있는
absorb 흡수하다
immigrant worker 외국인 근로자
unemployment 실업률
keep sth down ~수준으로 낮추다

음치 가족!
난 음악에 소질이 없는 가정에서 성장했다. 박자라도 맞출 수 있는 사람은 다섯 자매 중 단지 하나였다. 그래서 나는 노래 부르는 것을 욕조나 자동차 같은 비밀 장소로 제한해왔다. 하지만 어느 날 밤, 9개월 된 나의 아기에게 조용히 자장가를 불러주었다. 첫 소절이 끝난 후에 그는 사랑스럽게 내 시선을 바라보더니, 자기 입에서 젖꼭지를 빼서 내 입에다 갖다 넣었다.

grow up 성장하다　**non-musical** 노래를 좋아하지 않는, 음악에 소질이 없는　**sibling** [síbliŋ] 형제, 자매　**even** [íːvən] ~라도　**carry a tune** 박자를 맞추다, 정확히 노래하다　**restrict** [ristríkt] 제한하다　**private** [práivit] 비밀의; 사적인　**bathtub** [bǽθtʌb] 욕조　**lullaby** [lʌ́ləbài] 자장가　**verse** [vəːrs] 소절, 마디; 시　**sweetly** 사랑스럽게; 상냥하게　**look into one's eyes** ~의 시선을 들여다보다　**pacifier** [pǽsəfàiər] 고무 젖꼭지; 진정제

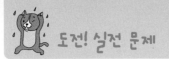

The total number of the jobless in the East is already over a million and is still rising as the restructuring of industry takes place. Germany, by contrast, has been able to absorb hundreds of thousands of **immigrant** workers while keeping unemployment down to about 6%.

1. **Choose the correct statement based on the information in the reading.**
   (A) The rise in unemployment in the East was not due to the structural renewal.
   (B) The rise in unemployment in the East has nothing to do with the business downsize.
   (C) Unemployment in the West was reduced as a result of the closedown of the factories.
   (D) The number of the unemployed in the East was gradually increasing owing to the restructuring of industry.

2. **The word "immigrant" means a person _____.**
   (A) dismissed from one's job
   (B) leaving one's own country and going to live permanently in another
   (C) coming to live permanently in a foreign country
   (D) working hard

3. **Choose the incorrect part of the sentence.**

   The total number of the jobless in the East is already over a million and is still rising
   　　　　　(A)　　　　　(B)　　　　　　　　　　　(C)

   as the restructuring industry takes place.
   　　　(D)

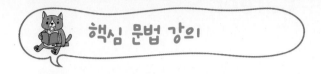

핵심 문법 강의

▶ 동명사의 보통명사화

동명사는 동사의 성질을 지니고 있기 때문에 목적어 · 보어 · 부사를 가질 수 있다.

Have you tried asking *a girl out*?
여자에게 데이트를 시도해 본 적이 있습니까?

Man's excessive burning of *fossil fuels* may have begun to create climatic changes
인간이 지나치게 화석연료를 사용함으로써 기후변화를 일으키기 시작했을지도 모른다.

Modern research has established that *moderate drinking* of *red wine* with meals can reduce the risk of heart disease by 40%.
적포도주를 식사와 함께 적당히 마시면 심장병이 발병할 위험성을 40% 정도 줄일 수 있다는 것이 보다 최근의 연구에서 입증되었다.

→ 동사와 명사적 특징을 지닌 동명사가 'the + 동명사'가 되거나 '형용사의 수식을 받거나 복수로 쓰일 때'는 완전 명사화 되어 목적어를 가질 수가 없어 목적격을 나타내는 전치사 'of'를 사용해야만 한다.

excessive[iksésiv] 지나친
fossil fuel[fásl fjúːəl] 화석연료
create[kriéit] ～을 야기시키다
climatic[klaimǽtik] 기후의

research[risə́ːrtʃ] 연구
establish[istǽbliʃ] 입증하다
moderate[mádərət] 적당한
reduce[ridjúːs] 줄이다
risk[risk] 위험
heart disease 심장병

LESSON 20

A Witness' Career

1

According to a court transcript, a defense lawyer questioning a witness in a drunken-driving case said, "Officer, you say you are absolutely sure the defendant was intoxicated?"

한 법원의 속기록에 따르면 음주운전 소송 사건의 증인에게 질문을 하던 피고인측 변호사가 "경관님, 피고인이 만취상태로 있었다는 것이 틀림없다고 말씀하셨죠?"라고 말했다.

2

"Yes, sir," was the answer. "And how long have you been with the police?" "Six months," said the police officer.

"네, 그렇습니다."라고 경찰은 대답했다. "경찰에 근무한지가 얼마나 됐습니까?" "6개월 됐습니다."라고 경찰은 응답했다.

3

"After only six months on the force." continued the defense attorney, "you are able to say with certainty that the defendant was intoxicated?"

"경찰에 단지 6개월 근무하고 피고인이 만취된 상태로 있었다고 확실히 말할 수 있습니까?"라고 피고인측 변호사는 질문을 계속했다.

4

"Before I joined the force," said the new policeman, "I was a bartender for 16 years."

"경찰이 되기 전에 16년 동안 바텐더로 있었습니다."라고 신임 경찰관은 응답했다.

- a defense lawyer (who was) questioning a witness in a drunken-driving case
  피고인측 변호사 ┌──────┘ 음주운전 소송 사건의 증인에게 질문을 하던
  ➜ 'who was' 가 생략되고 lawyer를 꾸며주는 분사

- How long *have* you + *p.p.*
  얼마나 ~했습니까?
  ➜ 현재완료의 계속

- (I have been with the police for) Six months.
  ➜ 'How long' 에 대한 응답으로 'Six months' 라고 간단히 응답하면 훌륭한 영어.

서술 의문문(Statement Question): 서술문 형태지만 올림 억양(↗)을 사용하여 의문문임을 나타내며 회화에서 쓰인다.

a. You're going? 가는 거야?

b. (You've) Got a minute? 잠깐 시간 좀 있어요?

c. You think she's pretty? 그녀가 예쁘다고 생각해?

❶
court 법원
transcript 속기록
defense 변호
lawyer 변호사(美)
witness 증인, 목격자
drunken-driving 음주운전
case 소송 사건
absolutely 절대적으로
defendant 피고
intoxicated 만취된

❷
be with ~에 근무하다
the police 경찰

❸
on 소속의 전치사
the force 군대, 경찰
continue 계속하다
with certainty 확실히

❹
join 참가하다
bartender 바텐더

According to a court transcript, a defense lawyer questioning a witness in a drunken-driving case said, "Officer, you say you are absolutely sure the defendant was intoxicated?"

"Yes, sir," was the answer.

"And how long have you been with the police?"

"Six months," said the police officer.

"After only six months on the force." continued the defense attorney, "you are able to say with certainty that the defendant was **intoxicated**?"

"Before I joined the force," said the new policeman, "I was a bartender for 16 years."

1. Where were the people?
   (A) In a court
   (B) At a police station
   (C) In a wine bar
   (D) In a car

2. Since he had been _____ the new policeman was able to say without a doubt that the defendant was intoxicated.
   (A) a witness
   (B) a lawyer
   (C) a bartender
   (D) a policeman

3. The word "intoxicated" could be best replaced by _____.
   (A) guilty
   (B) drunk
   (C) frightened
   (D) arrested

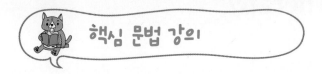

핵심 문법 강의

▶ 직접 화법과 간접 화법(Direct and Indirect Speech)

다른 사람의 말을 그대로 따옴표(" ") 안에 넣어 전달하는 직접 화법과; 그 말을 자기 입장에서 다른 사람에게 전달하는 것을 간접 화법이라 하며 주로 구어체에서 쓰인다. 화법을 바꾸는 것은 일종의 영작인 것이다. 문맥을 살펴본 뒤 그 상황에 맞도록 바꿔 주면 되므로 다음과 같은 규칙 적용에 주의해야 한다.

① 인용 부호를 없애고, 동사는 문맥에 맞게 바꾸고, 'that'로 시작한다. ⋯→ 2, 6예문

② 피전달문(따옴표안의 문장)에 의문사가 있는 경우 전달 동사를 'ask / inquire / wonder' 등으로 바꾸고 어순: 의문사 + 주어 + 동사 ⋯→ 3번 예문

③ 피전달문에 의문사가 없는 경우 어순: if / whether + 주어 + 동사 ⋯→ 1, 5번 예문

④ 인칭대명사/지시대명사/부사구를 문맥에 따라 바꾼다.

⑤ 시제 일치에 의해 주절이 현재일 때 종속절에는 어느 시제나 올 수 있지만, 주절이 과거일 때는 종속절에 과거/과거완료(대과거)가 온다. 불변의 진리/습관/격언 등은 예외이다.

1. a defense lawyer said, "Officer, you say you are absolutely sure the defendant was intoxicated?"

= a defense lawyer asked officer if he said he was absolutely sure the defendant had been intoxicated.

2. "Yes, sir," was the answer.

→ 경찰의 응답

= The officer said / answered / replied that the defendant had been intoxicated.

= The officer agreed.

3. "And how long have you been with the police?"

→ 변호사가 경찰에게 질문

= a defense lawyer asked how long I had been with the police.

4. "Six months," said the police officer.

= the police officer replied / answered (that) he had been for 6 months.

5. "After only six months on the force." continued (to say) the defense attorney, "you are able to say that the defendant was intoxicated?"

= the defense attorney continued to ask if after only six months on the force, he was able to say that the defendant had been intoxicated.

6. "Before I joined the force," said the new policeman, "I was a bartender for 16 years."

= The new policeman replied / answered that before he had joined the force, he had been a bartender for 16 years.

LESSON 2 1 Wine as Therapy

1 Wine has long been used as antiseptic or palliative.

포도주는 방부제 또는 통증을 경감시켜주는 것으로 오랫동안 사용되고 있다.

2 Modern research has established that moderate drinking of red wine with meals can reduce the risk of heart disease by 40%.

식사와 함께 적포도주를 적당히 마시면 심장병이 발병할 위험성을 40% 정도 줄일 수 있다는 것이 보다 최근의 연구에서 입증되었다.

3 In other words, moderate red wine drinking with food has generally been regarded as both healthy and relaxing.

달리말해서, 식사를 하면서 적포도주를 적당히 마시는 것은 건강에 좋고 마음을 편안하게 해준다는 것이 일반적인 생각이다.

4 Excessive consumption, on the other hand, is damaging to both mind and body.

이와는 달리, 지나치게 마시게 되면 정신과 육체에 좋지 못한 영향을 미친다.

➡ 과거와 현재를 연결해 주는 현재완료는 'have + p.p.'의 형태로 현재를 기준점으로 해서 과거에서부터 현재까지의 상태 및 동작의 결과 · 경험 · 계속 · 완료 등을 나타낸다.

• <u>moderate red wine drinking with food</u> <u>has been regarded</u> <u>as both healthy</u> ...
　　　　　　　　S　　　　　　　　　　　　V　　　　　　　C

···→ moderate drinking of red wine with food

➡ 위와 같은 주어의 구조가 문법적으로 옳음 〈19과 핵심 문법 강의 참조〉

❶
have been used as ~으로 사용되고 있다
antiseptic 방부제, 살균제
palliative 완화제

❷
research 연구
establish 입증하다
moderate 적당한
meal 식사
reduce 줄이다
risk 위험
heart disease 심장병

❸
in other words 바꾸어 말해서, 즉
generally 일반적으로
be regarded as ~로 생각되다
both A and B A와 B 모두
healthy 건강한
relaxing 마음을 편안하게 해주는

❹
excessive 지나친
consumption 소비
on the other hand 이와는 달리
damage to ~에 좋지 않은 영향을 미치다

Wine has long been used as antiseptic or palliative. Modern research has established that moderate drinking of red wine with meals can reduce the risk of heart disease by 40%. In other words, moderate red wine drinking with food has generally been regarded as both healthy and relaxing. Excessive consumption, on the other hand, is damaging to both mind and body.

1. Which of the following would be the best title for the passage?
   (A) Wine as Therapy
   (B) The Cause of Heart Disease
   (C) Moderate Drinking of Red Wine
   (D) Excessive Consumption of Wine

2. Which of the following is **NOT** mentioned in the passage?
   (A) The health-giving properties of moderate wine drinking have been recognized for centuries.
   (B) Excessive drinking is a curse on human society.
   (C) Over-indulgence in wine has always been recognised as unhealthy.
   (D) The benefits of wine are many if it is taken in the proper amount, as it keeps the body in a healthy condition and cures many illnesses.

3. According to the information in the reading, moderate drinking of red wine with meals makes you feel the following **EXCEPT** _____.
   (A) in good health   (B) comfortable
   (C) calm   (D) upsetting

4. Choose the incorrect part of the sentence.
   Modern research has established that moderate drinking red wine with meals can
   _____(A)_____(B)
   reduce the risk of heart disease by 40%.
   _____(C)_____(D)

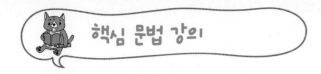

▶ 5형식 문형 [S + V + O + O.C]의 수동태

We heard Domingo sing a classical song.

위 문장은 두 문장이 접속사 없이 결합된 형태로 아래와 같이 분석할 수 있다.

We heard Domingo sing a classical song.

ⓐ   ___ ___   S   V   O

ⓑ   S   V   O   OC

→ 구조ⓐ의 동사 'sing'을 수동으로 하면 아래 ①과 같은 수동 문장이 되고, 구조 ⓑ의 동사 'heard'를 수동으로 하면 ②와 같은 문장이 된다. ①② 두 문장이 문법적으로 가능하지만, 수동문 ①처럼 노래를 듣는 주체가 'We'가 되는 것은 자연스러운 표현이지만, 수동문 ②처럼 '도밍고가 들린다 …'와 같은 수동 표현은 영어 원어민에게는 어색하게 들리므로 쓰이지 않는다.

① We heard a classical song (be) sung by Domingo.

② Domingo was heard to sing a classical song.

→ 수동문 ①에서 의미가 없는 수동 조동사 'be'는 생략되고 쓰이지 않는다.

You should try to make yourself respected.

존경받는 사람이 되도록 노력해야만 해.

I can make myself understood in English.

나는 영어로 내 의사를 소통시킬 수 있다.

We saw a thief enter the house.

···▶ A thief was seen *to enter* the house.

도둑이 그 집에 들어가는 것이 목격되었다.

→ 지각 동사(see, hear, watch 등)와 사역 동사(have, make, let 등)의 목적 보어로 쓰인 원형 부정사가 수동태에서 to부정사로 바뀌는 것에 주의.

LESSON 2 2 Nonsmokers' Rights

1 As nonsmokers, we feel strongly that smoking in elevators should be banned.

비흡연자로서, 승강기 안에서 흡연은 금지되어야만 한다는 것이 우리의 확고한 생각이다.

2 Elevators are small, enclosed areas, and breathing smoke is very annoying and unhealthy.

승강기는 좁고 사방이 막혀서 담배연기를 마시는 것은 짜증스럽고 건강에 좋지 못하다.

3 Moreover, smoking in elevators is a fire hazard.

더욱이 승강기 안에서 흡연은 화재 위험이 있다.

4 Smokers seem to argue loudly about their rights.

흡연자들은 그들의 권리를 큰소리로 주장하는 것 같다.

5 However, the rights of nonsmokers are rarely taken into account.

그러나 비흡연자들의 권리는 좀처럼 고려되지 않고 있다.

- we feel strongly that smoking in elevators should be banned.
  → Should: 의무·당연성 등을 나타낼 때: ~해야만 하다

  eg. You should not drink and drive.
  음주 운전을 해선 안돼.

- breathing smoke is very annoying and unhealthy.
       S   V   C
  → 'breathing(~를 들이 마시는 것)'은 주어로 쓰인 동명사, 'annoying(짜증이 나는)'은 보어로 쓰인 형용사 역할 하는 현재분사

  → 특정한 동작에 대해 쓰이는 부정사와는 달리, 일반적인 사실을 나타내는 동명사는 문장의 주어로 자주 쓰인다.

  eg. Drinking too much is bad for one's health.
  과음은 건강에 좋지 않다.

- the rights of nonsmokers are rarely taken into account.
  → 수동의 주어는 능동의 목적어이므로 '비흡연자들의 권리가 좀처럼 고려 대상이 되지 않는다.'로 해석한다.
  'take something into account'는 '~을 고려하다'의 뜻

❶
as ~로서
nonsmoker 비흡연자
feel ~라고 생각하다
strongly 확고히
ban 금지하다

❷
enclose 에워싸다
breathe 들이마시다
annoying 짜증이 나는

❸
moreover 더욱이
hazard 위험

❹
argue 주장하다
loudly 큰 소리로
right 권리; 정의

❺
however 그러나
rarely 좀처럼 ~않다
account 고려

As nonsmokers, we feel strongly that smoking in elevators should be banned. Elevators are small, enclosed areas, and breathing smoke is very annoying and unhealthy. _____, smoking in elevators is a fire hazard. Smokers seem to argue loudly about their rights. However, the rights of nonsmokers are rarely <u>taken into account</u>.

1. Which of the following is **NOT** true according to the passage?
   (A) Indirect smoking makes nonsmokers irritated.
   (B) Nonsmokers' rights are as important as those of smokers.
   (C) Smoking in elevators should be forbidden.
   (D) It's okay even if rights of nonsmokers are regarded as worthless.

2. The underlined 'taken into account' means _____.
   (A) thoughtful
   (B) considered
   (C) granted
   (D) calculated

3. Which of the following would be most appropriate to fill in the blank?
   (A) Nevertheless
   (B) Moreover
   (C) On the contrary
   (D) However

4. Choose the incorrect part of the sentence.
   As nonsmokers, we feel strongly that smoke in elevators should be banned.
         (A)   (B)   (C)   (D)

1. (D) 2. (B) 3. (B) 4. (C)

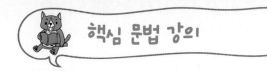

핵심 문법 강의

▶ 수동태를 사용하는 경우 〈38과 46과 참조〉

공지사항을 전달할 때

Passengers are requested not to lean out of the window.
승객들은 창밖으로 몸을 내밀지 않기를 바랍니다.

request[rikwést] 요청하다
lean[liːn] 기대다

능동문의 주어가 일반인(we, you, they, one, people)인 경우:

The rights of nonsmokers are rarely taken into account. 〈5번 문장〉
흡연자들의 권리는 좀처럼 고려 대상이 아니다.

···▶ They rarely *take the rights of nonsmokers into account.*

행위자가 중요하지 않거나(not important), 분명치 않을 때(not known)

a. Is it made of leather?
    가죽으로 만들어졌습니까?

b. My car was towed away for illegal parking.
    내 차는 불법 주차로 견인 당했어.

leather 가죽

tow away 견인해 가다
illegal 불법의

새로운 발명품 · 새로 태어나는 아기 · 출판물 등

Her first son was born last month.
그녀의 첫째 아들이 지난달에 태어났다.

전후 문장의 주제의 연결이 필요할 때

He hadn't been asked to the party and (he) was feeling very left out.
그는 파티에 초청을 받지 못해서 따돌림 당한 생각이 들었다.

feel left out (모임 등에서) 소외당한 것처럼 또는 왕따되는 생각이 들다

LESSON 2 3 The Health Hazard from Passive Smoking

1

It has long been established that smoking harms the health of those who do the smoking.

흡연이 담배를 피우는 사람의 건강에 해롭다는 사실은 오랫동안 입증되어 왔다.

2

Now new epidemiological studies and reviews are strengthening the evidence that it also harms the health of other people nearby who inhale the toxic fumes generated by the smoker, particularly from the burning end of the cigarette.

현재 새로운 유행병학 연구와 그 평론 보고서들은 흡연은 흡연자가 내뿜는 유독성 연기, 특히 타고 있는 담배 끝에서 나오는(생담배 타는) 연기를 들이마시는 근처에 있는 다른 사람의 건강에도 흡연은 해가된다는 증거를 강력하게 뒷받침하고 있다.

3

Such indirect smoking causes death not only by lung cancer, but even more by heart attack, the studies show.

그와 같은 간접흡연은 폐암뿐 아니라 심장마비에 의해 훨씬 더 많은 죽음의 원인이 된다고 이 연구들은 밝히고 있다.

4

The studies on passive smoking, as it is often called, also strengthen the link between parental smoking and respiratory damage in children.

간접흡연이라고 흔히 불리는 이 연구는 또한 부모의 흡연과 아이들 호흡기관의 손상 사이의 (상관)관계도 강력하게 뒷받침하고 있다.

- *the evidence* that it also harms the health of other people nearby ...
  증거 └동격┘ 또한 흡연은 근처에 있는 다른 사람의 건강에도 해가 된다는
  → 'that' 이하는 'the evidence'를 부연 설명하는 동격 명사사절 it = smoking

- people who inhale the toxic fumes (which are) generated by the smoker,
  사람들└───┘ 유독성 연기를 들이마시는 └───┘ 흡연자에 의해 발생된

- ... causes death/not only by lung cancer,/but (also) even more by heart attack
  죽음의 원인이 되다 폐암에 의한 것뿐만이 아니라 심장마비에 의해 훨씬 더 많이
  → 상관 접속사 'not only, ... but also(~뿐만 아니라 ...도 또한)'는 죽음을 야기시키는 '원인 부사구' 인
  'by lung cancer'와 'by heart attack'를 연결해 준다.

- The studies on passive smoking,/as it is often called, also strengthen ...
  S 간접흡연에 대한 연구 흔히 불리는 것과 같이 V 강력하게 뒷받침하다
  → 'it'는 'passive smoking'을 가리키며, 'as'는 '~하는 것과 같이, ~처럼'의 양태 접속사

❶
long 오랫동안
establish 입증/증명하다
harm 해치다
do the smoking 흡연을 하다

❷
epidemiological 유행병학의
study 연구; 공부; 학문
review 평론 보고서/잡지
strengthen 강하게 하다
evidence 증거
nearby 가까이에
inhale 들이마시다
toxic 유해한, 중독성의
fume 연기, 가스
generate 발생시키다
particularly 특(별)히
burning 타고 있는
end 끝, 목적

❸
indirect 간접의
cause 원인
death 죽음, 사망
lung 폐
cancer 암
heart 심장
attack 발병

❹
passive 수동적인
link 고리; 관련
parental 부모의
respiratory 호흡기관의
damage 손해, 손상

105

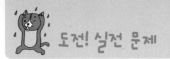
It has long been established that smoking harms the health of those who do the smoking. Now new epidemiological studies and reviews are strengthening the evidence that it also harms the health of other people nearby who inhale the toxic fumes generated by the smoker, particularly from the burning end of the cigarette. Such indirect smoking causes death not only by lung cancer, but even more by heart attack, the studies show. The studies on passive smoking, as it is often called, also strengthen the link between parental smoking and respiratory damage in children.

1. According to the above passage, which of the following is **NOT** true?

   (A) The health hazard of passive smoking is not underscored.

   (B) Mainstream smoke has been linked to lots of diseases.

   (C) Children's bronchial tubes are damaged by their fathers' smoking.

   (D) Passive smoking affects heart function.

2. According to the passage, which of the following organs is **NOT** affected by the smoking?

   (A) Heart

   (B) Lung

   (C) Bronchial tube

   (D) Stomach

3. Choose the incorrect part of the sentence.

   <u>Smoking</u> also harms the health of other people nearby who inhale the toxic fumes
   　　(A)

   <u>generating</u> by the smoker, <u>particularly</u> from the <u>burning</u> end of the cigarette.
   　　(B)　　　　　　　　　　　　(C)　　　　　　　(D)

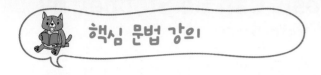

▶ 동격 (Apposition)

앞에서 언급된 어구를 부연 설명하는 것을 동격이라 하는데 명사인 경우에 성, 수, 격이 일치해야 하며, 'the news / the fact / the idea / the evidence' 등은 동격을 유도하는 명사들이다.

a. <u>John</u>, <u>a rich man</u>, is going to get married to a pretty woman.
    └ 동격 ┘
부자인 John은 예쁜 여자와 결혼할 것이다.

b. <u>The news</u> <u>that</u> he was injured has shocked me.
         └ 동격 ┘
그가 부상당했다는 소식으로 난 충격을 받았다.

c. The news that he brought has shocked me.
그가 전한/들려준 소식으로 난 충격을 받았다.

→ 문장 b, c)가 겉으로 보기에는 유사해 보이지만 문장 c)의 'that'은 관계대명사이므로 'which'로 바꿔 사용할 수 있지만 동격인 문장 b)의 'that'은 'which'로 바꾸는 것이 불가능하다. 그리고 접속사가 이끄는 절 'He was injured.'는 완전한 독립문장으로 홀로 쓰일 수 있다. 하지만 c)의 'He brought'는 목적어가 관계대명사로 전환되어 앞으로 이동되어 불완전한 문장이다. 접속사는 문장을 결합하는 역할만 하고, 관계대명사는 '접속사 + 대명사'의 역할을 하는 것이 차이점이다.

LESSON
24

Osteoporosis Can Be Stopped by Regular Exercise

1 Another physical benefit takes longer to achieve, but it is well worth the effort, particularly for women.

또 다른 신체적 이익을 얻는 데 시간이 더 걸리지만, 특히 여성들에게는 그 노력을 해 볼 만한 가치가 충분히 있다.

2 If done regularly and over a long period of time, exercise can help prevent osteoporosis, a gradual process of bone loss that occurs naturally as people age.

규칙적으로 오랜 기간 운동을 한다면 사람들이 늙어가면서 자연히 나타나게 되는 뼈 손실의 점진적인 진행인 골다공증을 예방하는데 운동은 도움이 된다.

3 This can be stopped by regular exercise.

규칙적인 운동을 함으로써 이것(뼈가 점차 손실되어 가는 과정인 골다공증)은 멈춰질 수 있다.

4 It actually helps increase bone mass, and is said to be the best preventive measure to avoid osteoporosis.

운동은 골 밀도를 증가시키는데 실제로 도움이 되며 골다공증을 피할 수 있는 최선의 예방책이라고 한다.

- Another physical benefit takes longer to achieve,
  = It takes longer to achieve another physical benefit
  ➡ 'Another physical benefit'는 타동사 'achieve'의 목적어를 강조하기 위해 가주어 자리로 이동한 것이다.

- if (it is) done regularly
  규칙적으로 운동을 한다면 ⋯ it = exercise
  ➡ 'if, as, though, when, while' 등으로 유도될 때 '주어 + 동사'가 종종 생략된다.

- a gradual process of bone loss that occurs naturally as people age
  뼈 손실의 점진적인 과정   ⬆_____ 저절로 나타나는 사람들이 늙어가면서
  ➡ 'a gradual process ~ as people age'는 'osteoporosis'를 부연 설명하는 동격어구

- It actually helps increase bone mass, and (It) is said to be the best ... preventive measure to avoid osteoporosis.
  ➡ 의미상 주어 연결이 필요할 때 수동문이 쓰인다. 'It'는 'regular exercise'를 가리킴

❶
another 다른
physical 신체적
benefit 이익
take long 시간이 오래 걸리다
achieve 얻다
worth ~할 가치가 있는
effort 노력, 수고
particularly 특히

❷
regularly 규칙적으로
period 기간
exercise 운동
help 도움이 되다
prevent 예방하다
osteoporosis 골다공증
gradual 점차적인
process 진행
loss 분실
occur 나타나다
naturally 자연히
age 늙다

❹
actually 실제로
increase 증가시키다
mass 밀도
preventive 예방의
measure 수단
avoid ~을 피하다

Another physical benefit takes longer to achieve, but it is well worth the effort, particularly for women. If done regularly and over a long period of time, exercise can help prevent osteoporosis, a gradual process of bone loss that occurs naturally as people age. **This** can be stopped by regular exercise. It actually helps increase bone mass, and is said to be the best preventive measure to avoid osteoporosis.

1. The previous paragraph most likely discusses _____.
   (A) the kinds of women's disease
   (B) an advantage of regular exercise
   (C) how to prevent osteoporosis
   (D) mental benefit of regular exercise

2. Osteoporosis is found _____.
   (A) in the old
   (B) in youth
   (C) from childhood
   (D) only in women

3. The word "this" refers to _____.
   (A) illness
   (B) the effort
   (C) a gradual process of bone loss
   (D) physical benefit

4. Choose the incorrect part of the sentence.

   If <u>done regularly</u> and over a long period of time, exercise can help prevent
        (A)

   osteoporosis, a <u>gradually process</u> of bone loss that <u>occurs naturally</u> as <u>people age</u>.
             (B)   (C)   (D)

1. (B) 2. (A) 3. (C) 4. (B)

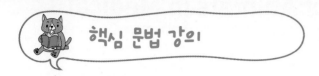
핵심 문법 강의

▶ He is easy to deceive.

사람을 주어로 할 수 없는 형용사가 있는 것에 유의해야 한다.

형용사 'awkward[ɔ́ːkwərd] 거북한, 어색한, convenient[kənvíːnjənt] 편리한, difficult [dífikʌ̀lt] 어려운, easy[íːzi] 쉬운, hard 어려운, impossible[impásəbəl] 불가능한, pleasant [plézənt] 즐거운, tough[tʌf] 힘든' 등은 사람을 주어로 하지 않는다.

그러면 'He is easy to deceive.' 와 같은 문장은 어떻게 'easy' 의 주어로 'he' 가 되었나?
그 설명은 다음과 같다.

ⓐ It is easy to deceive him.
   그는 잘 속는다.

ⓑ He is easy to deceive.
   문장 ⓑ는 문장 ⓐ에서 동사 'deceive' 의 목적어 'him' 을 강조하기 위하여 아무런 뜻이 없는 가주어(it) 위치로 이동한 것이다. 그렇다면 'He' 는 'is easy' 의 주어가 아니라 'deceive' 의 목적어인 것이다. 그러므로 문장 ⓑ에서 'He' 를 주어로 해석하면 안 되고 'deceive' 의 목적어로 해서 '그를 속이기는 쉽다' 로 해석해야 한다.

Mary is pleasant to be with.
메리와 함께 있으면 즐겁다.
→ 'Mary' 는 'be with' 의 목적어

Jack is *easy* to fool.
잭을 놀리기는 쉽다.
→ 'Jack' 는 'fool(놀리다)' 의 목적어

He is difficult to understand.
그가 하는 말을 이해하기는 어렵다.
→ 'He' 는 'understand' 의 목적어

Your story is hard for us to believe.
우리가 네 이야기를 믿기는 어렵다.
→ 'story' 는 'believe' 의 목적어

Coffee is good to drink in the morning.
아침에 커피를 마시면 좋다.
→ 'coffee' 는 'drink' 의 목적어

LESSON 25 The Use of Animals in Medical Research

1 Using animals in medical research has lots of practical benefits.

의학연구에 동물을 사용함으로써 실제로 많은 혜택을 얻게 된다.

2 Animal research has enabled researchers to develop treatments for many diseases, for example, heart disease and depression.

동물 연구 덕분에 연구자들은 예를 들어, 심장병과 우울증 같은 많은 질병에 대한 치료법을 개발할 수 있게 되었다.

3 It would have been impossible to develop vaccines for diseases such as smallpox and polio without animal research.

동물연구가 없었더라면 천연두와 소아마비 같은 질병을 치료하기 위한 백신을 개발하는 것이 불가능했을 것이다.

4 Future medical research is dependent on the use of animals.

미래의 의학연구는 동물을 사용하는 것에 의존하게 된다.

5 Which is more important: the life of a rat or that of a child?

쥐의 생명과 어린아이의 생명 중 어느 것이 더 중요합니까?

6 Medical research is also an excellent way of using unwanted animals.

의학연구는 원치 않는 동물들을 사용하는 또한 탁월한 방법이다.

7 Last year, over twelve million animals had to be killed in animal shelters because nobody wanted them as pets.

어느 누구도 애완동물로 원치 않기 때문에 지난해에 천이백만 이상의 동물들이 축사에서 죽어야만 했다.

- Animal research has enabled researchers to develop treatments
  - ➔ 타동사 'enable[enéibəl]'은 '~에게 …할 수 있는 능력을 주다'라는 뜻으로 다음과 같이 고쳐 쓸 수 있다. 'enable'의 주어는 무생물; 'able'의 주어는 사람만 쓰임.
  - ⋯➤ Researchers have been able to develop treatments thanks to animal research

- It would have been impossible to develop ... without animal research
  - ➔ 위 문장은 가정법 과거완료로 'without'는 '~이 없었더라면'의 가정의 뜻을 담고 있어 'if' 절로 고쳐 쓸 수 있다.
  - ⋯➤ It would have been impossible to develop ... if there had been no animal research

- dependent on the use of animals
  - ➔ 전치사 'of'는 목적 관계를 나타내므로, 'the use of animals'는 1번 문장의 'Using animals'와 같이 고쳐 쓸 수 있다.

물건이든 사람이든 알려진 것/주어진 것 중에서 선택을 할 때는 which; 알려지지 않은 것, 즉 막연한 것 중에서 선택을 할 때는 what를 사용한다.

eg. Which of the two boys is the taller? 그 두 소년 중에 어느 얘가 더 커?

What colour do you like best? 어떤 색을 가장 좋아해요?

- Medical research is also an excellent way of using unwanted animals.
  - ➔ 'a way of -ing'은 '~하는 방법'을 의미한다.

❶
medical 의학의
medication 약물치료
research 연구
practical 실제적인
benefit 이익, 혜택

❷
enable ~을 할 수 있게 하다
develop 개발하다
treatment 치료; 대우
disease 병, 질병
depression 우울증

❸
impossible 불가능한
vaccine 백신
such as ~과 같은
smallpox 천연두
polio 소아마비

❹
future 미래
dependent on ~에 의존하는

❻
excellent 탁월한
unwanted 쓸모없는

❼
million 백만
shelter 피난 장소, 은신처
pet 애완동물

Using animals in medical research has lots of practical benefits. Animal research has enabled researchers to develop treatments for many diseases, for example, heart disease and depression. It would have been impossible to develop vaccines for diseases such as smallpox and polio without animal research. Future medical research is dependent on the use of animals. Which is more important: the life of a rat or that of a child? Medical research is also an excellent way of using unwanted animals. Last year, over twelve million animals had to be killed in animal shelters because nobody wanted them as pets.

1. Which of the following is the best title for the passage?
   (A) Nobody Wanted Animals as Pets.
   (B) Which is More Important a Rat or a Child?
   (C) For whom the Animals Had to be Killed?
   (D) The Case for Using Animals in Medical Research

2. For whom the animals had to be killed?
   (A) Children
   (B) Human beings
   (C) Offspring
   (D) Doctors

3. What is the author's main point?
   (A) Animals have the same rights as humans do.
   (B) Human beings' benefits can justify using animals in research.
   (C) Future medical research is dependent on the use of animals.
   (D) Medical research is an excellent way of using unwanted animals.

4. Choose the incorrect part of the sentence.

   Animal research has enabled researchers to develop treatments for many diseases,
         (A)   (B)   (C)

   for example, heart disease and depressed.
                  (D)

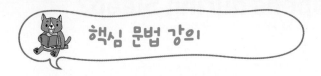

'If 절'의 뜻을 담고 있는 구문들

Without / But for = If it were not for / If it had not been for ... ~이 없었더라면

a. **Without** water, nothing could live.

물이 없다면 아무것도 살 수 없다.

= *If it were not for* water, nothing could live. 〈가정법 과거〉

b. **But for** your help, I wouldn't have succeeded.

너의 도움이 없었더라면 나는 성공하지 못했을 텐데.

= *If it had not been for* your help, I wouldn't have succeeded.

= *If you had not helped me*, I wouldn't have succeeded. 〈가정법 과거완료〉

부사 'otherwise[ʌðərwàiz]**(만약 그렇지 않으면)'가 가정 조건의 뜻을 담고 있는 경우**

I used my calculator; **otherwise** I'd have taken longer.

= I used my calculator; *if I hadn't used my calculator*, I'd have ...

계산기를 사용했는데 그렇지 않으면 시간이 더 걸렸을 거야.

calculator[kǽlkjəlèitər] 계산기

부사구가 가정 조건의 뜻을 담고 있는 경우

What would you have done **in my place**?

= What would you have done *if you had been in my place*?

네가 나의 입장이었더라면 어떻게 했겠어?

주어가 가정 조건의 뜻을 담고 있는 경우

A man of sense would be ashamed of such behavior.

= *If he were a man of sense*, he would be ashamed of such behavior.

= *If a man were sensible*, he would be ashamed of such behavior.

상식있는 사람이라면 그런 행동을 부끄러워할 텐데.

ashamed[əʃéimd] 부끄러운, 창피한
behavior[bihéivjər] 행동, 행실

LESSON

26

What Happens during Sleep?

1

It is easier to say what sleep is than why we sleep.

잠을 왜 자는가보다 잠이 무엇인지 말하는 것이 훨씬 쉽다.

2

During sleep, our blood pressure falls, the pulse rate drops, respiration slows, body temperature falls, most of our muscles relax, and in general our metabolic rate falls by about 20%.

잠을 자는 동안에 혈압은 낮아지고 맥박수도 떨어지며, 호흡이 늦어지고, 체온이 낮아지고, 대부분의 근육이 느슨해지고, 일반적으로 신진대사율이 약 20% 정도 낮아진다.

3

The organ that shows the clearest distinction between the states of sleeping and waking, however, is the brain.

하지만 잠을 자고 있는 상태와 깨어 있는 상태의 차이를 가장 명확하게 보여주는 기관은 뇌이다.

4

But while the activity of the sleeping brain differs from that of the waking brain, it does not 'switch off' during sleep.

그러나 잠을 자고 있는 뇌(the brain during sleep)의 활동은 깨어있는 뇌의 그것(activity)과 다르지만, 잠을 자고 있는 동안에 뇌의 활동은 멈추지 않는다.

➡ 시험에 자주 출제되는 간접 의문문의 어순 '의문사 + 주어 + 동사'에 주의해야 한다.

eg. Why was he angry?

⋯⋅→ Do you know why he was angry? 〈119쪽 참조〉

➡ 6개의 1형식 문장(S + V)이 대등접속사 'and'로 연결된 간단한 구조이다.

● The organ that shows the clearest distinction..., is the brain.

기관은 S└⎯⎯┘ 가장 명확한 차이를 보여주는 (형용사절)　　　V　　C

● the activity *of the sleeping brain* differs from that *of the waking brain*, ...

➡ '잠을 자고 있는 뇌의 활동'과 '깨어있는 뇌의 활동'의 비교에서 앞에 나온 명사의 반복을 피하기 위하여 지시대명사 'that'가 쓰인다.

❷
blood 피
pressure 압력
pulse 맥박
rate 비율
respiration 호흡
temperature 체온
muscle 근육
relax 느슨해지다
general 일반의
metabolic 신진대사의

❸
organ (생물의) 기관
clear 뚜렷한
distinction 차이
state 상태
brain 뇌

❹
activity 활동
differ from ~와 다르다
switch off 멈추다

117

It is easier to say what sleep is than why we sleep. During sleep, our blood pressure falls, the pulse rate drops, respiration slows, body temperature falls, most of our muscles relax, and in general our metabolic rate falls by about twenty percent. The organ that shows the clearest distinction between the states of sleeping and waking, however, is the brain. But while the activity of the sleeping brain differs from that of the waking brain, it does not 'switch off' during sleep.

1. Which of the following would be the best title for the passage?

   (A) What Happens during Sleep
   (B) Why Do You Think People Sleep?
   (C) Brain's Activity during Sleep
   (D) What is Sleep?

2. Which of the following is true according to the passage?

   (A) Sleep is a way of protecting us from danger.
   (B) People suffering from insomnia have trouble falling asleep.
   (C) We breath more slowly when we are asleep.
   (D) Our brain ceases to function when we are asleep.

3. Which of the following would precede the passage?

   (A) Patterns of sleep
   (B) Why we sleep
   (C) Suffering from insomnia
   (D) How long people sleep

4. Choose the most appropriate word in the context.

   | A high temperature is one of the _____ of flu. |

   (A) marks   (B) tokens
   (C) symptoms   (D) symbols

1. (A) 2. (C) 3. (B) 4. (C)

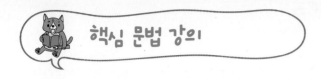

핵심 문법 강의

▶ 직접 의문문(Direct questions) / 간접 의문문(Indirect questions)

It is easier to say what sleep is than why we sleep.

직접 의문문(Direct questions)   간접 의문문(Indirect questions)

a. <u>What</u>   <u>is</u>   <u>sleep</u>?   ···say what sleep is
    보어   동사   주어

b. <u>Why</u>   <u>do</u>   <u>we</u>   <u>sleep</u>?   ···say why we sleep
  의문부사   조동사   주어   동사

→ a)의 원래 문장 'Sleep is what?'에서 의문사가 문두로 이동하고 주어·동사를 도치하면 직접 의문문 What is sleep?'이 된다.
b)의 원래 문장 'We sleep why?'에서 의문사가 앞으로 이동하고 주어·동사를 도치하는데 'sleep'이 일반 동사 이므로 조동사 'do'가 삽입된 직접 의문문이다.
그러나 의문문이 다른 문장의 일부인 종속절로 쓰일 때 간접 의문문이라 하며, 주의해야 할 어순(語順)은 원래 문장에서 주어·동사의 도치 없이 의문사만 자기문장 앞으로 이동하면 된다.

의문사 있는 간접 의문문:
간접 의문문이 직접 의문문보다 격식을 갖춘 예의바른 표현이며 시험에 자주 출제되는 간접 의문문의 어순 '의문사 + 주어 + 동사'에 주의해야 한다.

Where is the shopping mall? 〈직접 의문문〉

···▶ Could you tell me where the shopping mall is? 〈간접 의문문〉
쇼핑센터가 어디 있는지 알려주시겠어요?

의문사 없는 간접 의문문
의문사가 없는 간접 의문문의 어순: if / whether + 주어 + 동사

• **see if** ~인가를 알아보다   • **ask if** ~인가를 물어보다
• **know if** ~인가를 알다   • **try if** ~인가를 시험하다
• **wonder if** ~인가를 알고 싶다

a. Is she at home?

    ···▶ I'll see if she's at home. 그녀가 집에 있는가를 알아볼게요.

b. Do you like ice cream?

    ···▶ I wonder if you like ice cream. 아이스크림을 좋아하는지 알고 싶군요.

2 LESSON 7 Insomniacs

1 People suffering from insomnia have trouble falling asleep and staying asleep throughout the night.

불면증으로 괴로워하는 사람들은 잠들고 밤새 잠을 자는 데 어려움을 겪고 있다.

2 The problem is real enough but may seem worse; time appears to pass very slowly when you lie awake at night.

그 문제점은 상당히 실재하는 것이지만 더 심한 것처럼 보일지 모른다. 왜냐하면 당신이 밤에 깨어있는 채로 누워있을 때 시간이 매우 천천히 가는 것처럼 보이기 때문이다.

3 And insomniacs often think that they have been awake far longer than they really have.

그래서 불면증 환자들은 실제보다 훨씬 더 오랫동안 잠이 깨어 있었던 것으로 생각한다.

4 Scientists monitored the sleep patterns of some people who complained of very bad insomnia.

매우 심각한 불면증 고통을 호소하는 몇몇 사람들의 수면 형태를 과학자들은 관찰했다.

5 Only about half of the insomniacs remained awake for more than thirty minutes in the course of the night.

그런 불면증 환자의 단지 절반 정도가 30여분 정도 밤중에 깨어 있었다.

- People (who are) suffering from insomnia have trouble falling asleep and
  └─────┘ 불면증으로 괴로워하는   잠들고 잠을 자는 데 어려움을 겪고 있다

  staying asleep
  ➡ 관계대명사 절이 수동·진행형인 경우 'who / which + be'가 생략되면 분사가 명사를 수식하는 형용
  사구가 된다. 즉, 분사가 형용사처럼 명사를 수식한다.

- ... seem worse; time appears to pass very slowly when you lie ...
  ➡ 세미콜론(;)이하는 문제가 심각해 보이는 이유를 설명하고 있다.
  ➡ 시간·조건 부사절에서 미래를 현재 시제로 나타내는 것에 주의해야 한다.

- think they have been awake far longer than they have been really awake.
  생각한다   훨씬 더 오랫동안 깨어 있었다고   그들이 실제 잠을 자지 않고 깨어 있는 것보다
  ➡ 'far, much, even, still'은 비교급 강조 부사;
  반복되는 'been awake'가 생략될 때 'awake'를 수식하던 'really'의 위치에 주의

- monitored the sleep patterns of some people who complained of ...
  주의깊게 관찰했다   몇몇 사람들의 수면 상태   └─────┘ 심각한 불면증을 호소하는

---

❶
suffer from 고통을 받다
insomnia 불면증
have trouble -ing ~하는데 어려움이 있다
fall (어떤 상태가) 되다
asleep 잠이 들어
stay ~인 채로 있다
throughout ~동안, 죽

❷
problem 문제
real 실재하는
enough 상당히
seem/appear ~처럼 보이다
pass (시간이) 지나다
lie ~한 상태로 있다
awake 깨어 있는

❸
far 훨씬; 멀리

❹
monitor 관찰하다
pattern 형태
complain of 호소하다
complaint 불평
bad 심각한

❺
about 대략
remain ~한 상태로 있다
in the course of ~의 경과 중에

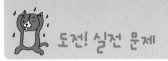

People suffering from insomnia have trouble falling asleep and staying asleep throughout the night. The problem is real enough but may seem worse; time appears to pass very slowly when you lie awake at night. And insomniacs often think that they have been awake far longer than they really have. Scientists monitored the sleep patterns of some people who complained of very bad insomnia. Only about half of the insomniacs remained awake for more than thirty minutes in the course of the night.

1. **What is the purpose of the article?**
   (A) To give a complex explanation of sleep patterns
   (B) To give a general picture about sleep
   (C) To advise people who suffer from insomnia
   (D) To tell how long people should sleep

2. **Which of the following statements is true according to the passage?**
   (A) Actually time goes by very slowly while you lie awake at night.
   (B) Many people who suffer from insomnia exaggerate its effects.
   (C) Our brain ceases to function when we are asleep.
   (D) Only the old people have trouble falling asleep during the night.

3. **Where do you think the text comes from?**
   (A) A scientific magazine
   (B) A technical journal
   (C) A women's magazine
   (D) A weekly magazine

4. **Who do you think the article was written for?**
   (A) Medical people
   (B) Students of psychology
   (C) The general public
   (D) The people who suffer from insomnia

1. (C) 2. (B) 3. (A) 4. (D)

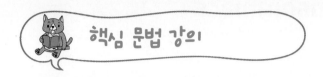

핵심 문법 강의

▶ 보어를 필요로 하는 불완전 자동사: S + V + C

완전 자동사와 달리 주어의 어떤 성질·상태 및 동사의 결과를 완전하게 나타내기 위하여 꼭 필요한 요소를 보어라고 하며, 이러한 보어를 필요로 하는 동사를 불완전 자동사라고 한다.

어떤 상태로 바뀌거나 상태를 나타내는 불완전 자동사

He fell *ill / asleep*. 그는 병이 났다 / 잠이 들었다.
She stays *young*. 그녀는 언제까지나 젊다.
Keep quiet and remain *seated*. 조용히 하고 계속 앉아 있어.
Don't move; just lie *still*. 움직이지 말고 그저 가만히 누워있어.

fall[fɔːl] (어떤 상태가) 되다
stay[stei] ~인 채로 있다
remain[riméin] ~한 상태로 있다
lie[lai] ~한 상태로 누워 있다

• look (외견(外見)상) ~처럼 보이다

This looks *delicious*. 맛있어 보이는군요.
You look *pale*. 안색이 안 좋아 보이는군요.

pale[peil] 창백한

• seem / appear[əpíər] ~처럼 보이다, (어떤 특징·태도를 지닌 것)처럼 보이다

She seemed a bit *upset*. 그녀는 좀 당황한 것 같았어.
He appears (to be) *angry*. 그는 화가 난 것 같아.

upset[ʌpsét] 당황한, 혼란된

• smell 냄새를 맡아보니 ~한 것 같다

Coffee smells *good*. 커피 냄새가 좋은데.

• sound[saund] (들어보니) ~으로 생각되다

That sounds *familiar*. 어디서 많이 들어본 것 같아요.

familiar[fəmíljər] (전에 여러 번 봐 왔거나 들어본 적이 있어) 친숙한

• taste[teist] 맛을 보니 ~하다

It tastes *bitter* / *sour*. 맛이 쓰다 / 시다.

bitter[bítər] 쓴
sour[sáuər] (맛이) 신

2 LESSON

8 Tips for Insomniacs

1 Try to get up at the same time each day, even after a night of poor sleep.

비록 부족한 수면 후에라도 매일 같은 시각에 잠자리에서 일어나도록 노력하라.

2 Deal with worries before you go to bed.

잠자기 전에 걱정거리를 처리하라.

3 Reserve 30 minutes in the early evening to jot down your concerns.

걱정거리를 적어두기 위해 초저녁 시간 30분을 따로 떼어두라.

4 Once you identify solutions, you'll be less inclined to fret.

해결책을 확인하게 되면 속을 덜 썩이게 될 것이다.

5 Avoid such caffeinated drinks as coffee, tea, or cola just before bedtime. Caffeine is a well-known cause of sleeplessness.

잠자기 직전에 커피, 차, 콜라와 같은 카페인이 들어있는 음료수를 멀리하라. 카페인이 잘 알려진 대로 불면증의 원인이기 때문이다.

6 Shun tobacco. Nicotine can cause shallow sleeping and sleeplessness.

담배를 피하라. 니코틴은 선잠과 불면증의 원인이 될 수 있다.

7 Have a healthful bedtime snack. Try to drink warm milk or to eat cheese or tuna, because they are rich in natural sleep-producing aids.

잠자기 전에 건강에 좋은 가벼운 음식을 먹어라. 따뜻한 우유를 마시거나 치즈나 참치를 먹도록 해라. 왜냐하면 이런 식품에는 잠이 오게 하는 천연성분이 풍부하기 때문이다.

- ... even **after a night of poor sleep**.
  비록 충분치 못한 수면을 했더라도
  ➜ 부사로 쓰인 'even'은 '(놀라운 또는 예외적인 일을 강조하여) (비록) ~라도'의 뜻

- Deal with worries before you go to bed.
  ⟶ before you go to bed 〈부사절〉
  ⟶ before going to bed 〈부사구〉
  ➜ 회화체에서는 전치사를 사용한 부사구가 자주 쓰인다.

- Reserve 30 minutes ... (in order) <u>to jot down your concerns</u>.
  목적을 나타내는 부정사의 부사적 용법

- **Once** you identify solutions, you'll be less inclined to fret.
  ➜ 접속사로 쓰인 'once'는 '~하자마자(as soon as), ~하는 순간부터(from the moment)'의 뜻이며, 시간의 부사절이므로 현재로 미래를 나타낸다.

- **such** caffeinated drinks **as** coffee, tea, or cola ...
  커피, 차 또는 콜라와 같은 (그런) 카페인 음료수

- Try to drink warm milk or to eat cheese or tuna,
  ➜ 첫 번째 'or'는 'Try *to drink* warm milk or *to eat*'에서 부정사 연결
  두 번째 'or'는 'to eat *cheese* or *tuna*'에서 명사 연결

❶
try to ~하려고 노력하다
at the same time 같은 시각에
poor 부족한
poverty 가난

❷
deal with 처리하다
worry 걱정하다

❸
reserve 떼어두다
jot down 적어두다
concern 걱정; 관계
concerned 걱정하는

❹
once ~하자마자
identify 확인하다
solution 해결책
be inclined to ~할 것이다
fret 걱정하다

❺
avoid 멀리하다
caffeine 카페인
such as ~과 같은
just before 바로 직전에
well-known 잘 알려진
cause 원인
sleeplessness 불면증

❻
shun 피하다
nicotine 니코틴
cause 원인이 되다
shallow 얕은

❼
healthful 건강에 좋은
bedtime 취침 시간
snack 간단한 식사
tuna 참치
rich in ~이 많은
natural 자연의
sleep-producing 잠을 오게 하는
aid 도움

Tips for the insomniacs

▶ Try to get up at the same time each day, even after a night of poor sleep.

▶ Deal with worries before you go to bed. Reserve 30 minutes in the early evening to jot down your concerns. Once you identify solutions, you'll be less inclined to fret.

▶ Avoid caffeinated drinks such as coffee, tea, or cola just before bedtime. Caffeine is a well-known cause of sleeplessness.

▶ Shun tobacco. Nicotine can cause **shallow** sleeping and sleeplessness.

▶ Have a healthful bedtime snack. Try to drink warm milk or to eat cheese or tuna, because they are rich in natural sleep-producing aids.

1. Which of the following is **NOT** mentioned in the tips?
   (A) Stick to regular bedtime and wake-up time.
   (B) Exercise won't guarantee a sound sleep.
   (C) Avoid the things that stimulate the body.
   (D) Solve your worries before bedtime.

2. Which of the following is **NOT** the one that leads to insomnia?
   (A) Coffee   (B) Tea
   (C) Cola   (D) Cheese

3. The above tips are written for _____.
   (A) insomniacs
   (B) chain smokers
   (C) doctors
   (D) patients

4. The word "shallow" could be best replaced by _____.
   (A) not deep
   (B) intoxicated
   (C) sound
   (D) comfortable

1. (B) 2. (D) 3. (A) 4. (A)

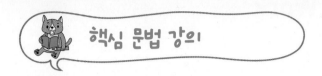

▶ 미래를 나타내는 현재(Present referring to the future)

왕래, 발착 동사(come, go, arrive, leave)와; 시간(before, when, as soon as), 조건(if, unless) 부사절에서는 현재 시제로 미래를 나타낸다.

We leave Paris at 9 a.m. and arrive in London at 9 a.m.
우리는 오전 9시에 파리를 떠나 오전 9시에 런던에 도착할 것이다.

Deal with worries before you go to bed. 〈시간 부사절〉
잠자러 가기 전에 걱정거리를 처리하라.

Once you identify solutions, you'll be less inclined to fret.
해결책을 확인하게 되면 속을 덜 썩이게 될 것이다.

We won't start if it rains tonight. 〈조건 부사절〉
오늘 저녁 비가 오면 우리는 떠나지 않을 거야.

cf. I wonder *if it will rain* tomorrow. 〈명사절〉
➡ if 절이 동사(wonder)의 목적어로 명사절이므로 미래 시제가 쓰인다.

LESSON 29

Stress at Work

1 Three-quarters of white-collar workers today say they suffer from stress at work.

요즈음 사무실에 근무하는 직원들 중 4분의 3이 직장에서 스트레스를 받는다고 말한다.

2 Recently, psychologists have begun to study the problem more closely.

최근에 심리학자들은 그 문제를 보다 면밀히 연구하기 시작했다.

3 They have discovered that the most stressful professions are those that involve danger and extreme pressure and those that carry a lot of responsibility without much control.

가장 많은 스트레스를 받는 직업은 위험과 극심한 압박이 따르는 직업, 그리고 통제 없이 많은 책임을 지는 직업이라는 사실을 심리학자들은 알아냈다.

4 The signs of stress range from nervousness, anger, and frequent illness to mental problems.

스트레스가 생기는 조짐은 초조, 화 그리고 자주 앓는 질병에서 정신적 고민에 이르기까지 광범위하다.

5 The best way to deal with stress is through relaxation, but sometimes the only answer is to fight back or walk away.

스트레스를 다루는 최선책은 마음의 안정을 통해서이지만, 때때로 유일한 해결책은 스트레스를 떨쳐 버리기 위해 열심히 일을 하거나 스트레스를 받는 곳에서 빠져 나오는 것이다.

- stressful professions are those that involve danger ..., and those that carry

  S 스트레스를 받는 직업은 V C 위험과 …이 따르는 직업 C 책임을 지는 직업

  ➔ 위 문장은 복잡해 보이지만 종속절이 관계대명사가 포함된 두개의 보어가 'and'로 연결된 2형식 구조이다. 'those'는 'professions'를 대신하는 대명사이다.

- 1) that the most stressful ... those 2) that involve ... and those 3) that carry ...

  ➔ 1)에서 'that'는 명사절을 이끄는 접속사로 아무런 뜻이 없으며, 'that'절 다음에 완전한 문장이 온다. 그러나 관계대명사는 문장 안에서 주어·목적어·보어 역할을 하므로 2, 3)에서 동사의 주어 역할을 하는 'that'가 없으면 완전한 문장이 되지 않는다. 접속사 'that'는 '…라는 것'으로 해석되지만, 관계대명사는 해석되지 않는다.

- The best way to deal with stress is through relaxation , but sometimes

  S 최선책은 ↑___ 스트레스를 다루는 V C 마음의 안정을 통해서

  the only answer is to fight back or walk away.

  S 유일한 해결책은 V C 열심히 일을 하거나 스트레스를 받는 곳에서 빠져나오는 것이다

  ➔ 'to부정사'는 보어로 쓰인 명사적 용법

❶
quarter 1/4
white-collar worker 샐러리맨
suffer from 고통을 받다

❷
recently 최근에
psychologist 심리학자
problem 문제
closely 면밀히

❸
discover 발견하다
stressful 스트레스를 받는
profession 직업
involve 포함하다
danger 위험
extreme 극도의
pressure 압력
carry ~을 수반하다; 나르다
a lot of 많은
responsibility 책임
control 통제(하다)

❹
sign 조짐
range ~의 범위에 이르다
nervousness 초조
anger 분노, 화
frequent 빈번한
illness 병
mental 정신의

❺
deal with ~을 다루다
relaxation 휴식
only 유일한
answer 대답
fight back 좋지 않은 일이 일어나는 것을 예방하기 위해 열심히 일하다
walk away 매우 좋지 않은 상황에서 빠져나오다

Three-quarters of white-collar workers today say they suffer from stress at work. Recently, psychologists have begun to study the problem more closely. They have discovered that the most stressful professions are those that involve danger and extreme pressure and those that carry a lot of responsibility without much control.

The signs of stress range from nervousness, anger, and frequent illness to mental problems. The best way to deal with stress is through relaxation, but sometimes the only answer is to **fight back or walk away.**

1. According to the passage, the best way of coping with stress would be to
   _____.

   (A) rest and enjoy yourself
   (B) drink lots of alcohol
   (C) fight with people
   (D) say yes to the boss

2. The phrase "fight back or walk away" is the way of _____.

   (A) taking a walk
   (B) answering back
   (C) coping with stress
   (D) playing with people

3. What proportion of white-collar workers suffer from stress at work?

   (A) 25%
   (B) 35%
   (C) 45%
   (D) 75%

4. Which of the following is **NOT** a sign of stress?

   (A) irritation
   (B) unhealthy state of the body or mind
   (C) relaxation
   (D) anxiety

1. (A) 2. (C) 3. (D) 4. (C)

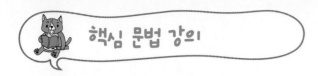

▶ What type of work are you doing?

현장에서 일하는 일부 근로자(workers)들의 호칭이 바뀜으로서 그들이 하는 일에 자긍심 (pride)을 가지도록 할 수 있다. 예를 들어 청소부(a trashman[træʃmæn])가 환경미화원 (a sanitation[sæ̀nətéiʃən] worker)으로, 호텔 등의 현관에서 사람이 드나들 때 문을 여닫 는 문지기(a doorman)가 안내원(an attendant[ətɛ́ndənt])으로, 수위(a janitor [dʒǽnətər])가 관리인(a custodian[kʌstóudiən]) 등으로 바뀐다면 근로자들은 만족할 것이다.

- **Job**[dʒɑb]
  (일반적으로 사용되는) 직업

- **Profession**[prəféʃən]
  특별 교육을 받고 시험을 거쳐서 갖게 되는: 의사 · 변호사 · 교사

- **Occupation**[àkjəpéiʃən]
  (일반적으로 전 시간(full-time)을 근무하는) 직업

- **Vocation**[voukéiʃən]
  하고 싶은 간절한 마음 때문에 하는 직업(특히 남을 도와주기 위해): 간호사 · 성직자(a priest) · 교사

- **Career**[kəríər]
  (지금하고 있거나 평생 직업으로 갖고 싶은) 직업

S: What do you do for a living?
직업이 뭐죠?

M: I'm self-employed. I own a small clothing store.
자영업을 합니다. 조그만 옷가게를 가지고 있어요.

He's responsible for sales promotion.
그는 판촉 담당이야.

I work as sales manager.
판매 부장으로 근무하고 있어요.

Do you work full-time or part-time?
전일 근무제로 근무하는 거야 아니면 아르바이트하는 거야?

I've been working a part time to make some pocket money.
용돈 좀 벌려고 아르바이트하고 있어.

→ '아르바이트(arbeit)하다'는 영어가 아니라 독일어이므로 영어로 말하려면 'work part-time' 이라 고 하면 된다. 아르바이트 학생을 'a part-time student', 아르바이트 하는 사람을 'a part-timer', 아르바이트 일자리를 'a part-time job' 이라고 한다. 또한 반나절 근무하는 것은 'work half-time' 이라고 한다.

living 생계 수단
(livelihood[láivlihùd])

self-employed[self emplɔ́id]
자기 경영의

promotion[prəmóuʃən] 승진, 촉진, 증진

pocket money 용돈

131

30 Pun

LESSON

1 A hungry man went to a snack bar and ordered a hamburger.

한 배고픈 사나이가 스낵바에 들어가서 햄버거 하나를 주문했다.

2 When 20 minutes had gone by and his food hadn't arrived, the irate customer asked the waiter, "Will my hamburger be long?"

20분이 지나도 음식이 나오지 않자 매우 화가 난 손님은 "내 햄버거 만드는 데 시간이 오래 걸립니까?"하고 물었다.

3 Puzzled, the waiter replied, "No, sir, it will be round."

당황한 나머지 종업원은 "아니오, (길지 않습니다), 손님. 햄버거는 둥글 겁니다"하고 응답했다.

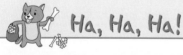

Ha, Ha, Ha!

A man: Why do painters always paint nudes?

A lady: They have to. If they paint clothed figures, they are afraid their works will soon become out of fashion in these days when dress fashions are rapidly changing.

①
hungry 배고픈
snack 간단한 식사
snack bar 간이식당
order 주문

②
go by (시간이) 지나가다
arrive ~이 나오다
arrival 도착
irate 몹시 화난
customer 손님, 고객
waiter 종업원
long 시간이 오래 걸리는

③
puzzle 당혹케 하다
reply 대답하다
round 둥근

● 20 minutes had gone by ... food hadn't arrived, the customer *asked*

➜ "햄버거 만드는데 오래 걸립니까?"하고 물어 본 것은 과거이고, "20분이 흘러도 음식이 나오지 않은 것"은 그보다 앞선 시제; 이때 과거 완료(had + p.p.)가 쓰인다.

● As he was puzzled, the waiter replied
　　　　　　　부사절　　　　　　　주절

···➤ (Being) Puzzled, the waiter... 당황했기 때문에 종업원은 ···

➜ 부사절을 부사구로 변형시킨 것으로, 분사로 시작하기 때문에 분사 구문이라 한다.

화살 같은 유행!
남자: 왜 화가들은 항상 누드를 그리죠?
여자: 누드를 그려야만 합니다. 의상패션이 급속도로 변하는 요즘에 옷을 입은 사람을 그리면 그들 작품이 곧 유행에 뒤떨어질 거라고 화가들은 생각하는 것 같아요.

clothed [klouð] 옷을 입은　　**figure** [fíɡjər] 사람의 모습　　**work** [wəːrk] 작품　　**out of fashion** 유행에 뒤떨어진
these days 요즘　　**rapidly** [ræpidli] 빠르게

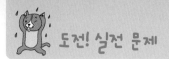

A hungry man went to a snack bar and ordered a hamburger. When 20 minutes had gone by and his food hadn't arrived, the irate customer asked the waiter, "Will my hamburger be **long**?" **Puzzled**, the waiter replied, "No, sir, it will be round."

1. What shape will the hamburger be?
   (A) Long
   (B) Square
   (C) Round
   (D) Triangle

2. How do you think the customer and the waiter each understand the word "long"?

Customer		Waiter
(A) Time	...	Shape
(B) Shape	...	Time
(C) Time	...	Time
(D) Shape	...	Shape

3. The word "Puzzled" could be best replaced by _____.
   (A) Greatly worried
   (B) Perplexed
   (C) Satisfied
   (D) Extremely disappointed

핵심 문법 강의

▶ 분사 구문의 형식과 의미

부사절을 부사구로 만드는 데 분사를 이용하기 때문에 분사 구문이라 한다. 분사 구문을 만들 때 접속사(while)를 생략하고 부사절과 주절의 주어가 동일한 경우 주어를 생략한 후에 동사(was)의 원형(be)에 분사 어미 -ing을 붙인다. 분사 구문은 의미상 혼동을 줄 수 있으므로 회화에서는 쓰이지 않는다.

분사 구문으로 바꾸는 방법:

① 접속사(while)를 생략하고

② 부사절과 주절의 주어가 동일한 경우 주어를 생략한다.

③ 그리고 나서 동사의 원형에 -ing을 붙이면 분사 구문이 된다. 이때 진행형 조동사 'Being'은 의미가 없기 때문에 보통 생략한다.

While I was walking around the market, I met an old friend of mine.
          부사절   주절

··· *(Being) Walking around the market*, I met an old friend of mine.
                부사구

시장을 돌아다니다가 옛 친구를 만났다.

분사 구문의 의미

분사 구문은 문맥에 따라 '때; 이유; 조건; 양보'의 뜻을 나타낸다. 〈47과 핵심 문법 강의 참조〉

이유(Reason)

Since I felt tired, I went to bed earlier.

= Feeling tired, I went to bed earlier.

피곤해서 좀 더 일찍 잠자리에 들었다.

조건(Condition)

If you turn to the right, you'll find the place you are looking for.

= Turning to the right, you'll find the place you are looking for.

오른쪽으로 돌면 당신이 찾는 곳을 발견할 것입니다.

양보(Concession)

Even though he admits that he is naturally clever, he is too lazy.

= Admitting that he is naturally clever, he is too lazy.

그가 천부적으로 현명하다는 것은 인정하지만 너무 게으르다.

admits [ædmít] 인정하다
lazy [léizi] 게으른

LESSON 3

1 Why So Sure?

1 Just ahead of me in line at the movie theater was a woman with a cellular phone glued to her ear, arguing with the ticket vendor.

핸드폰을 귀에 바싹댄 채 한 여인이 매표원과 말다툼을 벌이며, 극장 앞에 늘어선 줄의 바로 내 앞에 있었다.

2 "The ticket can't be completely sold out!" she shouted.

"표가 완전히 매진되었을 리 없어요" 라고 그녀는 소릴 질렀다.

3 "I'm talking to my boyfriend who's sitting in the theater, and he says there are two empty seats next to him. One ticket, please!" She got the ticket.

"지금 극장에 앉아있는 내 남자친구와 통화 중인데 그 옆에 빈자리가 2개있다고 하는데요. 한 장 주세요." 그녀는 표를 구했다.

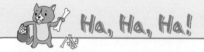
Ha, Ha, Ha!

A driver of a truck filled with onions was stopped for speeding. He told the police officer that he had to drive fast to keep ahead of the smell. Otherwise his eyes would fill with tears, and then he couldn't see to drive.

- Just ahead of ... theater was a woman with a phone ... ear, arguing with...
  장소부사구   V   S ⌐_____⌐ 'woman'을 수식하는 형용사구   말다툼을 벌이며

- with a cellular phone glued to her ear
  무선전화기를 귀에 바짝댄 채 〈31과 핵심 문법 강의 참조〉

추측(Prediction)을 나타내는 표현

- cannot be '～일 리 없다'는 뜻의 확실한 부정의 추측;
- must be '～임에 틀림없다'라는 뜻의 확실한 긍정의 추측;
- may be '～일지도 모른다'라는 뜻으로 반반의 추측ㆍ가능성;

- my boyfriend who's sitting in the theater
  내 남자친구 ⌐_____⌐ 극장 안에 앉아있는 (관계대명사는 선행사 'my boyfriend'의 현재 위치를 부연 설명함)

❶
just 바로
in line 줄을 서 있는
cellular phone 핸드폰
glue ～에 집중하다
argue 말다툼하다
ticket vendor 매표원

❷
can't be ～일리 없다
completely 완전히
be sold out 매진되다
shout 큰 소리를 지르다

❸
empty 빈, 공허한
seat 자리, 좌석
next to ～의 옆에

핑계 없는 무덤이 없다!

양파를 가득 실은 어느 트럭 운전기사가 과속으로 붙잡혔다. 그는 경찰관에게 양파 냄새보다 앞서 가기 위하여 과속해야만 했다고 말했다. 만일 그렇지 않으면, 눈에 눈물이 가득하여 운전을 하는 데 앞을 볼 수가 없다고 했다.

filled with ～으로 가득한(full of)   **onion**[ʌ́njən] 양파   **speeding**[spíːdiŋ] 과속 *eg.* I got a ticket for speeding. 속도위반으로 딱지를 떼었어요.   **keep ahead of** ～보다 앞서 가다   **otherwise**[ʌ́ðərwàiz] 그렇지 않으면   **fill** 채우다
tear[tiər] 눈물 *cf.* tear[tɛər] 찢다

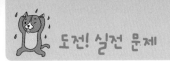

Just ahead of me in line at the movie theater was a woman with a cellular phone glued to her ear, arguing with the ticket vendor. "That movie can't be sold out!" she shouted. "I'm talking to my boyfriend who's sitting in the theater, and he says there are two empty seats next to him. One ticket, please!" She got the ticket.

1. **Why did the woman shout out?**
    (A) Because she was stood up.
    (B) Because she was told the movie was sold out despite there being empty seats left.
    (C) Because her boyfriend made her angry.
    (D) Because the movie scared her.

2. **Who told the woman that there were still empty seats in the theater?**
    (A) Her boyfriend
    (B) The ticket vendor
    (C) The person behind her
    (D) No way to know.

3. **The woman in the passage got the ticket because _____.**
    (A) she's very wealthy
    (B) her boyfriend owns the theater
    (C) she informed the ticket vendor that there were two seats left in the theater
    (D) she was very loud and bossy

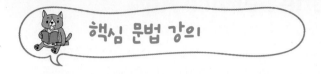

① 부대 상황(Attendant circumstances)

부대 상황이란 분사구문이 주절의 동사와 동시에 또는 부수적으로 나타나는 상황; 또는 'with(out) + 명사 + 형용사(분사·부정사·부사)'의 형태로 하면서 '~한 상태로; ~인 채로'의 뜻으로 어떤 일이 일어났거나 벌어지는 상황 등을 나타낸다.

Singing and dancing, we had a good time at the welcome party.
노래하고 춤추며, 우리는 환영회에서 즐겁게 보냈다.

… **with a cellular phone glued to her ear** 〈1번 문장〉
무선전화기를 귀에 바싹댄 채

He is singing **with arms crossed**.
그는 팔짱을 끼고 노래를 부르고 있다.

② There 구문

주어가 'a, an, some, any, no+명사' 또는 부정대명사(somebody, anybody, nothing 등)이고 동사가 '존재·상태(be, live, exist, remain 등)'를 나타내는 경우 유도부사 there가 쓰인다.

Is there a coffee shop near here?
이 근처에 커피숍이 있나요?

There once **lived** *a farmer* in a village.
옛날 어느 마을에 한 농부가 살았다.

There was *no money* left in my purse.
내 지갑에는 동전 한 푼 없다.

→ 원래 문장 'No money was left in my purse.'에서 주어가 '부정어 + 명사(no money)'이고 동사가 상태 동사(was left)일 때 장소 부사 'there'가 문장을 유도하며 주어·동사가 도치하게 된다.

③ 'Here you are.'와 'Here it is.'

'Here you are.'는 부탁 받은 물건을 건네줄 때 '자 여기 있어요'. 또는 '받아요.'의 뜻으로 쓰이고, 'Here it is.'는 '찾는 물건에 대해 'I've found it'의 뜻으로 사용된다.
'Here + 동사 + 명사', 'Here + 대명사 + 동사'의 어순에 주의해야 한다.

LESSON 3 2 A Telephone Service Ad

1 Foolproof Telephone Message Service

아무라도 다룰 수 있는 전화 음성 사서함 서비스

2 AnswerMan eliminates the chance of human error.

AnswerMan은 인간이 저지를 수 있는 실수의 가능성을 모두 제거했습니다.

3 Call Today for a Free Semi-month Trial

2주 동안 무료로 사용(試用)하시려면 오늘 전화하십시오.

4 (It is) Fully automated message service.

완전 자동(화된) 메시지 서비스입니다.

5 (It is) Completely private and confidential.

완전히 개인전용으로 비밀이 지켜집니다.

6 No missed or mixed-up messages. (It) Saves money.

놓치거나 혼선되는 메시지가 없습니다. 돈이 절약됩니다.

7 AnswerMan answers in your own voice and "banks" messages 24 hours a day, 7 days a week.

AnswerMan은 귀하의 목소리로 응답하고 하루 24시간, 일주일 내내 메시지를 모아놓습니다.

8 Use your personal security code to retrieve messages.

메시지를 들으시려면 개인 비밀 번호를 사용하십시오.

9 Any time you're on the run, on the road, or away from home or office, it is the answer for getting your messages straight for only $15 a month.

귀하가 바쁘거나, 여행을 하거나 또는 가정이나 사무실에 부재중일 때는 언제든지 한 달에 단지 15달러만 내면 즉시 메시지를 받을 수 있는 방법입니다.

➡ 주어 · 동사가 생략된 광고문

➡ 'foolproof'는 '작동하기 쉬운(easy to operate)'의 뜻으로 '(본 제품은) 누구나 손쉽게 작동할 수 있는 전화 음성 사서함 서비스'라는 뜻

❶
foolproof 쉽게 작동되는
message 메시지

❷
eliminate 제거하다
chance 가능성
human 인간의
error 실수

➡ 'semi–'는 '반, 어느 정도 또는 부분'이라는 뜻으로 쓰이는 접두어

eg a semi-weekly visit 주 2회 방문   a semiskilled worker 반숙련공

semiretirement [sèmiritáiərmənt] 비상근 (근무)

semiautomatic [sèmiɔ̀:təmǽtik] 반자동의

❸
free 무료의
semi-month 월 2회의
trial 사용(試用)

❹
fully 완전히
automated 자동화된

❺
completely 완전히
private 개인전용의
privacy 사생활
confidential 비밀이 지켜지는

❻
miss 놓치다
mixed-up 뒤범벅의
save 아끼다, 절약하다

• No missed or mixed-up messages.

= You'll not get any missed or mixed-up messages.

❼
answer 응답하다
voice 목소리
bank 모으다
24 hours a day 하루 종일(all day)
7 days a week 일주일 내내

➡ '하루 또는 일주일'이라는 말을 강조하기 위해 '24 hours a day(하루 24시간)', '7 days a week (일주에 7일) / seven days and nights(7일 밤낮으로)'라는 표현이 쓰인다.

❽
personal 개인적인
security 보안
security code 비밀 번호
retrieve 되찾다

❾
any time ~할 때에는 언제든지
on the run 분주한
on the road 여행 중
away from home 집에 부재중
answer 방법, 해결책
straight 즉시

• Any time you're on the run, ...,

= *Whenever* you're on the run 분주할 때는 언제나

• ... for only $15 a month 한 달에 단지 15달러로

➡ 'a'는 '~마다'의 뜻

Foolproof Telephone Message Service
AnswerMan eliminates the chance of human error.

Call Today for a Free Semi-month Trial
Fully automated message service. Completely private and confidential. No missed or mixed-up messages. Saves money.
AnswerMan answers in your own voice and "banks" messages 24 hours a day, 7 days a week. Use your personal security code to retrieve messages. Anytime you're on the run, on the road, or away from home or office, it is the answer for getting your messages straight for only $15 a month.

AnswerMan Inc.

250 West 56th Street, Suite 5117
New York, N.Y. 10107
(010) 8982-5941

1. Which of the following is an advantage of using this service?
   (A) Easy to communicate
   (B) Comfortable
   (C) Economical
   (D) Interesting

2. How long does the applicant use AnswerMan for nothing?
   (A) A month
   (B) Two weeks
   (C) 7 days
   (D) 24 hours a day

3. When is the service closed?
   (A) Never
   (B) Holidays
   (C) 24 hours a day
   (D) No way to know

1. (C)   2. (B)   3. (A)

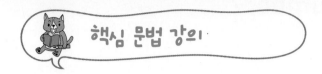

핵심 문법 강의

▶ 부정 관사 'a'의 뜻

'~마다(per)'의 뜻으로 '한 달에 한두 번'이라고 할 때 'Once or twice a month'

A: How often do you eat out? 얼마나 자주 외식을 하죠?

B: Once or twice a month. 한 달에 한두 번합니다.

→ '한 달에 한두 번'이라고 할 때 'Once or two times a month'라고 하지 않는다. 또한 일 주일에 한 번이라고 할 때 'Once in a week'라고 전치사 'in'을 사용하지 않고 'Once a week'라고 하는 것에 주의해야 한다.

'one'의 뜻으로 'at a time'하면 '한번에'라는 뜻

You can't do *two things* at a time. Do *one* at a time, please.
한 번에 두 가지 일을 할 수 없어. 한 번에 한 가지 일만 해.

One at a time, please.
한 번에 한 사람씩 / 한 번에 하나씩.

셀 수 없는 명사에 부정관사 'a(n)'이 쓰이면 단위(unit)를 나타낸다.

A coffee, please. 커피 한 잔 주세요.

→ a coffee = a cup of coffee

종류 · 상표(brand)를 나타내는 경우에 부정관사 'a(n)' 또는 복수 명사가 쓰인다.

This is a nice coffee. 이건 맛있는 커피인데요.

cf. I like Brazilian coffees best. 나는 브라질 커피를 제일 좋아해.

셀 수 없는 명사에 부정관사 'a(n)'이 붙거나 복수로 쓰이면 제품을 나타내지만 그렇지 않은 경우에는 재료를 나타낸다.

I want a morning paper. 조간신문을 원해요.

Wrap the parcel up in brown paper. 짐을 갈색 포장지로 싸 주세요.　　　　**wrap up** [ræp ʌp] 포장하다

We drink beer out of glasses. [유리잔: 제품]
우리는 유리잔으로 맥주를 마신다.

The window is made of unbreakable glass. [깨지지 않는 유리: 재료]
창문은 깨지지 않는 유리로 만들어 졌다.

LESSON 3

3 Wrong Number?

1 When my husband and I were in town shopping, we ran into some friends, who invited our whole family to have dinner with them that evening at seven.

남편과 내가 시내에서 장을 보다가 우리는 친구를 우연히 만났는데, 그들은 그날 저녁 7시에 자기들과 저녁을 함께 하자고 우리 전 가족을 초청했다.

2 I said I'd check with the others and call to confirm plans one hour earlier.

다른 가족에게 물어 보고 나서 1시간 일찍 (식사) 약속을 확인하기 위해 전화해 주겠다고 말했다.

3 At six o'clock, I phoned to say there would be the five of us coming for dinner at six o'clock.

저녁 먹으러 갈 사람이 모두 5명이라는 것을 알려주려고 6시에 전화를 했다.

4 There was an ominous silence at the other end of the line.

상대방 쪽에서 뭔가 좋지 않은 일이 일어날 것만 같은 불길한 침묵이 흘렀다.

5 "Have I got the wrong number?" I said.

"전화를 잘 못 걸었습니까?"하고 말했다.

6 "I sure hope so," came the reply.

"당신이 전화를 잘못 걸었기를 나도 확실히 바랍니다"하는 응답이 흘러나왔다.

- some friends, who invited our family
  ⋯➤ some friends, *and they* invited our family
  ➔ 관계대명사 앞에 쉼표(comma)가 있는 관계대명사의 계속적 용법은 등위절(and), 또는 종속절(because) 구실을 하며 앞에서부터 계속해서 번역한다.

❶
in town 시내에
shop 가게에서 물건을 사다
run into 우연히 만나다
invite sb to ~에게 …할 것을 요청하다 / 권하다
invite 초청하다
whole 전부의

- I said I'd check with the others and call to confirm plans ....
  ➔ the others 다른 가족(the other members of the family)

❷
check with ~에게 물어보다
the others 다른 식구
confirm ~을 확인하다
plan 계획, 약속

❸
phone 전화하다
the five of us 우리 모두 5명

- I phoned to say there would be the five of us coming for dinner at six
  ➔ '~하러 갈 사람'이라고 했는데 'going'이 아닌 'coming'이 쓰인 이유? 〈핵심 문법 강의 참조〉

❹
ominous 불길한
silence 침묵; 고요함

❺
wrong 잘못된
number 전화 번호

❻
sure 확실히
reply 응답

- at the other end of the line (전화) 상대방 쪽에서
  = at the other end of the telephone
  cf. a car parked on the other side of the street
  길 맞은편에 주차된 자동차

- "Have I got the wrong number?" I asked.
  = I asked if I had got the wrong number.
  ➔ 의문사가 없는 간접 의문문의 어순: **if + 주어 + 동사**
  명사절을 유도하는 'if'는 '~인가를 / ~인지 어떤지를'의 뜻이다.
  eg. ask if ~인가를 물어보다
      see if ~인가를 알아보다

- I sure hope so.
  = I sure hope that you've got the wrong number.
  ➔ 앞서 말한 내용 즉 선행하는 구(句)·절(節)을 대신하는 'so'

When my husband and I were in town shopping. We ran into some friends who invited our whole family to have dinner with them that evening at seven. I said I'd check with the others and call to confirm plans one hour earlier.

At six o'clock, I phoned to say there would be the five of us coming for dinner. There was an ominous silence at the other end of the line. "Have I got the wrong number?" I said.

"I sure hope so," came the reply.

1. The woman was calling her friend in order _____.
   (A) to confirm the invitation
   (B) to know whom the friend invited to a social gathering
   (C) to give the friend her regards
   (D) to accept the invitation immediately

2. At what time were they supposed to have dinner together?
   (A) 5 o'clock
   (B) 6 o'clock
   (C) 7 o'clock
   (D) One hour earlier than usual

3. Why do you think there was an ominous silence at the other end of the line?
   (A) Because he got the wrong number.
   (B) Because there was something wrong with the phone.
   (C) Because there were too many coming for dinner.
   (D) Because the dinner gathering was canceled.

4. Choose the incorrect part of the sentence.
   At six o'clock, I phoned to say there would be the five of us going for dinner.
   　　　(A)　　　　　　(B)　　　　(C)　　　　　　　　　(D)

▶ Come / Go

At six o'clock, I phoned to say there would be the five of us coming for dinner at six o'clock. 〈3번 문장〉

'저녁 식사하러 갈 사람이 모두 5명' 이라고 했는데 'going' 이 아닌 'coming' 이 쓰인 이유는?

'come' 은 1인칭이 있는 곳, 즉 말하는 사람 쪽으로 '오다' 또는 상대방(2인칭)이 있는 쪽으로 '가다' 라 는 뜻이다. 반면에 'go' 는 항상 3인칭 쪽으로 '가다' 라는 뜻이다. 우리말로 '너의 사무실로 지금 곧 갈 게' 라고 말할 때 'I'll come to your office right now.' 와 같이 동사 'go' 를 사용하지 않고 'come' 을 사용하는 것에 주의해야만 한다

'bring' 과 'take' 의 쓰임도 'come / go' 와 마찬가지이다.

A: What are you gonna do after work? 퇴근 후에 뭐 할 거야?

B: I'm going home / I'm gonna go home. 집에 갈 거야.

Everyone who comes should bring a ticket with him.
오는 사람은 누구나 표를 가져와야만 한다.

I'll come to Seoul tomorrow. See you then. (on the phone)
(전화상으로) 내일 서울 갈 거야. 그때 봐.

I'll go to Seoul tomorrow. (to friends next to me)
(옆에 있는 친구들에게) 내일 서울 갈 거야.

"come"과 "go"를 잘못 사용해서 아침을 못 먹은 일화

유학 온 지 얼마 안 된 한 학생이 아침 식사 전에 2층 자기 방에서 등교 준비를 하느라 꾸물대고 있었다. 성미가 급한 하숙집 아줌마는 식사 준비가 다되었는데 안 내려온다고 2층에다 대고 "Breakfast is ready. Won't you come down now?"하고 소리쳤다. 이 학생 황급히 "I'm going now."라고 대답을 하고 내려가 보니, 식사를 다 치워버린 후였다. 나중에 알고 보니, 그 하숙집 아줌마는 "지금 외출 하려고 하는데요."로 알아들었을 것이다. 상대방이 있는 곳으로 가는 경우에는 'come' 을 써서 "(I'm) Coming (down) now."로 말했어야 했던 것이다.

Telephone Manners

LESSON 3 4

 전화 예절

1

For openers, the caller should identify the party immediately: "Hello, this is John Smith. May I speak to George Michael?"

우선 전화 거는 사람은 "여보세요, 전 존 스미스인데요, 조지 마이클 좀 바꿔주세요" 하는 식으로 상대방에게 자신의 신분을 즉시 밝혀야 합니다.

2

If the caller knows the party who has answered the phone, it's good manners to ask, "And how are you, George Michael?"

만약 전화 건 사람이 전화 받는 상대방을 알 경우에는 "안녕하세요?, 조지 마이클?" 하고 말하는 것이 좋은 예의입니다.

3

It's bad manners to quiz the person who has answered the phone concerning the whereabouts of the person you are calling: "Where did George Michael go? And when do you expect him home?"

"조지 마이클이 어디 갔죠? 그럼 그가 언제쯤 들어올까요?"하는 식으로 통화하려는 사람의 행방에 대해 전화 받은 사람에게 많이 물어보는 것은 실례입니다.

4

Simply leave the message that you called and ask that he return your call.

그저 당신이 전화를 했었다는 전갈과 함께 그가 당신에게 전화해줄 것을 부탁하기만 하세요.

5

If you realize too late that you have misdialed and reached a wrong number, don't hang up.

번호를 잘못 돌려 전화가 잘못 걸렸다는 사실을 너무 늦게 깨달았다면 그냥 전화를 끊지 마세요. .

6

Say, "Excuse me, please. I have dialed the wrong number."

"죄송합니다. 제가 전화를 잘못 걸었습니다."하고 말하세요.

➡ 'should' 는 '~하는 것이 옳다' 라는 뜻으로 상대방에게 충고 · 조언 할 때 쓰인다.

➡ 'May I ~?' 는 타인에게 부탁을 할 경우 '~해도 좋습니까?, ~해도 됩니까?' 라는 뜻으로, 아이들이 어른에게, 상점의 점원 · 식당의 웨이터 등이 흔히 사용하는 정중한 표현이다.

단수 · 복수의 뜻이 다른 예(例):

advice[ədváis] (충고) / advices(보고, 통지)　paper[péipər] (종이) / papers(서류)
custom[kʌ́stəm] (습관) / customs(관습)　force[fɔːrs] (힘) / forces(군대)

- It's bad manners to quiz ...
  좋지 못한 매너이다 　　이것저것 물어보는 것은
  ➡ It(가주어) ... to(진주어)구문

- the person who has answered the phone
  　　　┗━━━┛ 전화를 받은('the person'을 수식하는 형용사절)

- of the person (whom) you are calling
  　　　┗━━━┛ 당신이 통화하려는
  ➡ 가까운 미래를 나타낼 때 진행형이 쓰인다.

- ask that he return your call
  ➡ 'ask(요구하다), advise(조언하다), insist(강력히 요구하다)와 같이 '주장, 명령, 요구, 제안' 등을 나타내는 동사의 종속절에 동사의 원형을 사용한다. 〈46과 핵심 문법 강의 참조〉

- wrong 혱 잘못된, 틀린; (도덕적으로) 그릇된; (상태가) 나쁜, 고장 난
  ➡ wrong with ~가 아픈; 고장 난　　　　wrong for ~에 부적합한
  　get one wrong 오해하다　　　　　　wrong size for ~에게 크기가 안 맞는
  　get on the wrong bus 버스를 잘못 타다　be on the wrong road 길을 잘못 들어서다

다음과 같은 경우에 "Excuse me."
  ➡ ① 상대방을 당황케 하거나 무례한 짓 또는 방해했을 때
  　② 뭔가 부탁하려 할 때
  　③ 전화를 받으러 또는 화장실에 가려고 잠시 자리를 비울 때
  　④ 다른 사람들이 있는 곳을 통과해서 지나갈 때
  　⑤ 기침이나 재치기를 한 후에

---

❶
for openers 우선, 첫째로
caller 전화를 거는 사람
identify (신분 등을) 밝히다
party (전화의) 상대방
immediately 즉시
speak to / with ~와 이야기하다

❷
answer 대답하다; 전화를 받다
manner 방법; (pl.) 예절

❸
quiz (많은) 질문을 하다
concerning ~에 관하여
whereabouts 행방; 소재
expect 예상하다

❹
simply 단지
leave the message 전갈을 남기다
return one's call ~에게 다시 전화하다

❺
realize 깨닫다
misdial 다이얼을 잘못 돌리다
reach a wrong number 전화를 잘못 걸다
hang up 전화를 끊다

For openers, the caller should identify the party immediately:
"Hello, this is John Smith. May I speak to Julie?"
If the caller knows the party who has answered the phone, it's good manners to ask, "And how are you, Steve?"
It's bad manners to quiz the person who has answered the phone concerning the whereabouts of the person you are calling: "Where did Julie go? And when do you expect her home?" Simply leave the message that you called and ask that she return your call.
If you realize too late that you have misdialed and reached a wrong number, don't hang up. Say, "Excuse me, please. I have a wrong number."

1. This paragraph states it is bad manners to _____.
   (A) identify yourself on the phone
   (B) apologize for getting the wrong number
   (C) query about the whereabouts of the person being called
   (D) ask about the person's well being over the phone

2. Which is the appropriate question to ask in a phone call based on the above reading?
   (A) "When do you expect her home?"
   (B) "Where do you think she went?"
   (C) "Did she step out?"
   (D) "Could I leave a message?"

3. Choose the incorrect part of the sentence.
   It's <u>bad manner</u> to quiz the person who <u>has answered</u> the phone <u>concerning</u> the
       (A)   (B)   (C)
   whereabouts of the person you <u>are calling</u>.
                                  (D)

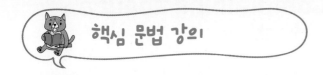

핵심 문법 강의

진행시제

진행시제는 'be + -ing' 의 형태로 특정한 순간에 동작이나 상태가 현재 진행되고 있거나; 장차 진행될 미래; 또는 이미 진행 되고 있을 것이라고 여겨질 때 일반적으로 사용된다.

현재 진행되고 있는 동작이나 상태

Don't disturb me now. – I'm working.
나를 방해하지 마. 난 지금 일을 하고 있으니까.

He's feeling left out.
그는 왕따 당했다고 생각하고 있어.

> disturb[distə́:rb] 방해하다
> (interrupt[ìntərʌ́pt])
>
> leave sb out (모임 · 명단 등에서)
> ~를 빠뜨리다, 제외하다

가까운 미래

So are you staying for dinner?
그럼 더 놀다가 저녁 드시고 갈 거예요?

Are you thinking of asking the girl out?
그녀에게 데이트 신청을 할 생각이야?

점차 변화하는 상태를 말할 때

How's your English coming along?
영어 공부는 잘 되고 있어요?

The number of the unemployed in the East is gradually increasing.
동양에서 실업자의 수가 점차 증가하고 있다.

> come along 진척되다
> (improve[imprú:v]), 진행하다; ~
> 와 동행하다
>
> unemployed[ʌ̀nimplɔ́id] 일자
> 리가 없는
> gradually[grǽdʒuəli] 점차
> increase[inkrí:s] 증가하다

진행형이 'always[ɔ́:lweiz] / continually[kəntínjuəli] 빈번하게, 이따금씩' 등의 부사와 함께 사용되면 자주 발생하는 짜증나고 귀찮은 일에 대해 말할 때 쓰인다.

Mike is *always* asking me to lend him money.
마이크는 늘 돈을 빌려달라고 해.

I'm *continually* working late.
난 빈번히 늦게까지 일을 해.

LESSON 3 5 A Letter Complaining about a Faulty Product

1

My son was recently given a Spacewriter kit for his birthday, which I have enclosed.

내 아들은 얼마 전에 생일 선물로 스페이스라이터 조립부품세트를 받았습니다. 그런데 그 부품세트를 동봉합니다.

2

As you can see, it has a manufacturing fault in the writing board, and in its present condition is unusable.

보다시피, 자판에 제조상의 결함이 있어 현재 상태로는 사용할 수가 없습니다.

3

I would be grateful for a replacement or refund (including the cost of mailing this item back to you) as soon as possible.

가능한 한 빨리 교환이나 환불(이 물품을 반송하는 비용을 포함하여) 해주시면 감사하겠습니다.

- ... a Spacewriter kit for his birthday, which I have enclosed.
  ➡ 관계대명사의 계속적 용법
  = ... birthday, and I have enclosed it. (it = a Spacewriter kit)

- As you can see, it has ... and in its present condition (it) is unusable.
  ➡ 'As you (can) see'는 뭔가를 설명할 때 '보는 바와 같이 / 보다시피'의 뜻
  ➡ 동일한 주어(it)가 반복될 때 생략한다.

- I would be grateful for a replacement or refund
  = I would appreciate it if you would replace or refund
  교환이나 환불 해주시면 감사하겠습니다.
  ➡ 'I'd appreciate it if ... (~해주시면 고맙겠습니다)'는 남에게 부탁하는 정중한 표현

❶
recently (과거 시제에) 얼마 전에
Spacewriter 상품명
kit (조립) 부품세트
enclose 동봉하다

❷
manufacturing 제조(상)의
fault 결함, 잘못
board 판(자)
present 현재의
condition 상태
unusable 사용할 수 없는

❸
grateful for ~에 감사하는
replacement 교환
refund 환불
including ~을 포함하여
cost 비용; 가격
mail back 반송하다
item 물건
as soon as possible 가능한 한 빨리

Dear sirs,

My son was recently given a Spacewriter kit for his birthday, which I have enclosed. As you can see, it has a manufacturing fault in the writing board, and in its present condition is unusable.

I would be grateful for a replacement or refund (including the cost of mailing this item back to you) as soon as possible.

Yours faithfully,

D. Bull

D. Bull

1. **The writer is _____.**

   (A) expressing his gratitude

   (B) appreciating it

   (C) complaining about the purchases

   (D) putting the parts together

2. **Which of the following is NOT appropriate for the blank?**

   If I'm not satisfied or if there's something wrong with this item, _____

   (A) can I get a refund?

   (B) can I exchange this?

   (C) may I put it together?

   (D) may I bring it back later?

3. **Choose the incorrect part of the sentence.**

   I would <u>be grateful to</u> a replacement or refund <u>including</u> the cost of <u>mailing</u> this item
               (A)   (B)   (C)

   back to you <u>as soon as possible.</u>
                     (D)

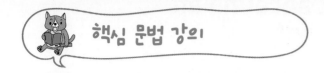

핵심 문법 강의

① 관계대명사의 계속적 용법

관계대명사의 계속적 용법은 관계대명사 앞에 쉼표(comma)가 있으며 형용사 구실을 하는 제한적 용법과는 달리 등위절, 또는 종속절 구실을 한다. 즉 앞에 내용에 대한 부가적인 설명을 하게 되므로 앞에서부터 계속해서 번역한다. 회화에서는 쓰이지 않는 문어체이다. 계속적 용법은 그 의미에 따라 접속사(and, but, because 등) + 대명사로 해석할 수 있다.

What we need to control is too much anger, which can do us great harm.

→ 위 문장에서 'which'의 선행사는 'too much anger'이고, 관계 대명사의 계속적 용법으로 'which'는 'and it / because it'와 같은 뜻으로 '우리가 컨트롤해야 할 필요가 있는 것은 지나친 화이다. 왜냐 하면 지나친 화가 엄청난 해를 끼칠 수 있기 때문이다.'와 같이 번역한다.

She introduced me to her husband, whom I hadn't met before.

그녀는 그녀의 남편에게 나를 소개했는데, 나는 그와 인사를 나눈 적이 없었다.

His house, for which he paid a million dollars, is now worth 2 million.

그의 집은 백만 달러를 주고 샀는데 지금은 2백만 달러의 가치가 있다.

② 제한적 용법과 계속적 용법의 의미상 차이

a. I'll wear no clothes that will distinguish me from my friends.

나의 친구들과 구별되는 옷을 입지 않겠다.

distinguish[distíŋgwiʃ] **A from B** A와 B를 구별하다

b. I'll wear no clothes, which will distinguish me from my friends.

나는 옷을 입지 않을 거야. 그러면 나는 친구들과 구별될 것이다.

a. He showed me a photo which upset me.

그는 나를 화나게 한 사진 한 장을 보여 주었다.

→ 'which upset me'는 'a photo'만을 꾸며 주는 형용사 기능을 한다.

b. He tore up my photo, which upset me.

그가 내 사진을 찢었는데, 그것 때문에 나는 화가 났다.

→ 'which'의 선행사는 '사진을 찢었다는 사실'

tear[tɛər] 찢다
upset[ʌpsét] 화나게 하다; 전복
시키다, 당황케 하다

155

LESSON 3

6 A Letter Canceling an Appointment

1 I am very sorry to say that I'll not be able to keep our appointment on Tuesday 25th August.

8월 25일 화요일의 약속을 지킬 수 없게 된 것을 말씀드리게 되어 매우 유감입니다.

2 An urgent family matter has arisen, which means that I must be out of New York until at least the end of the week.

긴급한 집안일이 발생했습니다. 그런데 이것은 내가 적어도 주말까지 뉴욕을 떠나 있어야만 한다는 것을 의미합니다.

3 I will call your secretary as soon as I return, to make an alternative arrangement.

다른 날로 조정하기 위해 돌아오는 대로 곧 당신 비서에게 전화를 하겠습니다.

4 I apologize for any inconvenience caused.

어떤 불편을 끼쳐 드린 것에 대해 사과드립니다.

- I'm sorry to be late. **(X)** ⋯→ I'm sorry I'm late. **(O)**
  ➜ 이미 지각한 것에 대해 사과할 때 부정사를 사용할 수 없다. 부정사는 현재 또는 앞으로 할 일에 대하여 쓰인다. 〈1번 문장 참조〉
  cf. Sorry for bothering you. (이미) 방해를 한 것에 죄송합니다.

- urgent family matter has arisen, which means that I must be out of ...
  = urgent family matter has arisen, *and this* means that I must be out of...
  ➜ 관계대명사의 계속적 용법은 앞에서부터 계속해서 번역한다.

- ... *as soon as* I return, to make an alternative arrangement.
  　　　　　　　　　다른 날로 조정하기 위해 〈부정사의 목적〉
  ➜ 시간의 부사절에서는 현재시제로 미래를 나타낸다.

- any inconvenience (which was) caused (by me)
  어떤 불편함 ↑_____↓ 내가 끼쳐드린

❶
sorry to say ~라고 말하게 되어 유감입니다
be able to ~할 수 있다(= can)
appointment 약속

❷
urgent 긴급한
matter 문제; 일; 물질
arise 발생하다
mean 의미하다
out of ~의 밖으로
until ~까지
at least 최소한

❸
call 전화를 하다
secretary 비서
as soon as ~하자마자
return 돌아오다
alternative 다른
arrangement 조정
arrange 조정하다

❹
apologize 사과하다
inconvenience 불편(한 것)
cause ~의 원인이 되다

Dear Mr. Smith

I am very sorry to say that I'll not be able to keep our appointment on Tuesday 25th August. An **urgent** family matter has arisen, which means that I must be out of New York until at least the end of the week.

I will call your secretary as soon as I return, to make an alternative arrangement.

I apologize for any inconvenience caused.

Yours sincerely,
Brian Adams
Brian Adams

1. The above is a letter of _____.

(A) apology
(B) appreciation
(C) recommendation
(D) introduction

2. The word "urgent" means _____.

(A) essential for a purpose
(B) very marvelous
(C) very important and needing to be dealt with quickly or first
(D) showing or saying that one is sorry for some fault or wrong

3. Choose the incorrect part of the sentence.

I will call your secretary as soon as I will return, to make an alternative arrangement.
   (A)   (B)   (C)   (D)

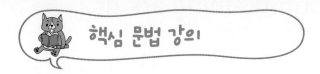 핵심 문법 강의

▶ Writing letters

1. 친구에게 쓰는 편지에서는 편지 오른쪽 상단에 주소와 날짜를 쓴다.

2. 공식서한에서는 오른쪽에 자신의 주소와 날짜, 왼쪽 밑에 수신인의 이름과 주소를 쓴다.

3. 'Dear Madam/Dear Sir' 로 시작하는 끝맺음 인사 'Yours faithfully/truly'

> **faithfully** [féiθfəli] 성실하게, 충실히

4. 'Dear Mrs Smith/Dear Mr Jones' 로 시작하는 끝맺음 인사 'Yours sincerely'
→ 3.)은 공식 서한에, 이름을 모르는 사람에게; 4.)는 격의 없는 편지에 흔히 쓰임

> **sincerely** [sinsíərli] 충심으로, 성실하게

5. 미국영어에서는 'Sincerely yours/Sincerely/Yours truly' 가 흔히 쓰임
→ Yours cordially/Best wishes/Love (from Smith) 등도 쓰임

> **cordially** [kɔ́ːrdʒəli] 진심으로

---

56 Windmill Road
Bromley
Kent BR3 5SP
30 April 2008

Dear Sharnel
Thank you for your letter. How are you and your family? I am going to stay in the UK for a while with my friend. When I return to your country, I'll give you a ring. Good luck with your work and all the best. I wish you happiness.

Yours sincerely

Best wishes, Carmen.

숙박업소에 대해 불평하는 편지

A Letter Complaining about Accommodations

1 I am writing to complain about the accommodations provided for my wife and myself from August 11th to 24th 2007.

2007년 8월 11일부터 24일까지 나와 아내에게 제공된 숙박시설에 대한 불만을 표기하기 위해 편지를 씁니다.

2 I booked the above holiday at your office on February 16th.

본인은 2월 16일에 귀 사무실에서 상기 기간 동안의 휴가를 예약 했습니다.

3 At that time, I was told that we would be accommodated in an air-conditioned room with a balcony and a private bathroom.

그 당시 우리는 발코니와 개인용 욕실이 있는 냉방시설이 갖추어진 방에 숙박하게 될 거라고 들었습니다.

4 This was confirmed in writing by Mr. Jones on February 20th, 2007, along with other details about the holiday.

이런 사실은 2007년 2월 20일 존스 씨에 의해 휴가에 대한 다른 세부 사항들과 함께 서면으로 확인되었습니다.

5 When we arrived at the hotel on August 10th we were shown to a room lacking all these amenities.

8월 10일 호텔에 도착했을 때 이 모든 편의시설이 없는 방으로 우리는 안내되었습니다.

6 We immediately pointed out the discrepancy to your courier, Alan Smith.

우리는 즉시 귀사의 안내원, 스미스 씨에게 계약 내용과 다른 점을 지적했습니다.

7 After investigation, he informed us that the hotel had made a mistake over the booking and very much regretted that no other room was available.

사실을 알아본 후, 호텔 측에서 예약에 관해 실수를 했었다고 그는 우리에게 알려주었고, 다른 방을 이용할 수 없다는 것을 매우 유감스러워 했습니다.

- the accommodations (which were) provided for my wife and myself
  숙박시설 ┌──────┘ 나와 아내에게 제공된

미국 영어	영국 영어		미국 영어	영국 영어〈39과 1번 참조〉	
vacation	holiday	휴일; 휴가	thrift shop	charity shop	알뜰매장
subway	underground/tube	지하철	drugstore	chemist	약국
cell phone	mobile phone	핸드폰	apartment	flat	아파트

➡ 'I am told that ... ~라는 얘기를 듣다' 회화에서 자주 쓰이는 수동태

eg. My son is often told that he is handsome.
　　　내 아들은 미남이라는 말을 종종 듣는다.

➡ 숙박업소에 대해 불평하는 편지를 쓴 사람이 초점이 되고, 앞 문장과 주어 연결이 필요하기 때문에 3, 4, 5)
번 문장에 수동이 쓰인 것이다.

- we were shown to a room lacking all these amenities.
  방으로 안내 되었다 ┌──────┘ 이 모든 편의시설이 없는

➡ 'other, else'는 '그 외에, 그 밖에'의 뜻으로 '앞서 언급된 것을 제외하다'는 뜻.
➡ 상대방에게 지금까지 무엇인가 도와준 후에 '도와 드릴 것 또 없어요?'라고 말하려면
　Is there any other thing I can do for you?
　= Is there anything else (I can do for you)?

❶
complain about ~에 대해 불평하다
accommodation 숙박 시설
provide A for B B에게 A를 주다

❷
book 예약하다
above 상기의, 전술한
holiday 휴일; 휴가(英)

❸
accommodate 숙박시키다
private 개인전용의
bathroom 욕실, 화장실

❹
confirm ~을 확인하다
writing 쓰기, 집필
along with ~와 함께/같이
other 다른, 그 밖의
detail 세부사항

❺
show 안내하다
lacking ~이 없는
amenity (호텔 등의) 편의 시설

❻
immediately 곧, 즉시
point out 지적하다
discrepancy 불일치; 모순
courier (여행) 안내원

❼
investigation 사실을 알아봄
inform ~에게 알리다
regret 유감으로 생각하다
available 이용할 수 있는

161

Dear sirs,

I am writing to complain about the accommodations provided for my wife and myself from August 11th to 24th 2007.

I booked the above holiday at your office on February 16th. At that time, I was told that we would be accommodated in an air-conditioned room with a balcony and a private bathroom. This was confirmed in writing by Mr. Jones on February 20th, 2007, along with other details about the holiday. When we arrived at the hotel on August 10th we were shown to a room lacking all these amenities. We immediately pointed out the discrepancy to your courier, Alan Smith. After investigation, he informed us that the hotel had made a mistake over the booking and very much regretted that no other room was available.

Yours faithfully,
John Smith
John Smith

1. What was the writer complaining about?
   (A) Poor service   (B) Wrong room
   (C) Wrong hotel   (D) Extra charge

2. Who was the letter written to?
   (A) A tourist
   (B) The hotel manager
   (C) The travel agent
   (D) A private investigator

3. Which of the following is used at the end of a letter to a friend?
   (A) Yours faithfully
   (B) Yours truly
   (C) Yours sincerely
   (D) I remain yours faithfully

1. (B) 2. (B) 3. (C)

162

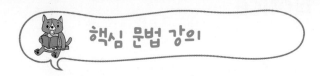

핵심 문법 강의

▶ **선(先)과거**

현재완료(have + p.p.)에서 기준 시점만 과거로 한 것이 과거완료이다. 그래서 형태가 'had + p.p.' 이다. 과거를 기준으로 그 이전부터 과거까지의 상태 및 동작의 완료, 결과, 계속, 경험 등을 나타낸다.

he *informed* us that the hotel had made a mistake ... 〈7번 문장〉

→ 그가 알려준 것은 과거(informed)이고, 호텔이 실수한 것은 그보다 앞선 시간이다. 이와 같이 과거보다 앞선 시제를 '선(先) 과거 또는 대과거' 라고 한다.

I have hidden my wealth in the vineyard. Search for it. It is all I have to give you. His sons *thought* that their father had buried a treasure in the vineyard.
내 재산을 포도밭에 숨겨 놓았다. 그것을 찾아라. 그것이 내가 너희에게 주어야 하는 모든 것이다. 아들들은 아버지가 포도밭에 보물을 묻어 놓았다고 생각했다.

hide[haid] 숨기다, 감추다	
wealth[welθ] 재산	
vineyard[vínjərd] 포도밭	
search[səːrtʃ] 찾다	
bury[béri] 묻다	
treasure[tréʒər] 보물	

→ 아들이 생각한 시점(時點)은 과거(thought)이고 아버지가 그 이전에 보물을 포도밭에 묻는 것을 완료했기 때문에 'had buried' 가 쓰인 것이다. 기준 시점이 현재면 현재완료, 과거면 과거완료라고 한다.

He had no sooner sat down than the phone *rang*.
그가 앉자마자 전화벨이 울렸다.

→ 위 문장에서 부사로 쓰인 'no' 는 'not~at all' 의 뜻으로 'sooner' 를 완전 부정하여 '자리에 앉은 것보다 결코 전화벨이 더 먼저 울린 것이 아니다' 라는 뜻으로 '자리에 앉은 것과 전화벨이 울린 것'을 동시 동작으로 해석한다. 동시 동작으로 해석되기 때문에 'as soon as' 를 사용하여 바꿔 쓸 수 있다. 〈281쪽 핵심 문법 강의 참조〉

= As soon as he *sat down*, the phone *rang*.

→ 'as soon as' 는 동등 비교이기 때문에 주절과 종속절의 시제는 동일함.

I had intended to make a cake, but I ran out of time.

= I intended to have made a cake, but I ran out of time.
과자를 만들려고 했었지만 시간이 없었다.

→ 소망(expect / hope / intend) 동사가 '과거완료 + 부정사' 또는 '과거 + 완료부정사' 로 쓰이면 뜻을 이루지 못한 것을 나타낸다.

A Formal Notice

1

California Finance Co.

4 March 2008

Dear Mr. Snyder

Re: Account No. 520329

Balance	Credit limit
$1,234 Debit	$213

2 It is with regret that we now give you a formal notice that your account has been closed.

귀하의 계좌가 폐쇄된 것을 공식 통고하게 되어 유감입니다.

3 Your credit limit has been exceeded by over $ 1,000.

귀하의 신용한도액이 1,000달러 이상 초과되었습니다.

4 Customers are asked to apply in writing if they want their credit to be extended, and this was not done.

신용거래 연장을 원하시면 서면으로 신청하시도록 고객여러분에게 요청을 했습니다. 그런데 귀하는 이것(서면으로 신청하는 것)이 되지 않았습니다.

5 You are warned last month that this would be the result.

이것(신용거래 연장을 원하면 서면으로 신청하라고 요청했지만 귀하가 신청하지 않은 것) 때문에 그런 결과(즉 구좌가 폐쇄된 것)를 가져올 것 이라는 것을 지난달 경고 받았습니다.

6 In accordance with the condition of use, a copy of which has already been sent to you, you should immediately pay the remainder of the balance.

이미 보내드린 사본 즉 사용 규정에 따라 나머지 전액을 즉시 지불해야 됩니다.

7 You are required to return your credit card, but before doing so it should be cut in half for security.

신용카드를 반환해야만 합니다. 하지만 반환하기 전에 안전을 위해서 반으로 잘라 주셔야만 합니다.

➡ no = number / # 'No' 대신 미국에서 쓰이는 기호

- it is with regret that ... ~이라니 유감(천만)이다 〈문어체〉
  = it is (much) to be regretted that ...
  cf. we are sorry that ... 〈회화체〉
- your account has been closed 〈수동〉 ··· we have closed your account 〈능동〉

- *Your credit limit* has been exceeded by over $ 1,000.
  ➡ 통지문을 보낸 이유가 '신용한도액 초과'라는 사실 때문이다. 그러므로 그 사실을 강조하기 위해 'your credit limit'를 주어로 한 수동문이 쓰인 것이다.

- *Customers* are asked to ... they want *their credit* to be extended, and *this* was not done.
  ➡ 위 문장과 마찬가지로 공지사항 등에서는 알리고자 하는 내용이 중요하기 때문에 주로 수동태가 쓰이는 것이다.

- a copy of which has already been sent to you
  = a copy of the condition of use 사용 규정의 사본
  cf. of which a copy has already been sent to you (X)

- before doing so
  = before returning your credit card
  = before you return your credit ...
  신용카드를 반환하기 전에

❶
California Finance Co. 캘리포니아 금융회사
balance 잔고, 차감
credit limit 신용한도
Re = receiver 수취인, 수령인
Account No. 계좌번호
debit 부채, 차변(장부의 왼쪽)

❷
regret 유감, 후회
formal 공식의
notice 통고, 통지
account 계좌, 거래
close 폐쇄하다

❸
credit 신용; 영예
limit 한도, 한계
exceed 초과하다
excess 초과, 과잉; 무절제
excessive 과도한, 무절제한
by ~만큼, ~정도만큼

❹
customer 손님, 고객
apply 신청하다; 응용하다
in writing 서면으로, 써서
extend 연장/확장하다

❺
warn 경고하다
result 결과

❻
in accordance with ~에 따라
condition 규정; 조건
use 사용
copy 사본
immediately 곧, 즉시
remainder 나머지
balance 잔고, 차감

❼
be required to ~해야만 하다
return 되돌려주다
for security 안전을 위해서
secure 안전한

California Finance Co.

4 March 2008

Dear Mr. Snyder

	Balance	Credit limit
Re: Account No. 520329	$1,234	Debit $213

It is with regret that we now give you a formal notice that your account has been closed. Your credit limit has been exceeded by over $ 1,000. Customers are asked to apply in writing if they want their credit to be extended, and this was not done. You were warned last month that **this** would be the result. In accordance with the condition of use, a copy of which has already been sent to you, you should immediately pay the remainder of the balance.

You are required to return your credit card, but before doing so it should be cut in half for security.

Yours faithfully

Y. B. Shin

YB Shin

General Manager

1. This formal notice was sent to a customer by _____.

    (A) a bank
    (B) a client
    (C) an accountant
    (D) a limited company

2. Why do they ask the customer to cut the credit card in half?

    (A) Because it was not valid
    (B) Because it was extended
    (C) Because he was exceeded
    (D) Because they're afraid that somebody else will use it

3. This formal notice was sent to a customer to inform that _____.

    (A) 1,000 dollars were loaned to him
    (B) his account has been closed
    (C) his credit is in good condition
    (D) he is still within credit limit

1. (A) 2. (D) 3. (B) 4. (C)
5. a. You have exceeded your credit limit by over $ 1,000.
   b. We ask customers to apply in writing if they want us to extend their credit, and you didn't do this.
   c. In accordance with the condition of use, a copy of which we have already sent you

4. **The word "this" refers to _____.**

   (A) that your credit limit has been exceeded by over $ 1,000

   (B) that you didn't ask your credit to be extended

   (C) a formal notice that your account has been closed

   (D) a copy of which has already been sent to you

5. **Rewrite the following sentences into the active.**

   a. Your credit limit has been exceeded by over $ 1,000.

   _____

   b. Customers are asked to apply in writing if they want their credit to be extended, and this was not done.

   _____

   c. In accordance with the condition of use, a copy of which has already been sent to you.

   _____

핵심 문법 강의

▶ 소유격 관계대명사

What is that house? The roof of the house is blue.

ⓐ What is that house the roof of which is blue?

ⓑ What is that house of which the roof is blue? (X)

→ 위에 주어진 두 문장을 관계대명사를 사용하여 결합할 때 공통되는 부분이 'the house' 이므로 둘째 문장의 'the house' 자리에 '접속사 + 대명사' 구실을 하는 'which'를 삽입하면 문장 ⓐ가 된다. 그러면 ⓑ문장은 어떻게 만들어졌을까? 사실은 문법적으로 잘못된 문장이다.

그 이유는 첫째, 관계대명사가 타동사 · 전치사의 목적어와 보어인 경우에 관계대명사는 문장 앞으로 이동을 해야만 한다. 그러나 주어인 경우 그 자리가 맨 앞이기 때문에 이동을 할 필요가 없다.

둘째, 이동을 할 경우에는 문장의 한 구성 요소(주어 = the roof of which)는 한 단위로 전체가 이동을 해야만 한다. 그러나 문장 ⓑ에서 'the roof of which'가 주어 자리, 즉 맨 앞자리이기 때문에 이동을 할 필요가 없음에도 불구하고 무의식적으로 관계사는 앞으로 이동을 해야 된다는 원칙에 따라 주어의 일부인 'of which'가 앞으로 이동된 채 일부 사람들에 의해 사용되고 있지만 문법적으로는 틀린 것이다.

LESSON 39 Mission Accomplished!

1

An elderly couple had loaned their son $5,000.

한 초로(初老)의 부부가 아들에게 5,000달러를 빌려주었다.

2

He promised to repay it within three months.

그 아들은 3개월 내에 갚겠다고 약속했다.

3

They foolishly had nothing in writing.

그 부부는 어리석게도 서면으로 된 것이 아무것도 없었다.

4

Four years passed, but not a cent did they receive.

4년이 지났지만 그들은 1센트짜리 동전 하나도 받질 못했다.

5

Therefore, his mother wrote him a letter asking if he could please make even a partial payment on the $7,500 he had borrowed.

그런 까닭에 그 엄마는 빌려간 돈 7,500달러 중 일부라도 제발 갚을 수 있는가를 물어보는 편지를 아들에게 보냈다.

6

Quick as a flash he wrote to say that he did not owe them $7,500 – it was only $5,000. Mission accomplished! They got it in writing.

그가 갚아야만 할 돈은 칠천오백달러가 아니라 단지 오천달러라는 편지를 매우 빠르게 보내왔다. 임무 완성! 그 부부는 그것(돈 빌려 준 것을 확인하는 것)을 서면으로 받아냈다.

미국 영어	영국 영어		미국 영어	영국 영어	
loan	lend	빌려주다	press	iron	다림질하다
commercial	advertisement	광고	co-worker	colleague	동료
take out	take away	가지고 나가다, 치우다			

➜ **within** (정해진 시간·기간) 이내에 : **in** (정해진 시간·기간) 후에, 지나서

eg. within three months 3개월 내에

　　 in three months 3개월 후에

● They foolishly had nothing in writing.

= It was foolish of them to have nothing in writing.

● not a cent *did they* receive

= they didn't receive a cent

➜ 부정적인 표현이 있는 목적어·부사구가 문두에 올 때 주어·동사가 도치

cf. 부정어가 없는 목적어가 문두에 올 때 주어·동사가 도치되지 않는다. 〈279쪽 3번 참조〉

● ... a letter asking if he could please make even a partial payment ...

➜ 명사절을 유도하는 'if'는 '～인가를/～인지 어떤지'의 뜻이다.

eg. know if ～인가를 알다　　see if ～인가를 알아보다

　　 try if ～인가를 시험하다　　wonder if ～인가를 알고 싶다

➜ (as) quick as a flash 매우 빠르게(very quickly), 즉시(at once)

➜ 〈39과 핵심 문법 강의 참조〉

---

❶
elderly 나이가 지긋한
couple 부부, 한 쌍
loan 빌려주다

❷
promise 약속하다
repay (돈을) 갚다
within ～이내에

❸
foolishly 어리석게도
in writing 서면 상으로

❹
receive ～을 받다

❺
ask if ～인가를 물어보다
therefore 그런 까닭에
partial 일부분의, 부분적인

❻
flash 번개
owe ～에게 빚지고 있다
mission 임무, 사명
accomplish 성취하다

An elderly couple had loaned their son $5,000. He promised to repay it within three months. They foolishly had nothing in writing. Four years passed, but not a cent did they receive. Therefore, his mother wrote him a letter asking if he could please make even a partial payment on the $7,500 he had borrowed. Quick as a flash he wrote to say that he did not owe them $7,500 – it was only $5,000. Mission accomplished! They got **it** in writing.

1. **Choose the true statement based on the passage.**
   (A) He loaned $5,000 to his parents four years ago.
   (B) Quickly as possible he repaid the debt to his parents.
   (C) He was outwitted by his mother's clever idea.
   (D) They received lots of cash from their son.

2. **What do you think his mother is like?**
   (A) wealthy
   (B) selfish
   (C) quick-witted
   (D) slow-witted

3. **What do you think of the attitude of the son toward his parents?**
   (A) ungrateful
   (B) sympathetic
   (C) filial
   (D) foolish

4. **The word "it" refers to _____.**
   (A) a promise to repay the money he had borrowed.
   (B) a letter stating that he borrowed $5,000 from his parents
   (C) the fact that his mother wrote him a letter
   (D) a partial payment

1. (C) 2. (C) 3. (A) 4. (B)

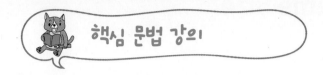
핵심 문법 강의

▶ 동등비교: as ... as를 이용한 비유법

'~만큼 ~하다'는 뜻으로 동등한 정도를 나타낼 때 'as ... as' 구문이 쓰인다.

She's as tall as her mom.
그녀는 엄마와 키가 같다.

He's as good as his word.
언행이 일치하는 사람이야. (= He does what he has promised to do.)

The matter is as good as settled.
그 문제는 거의 해결된 것이나 마찬가지이다.

settle[sétl] 해결하다

He's not so tall as his sister.
그는 자기 누나만큼 크지 않다. (= His sister is taller than he.)
➡ 동등 비교를 부정할 때 'not so ... as'가 쓰인다.

배수 비교: 'twice, three times + as ... as'

This dress is *twice* **as expensive as the blue one.**
이 옷값은 저 파란색 옷의 두 배이다.

I paid *half* **as much for the computer as he did.**
그가 산 반값으로 나는 컴퓨터를 샀다.

동등 비교를 사용한 비유법: 'as ... as'를 이용한 비유법은 다양하다. 이때 뒤따라오는 명사는 '매우, 아주, 상당히 …한'으로 번역한다.

Her face went as white as sheet.
그녀의 얼굴은 매우 창백해졌다.

- **as proud as a peacock** 매우 의기양양한
- **as strong as an ox** 매우 힘이 센
- **as busy as a bee** 매우 분주한
- **as wise as Solomon** 매우 현명한
- **as cool as a cucumber** 매우 차분하고 냉정한
- **as pretty as a queen** 매우 예쁜

go white 창백해지다
peacock[píːkàk] 공작새
cucumber[kjúːkəmbər] 오이
queen 여왕

171

LESSON 40

All the Same Size

1 One evening while my wife and I were entertaining dinner guests, our five-year-old daughter Susan helped her mom serve dessert.

어느 날 저녁에 아내와 나는 만찬 손님들을 대접하고 있었다. 우리 5살짜리 딸 수잔은 엄마를 도와 후식을 대접하고 있었다.

2 Susan brought the first slice of pie from the kitchen and placed the plate in front of me.

수잔은 부엌에서 첫 번째 파이 한 조각을 가져다 접시를 내 앞에 놓았다.

3 I politely slid it over to the woman next to me.

나는 공손하게 내 옆의 부인 쪽으로 그것을 밀었다.

4 Susan put another pie slice before me and again watched as I passed it to another guest.

수잔은 다른 파이를 내 앞에 갖다놓았고, 내가 다시 다른 손님에게 그것을 건네줄 때 보았다.

5 "You might as well keep it," my daughter said "They are all the same size."

"그냥 가지고 계세요. 크기가 모두 똑같아요."라고 내 딸이 말했다.

- Susan helped her mom serve dessert. 수잔은 엄마를 도와 후식을 대접했다

		S	V	O
S	V	O	OC	

  ➜ 'help + 목적어 + 원형부정사'의 구조로 동사 'help'는 '∼를 도와서 …을 쉽게 하다 / 가능하게 하다'의 뜻. 'her mom'은 'helped'의 목적어이며 동시에 'serve'의 의미상 주어가 된다. 5형식 구조 안에 3형식 구조의 두 문장이 결합된 형태이다.

셀 수 없는 명사라도 부분 명사를 사용하여 양(量)과 수(數)를 나타낸다.

- a piece of furniture / advice / chalk / paper
  a pack of cigarettes
  a loaf of bread
  a slice of toast / cheese / meat

- I politely slid it over to the woman next to me.
  ➜ 'how'의 응답으로 쓰이는 양태부사는 동사만을 수식한다.

'another[ənʌ́ðər]'는 '다른(different); 하나 더(one more); 또(additional)'라는 뜻

- Have another beer. 맥주 한 잔 더해.
- In another two days it'll be finished. 이틀만 더 있으면 끝날 거야.
- She's expecting another baby. 그녀는 또 임신했어.

- may as well (~ as) ∼할 바에야 …하는 것이 낫다
  ➜ 더 나은 대안이 없기 때문에 정말로 원치 않는 것을 하게 될 것이라는 다소 냉소적인 권고

❶
entertain 식사에 초대하다
dinner guest 저녁 식사하러온 손님
five-year-old daughter 5살 짜리 딸
serve (음식을) 차려내다
dessert 후식

❷
bring 가져오다
a slice of pie 파이 한 조각
place ∼에 …을 놓다
plate (납작하고 둥근) 접시
in front of ∼앞에(before)

❸
politely 공손하게, 정중히
slide 밀어 놓다
over ∼쪽으로
next to ∼의 옆에

❹
put (어떤 위치에) 놓다
another 다른(different)
watch 지켜보다
pass 건네주다; 경과하다

❺
keep 계속 가지고 있다
all the same 아주 똑같은

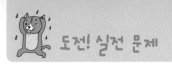
One evening while my wife and I were entertaining dinner guests, our five-year-old daughter Susan helped her mom serve dessert. Susan brought the first slice of pie from the kitchen and placed the plate in front of me. I politely slid it over to the woman next to me. Susan put another pie slice before me and again watched as I passed it to another guest. "You might as well keep it," my daughter said "They are all the same size."

1. **Why did Susan's father pass the slice of pie to other guests?**
   (A) Because he completely spoiled his appetite.
   (B) Because he wanted his guests to be served first.
   (C) Because his pie was small.
   (D) Because he wanted a larger slice of pie.

2. **Which of the following is true according to the passage?**
   (A) Susan's parents provided a meal for dinner guests in their home.
   (B) Susan's father was busying cooking for the dinner guests.
   (C) Susan's mom manages a pie store.
   (D) Susan wanted her father to pass dessert to dinner guests.

3. **Choose the incorrect part of the sentence.**

   One evening while my wife and I were entertaining dinner guests, our
   　　　(A)　　　　　　　　　　　　(B)

   five-years-old daughter Susan helped her mom serve dessert.
   　　(C)　　　　　　　　　　　　　　　　　(D)

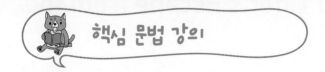

① 부사의 위치

부사는 형용사 · 부사 앞에서 수식하고, 동사 뒤에서 수식한다.

The lady who is very *glad* to see me *loves* me very much.
날보고 매우 반가워하는 그 아가씨는 나를 매우 사랑한다.

장소부사는 문미에 온다.

I looked for it everywhere, but I can see it nowhere.
사방으로 그것을 찾아보았지만 어디서도 그것을 볼 수 없다.

시간부사는 문두/문미에 올 수 있지만 문중에는 올 수 없다.

Early this morning mail the letter. Then I can get it tomorrow.
오늘 아침 일찍 편지를 부쳐라. 그러면 나는 내일 그것을 받을 수 있어.

빈도부사(adverbs of frequency)는 일반 동사 앞에; be 동사, 조동사 다음에 온다.

We always play tennis in the morning.
우리는 항상 아침에 테니스를 친다.

② 양태부사(adverbs of manner)의 위치

"How"에 대한 응답으로 사용되는 양태부사는 동사 앞뒤; 문중, 문미에 올 수 있으며 위치에 따라 문장의 뜻이 달라지는 경우가 있다.

He generously paid for us all.
그는 마음이 너그러워서 우리 모두에게 임금을 주었다.

He paid us generously.
그는 후하게 임금을 지불했다.

Mike didn't get the money honestly. 〈양태부사〉
마이크는 그 돈을 부정하게(dishonestly [disánistli]) 받았다.

cf. *Honestly*, Mike didn't get the money. 〈문장부사〉
정말로(truthfully [trú:θfəli]) 마이크는 그 돈을 받지 않았다.

➡ 문장부사는 문장 전체를 수식한다.

The man who plays tennis well was badly injured in the last match.
테니스를 잘 치는 그 남자는 지난 시합에서 심하게 부상당했다.

➡ 수동문에서 양태부사는 과거분사 앞에 온다.

1

벵갈 호랑이의 동물원 탈출

A Bengali Tiger's Escape from the Zoo

1 A 6 ft. Bengali tiger escaped from its enclosure at the City Zoo yesterday and has not yet been located.

6피트(약 183cm)짜리 벵갈산 호랑이 한 마리가 어제 시립 동물원 우리를 탈출해서 아직까지 소재 파악이 되지 않고 있다. ➜ 1 피트 = 12인치, 30.48cm

2 Visitors to the Zoo have recently pointed out how low the fence around the tiger enclosure is and have also complained about low overhanging trees growing around the enclosure.

최근 들어 동물원 관람객들은 호랑이 우리 주변의 울타리가 정말 매우 낮다는 것을 지적해 왔고, 또한 우리 주위에서 자라는 낮게 드리워진 나무들에 대해서도 불평해 왔다.

3 The police are also anxious to interview a youth seen near the back door to the enclosure.

또한 경찰은 울타리 뒷문 근처에서 목격된 한 청년과 면담하기를 간절히 바라고 있다.

- A six foot Bengali tiger escaped from ... and (he) has not yet been located.
  ➡ 명사가 다른 명사 앞에서 형용사 기능을 할 때는 항상 단수 형이다.
  eg. A *six-foot-tall* young lady married a *ninety-year-old* man.
      키가 6피트 되는 젊은 아가씨가 90살 된 노인과 결혼했다.
  ➡ 등위접속사 'and' 로 연결된 앞 문장 주어와 일치시키기 위해 수동이 되었다.

- have pointed out <u>how low the fence around the tiger enclosure is</u>
      'is'의 보어   S └_____┘ 'fence'를 수식하는 형용사구   V
  = have pointed out / that *the fence around the tiger enclosure* / *is very low*
      지적해 왔다   호랑이 우리 주변의 울타리가   매우 낮다
  ➡ 'how low the fence around the tiger enclosure is'는 'point out'의 목적어
- about <u>low overhanging trees</u> (which are) growing around the enclosure
      낮게 드리워진 나무들 └_____┘   우리 주변에서 자라는

- a youth (who was) seen near the back door to the enclosure
      └_____┘   울타리의 뒷문 근처에서 목격된
  ➡ 'to'는 '부속, 부착(belonging to)'을 나타냄
  eg. the key to his car 자동차 열쇠

❶
escape 탈출하다
enclosure 우리, 울타리
zoo 동물원
yet 아직까지
locate 위치를 알아내다

❷
visitors to the zoo 동물원에 오는 사람들
recently 최근에
point out 지적하다
fence 울타리, 담
complain about ~에 대해 불평하다
overhang 위에서 드리워지다
grow 자라다

❸
police 경찰
anxious to ~을 하고 싶어 하는
interview 면담하다
a youth 한 젊은이

A 6 ft. Bengali tiger **escaped** from its enclosure at the City Zoo yesterday and has not yet been located. Visitors to the Zoo have recently pointed out how low the fence around the tiger enclosure is and have also complained about low overhanging trees growing around the enclosure. The police are also anxious to interview a youth seen near the back door to the enclosure.

1. Which of the following would be the best title for the passage?
   (A) Tiger Escapes at Zoo
   (B) Visitors' Complaints about the Zoo
   (C) Too Low Enclosure at the Zoo
   (D) A Six Foot Bengali Tiger

2. Visitors to the zoo _____.
   (A) enjoyed themselves looking at a 6 ft. Bengali Tiger
   (B) were interviewed by the police
   (C) said that the fence around the tiger enclosure was very low
   (D) were very anxious to see the 6 ft. Bengali Tiger

3. The word "escaped" could be best replaced by _____.
   (A) got along with
   (B) got away
   (C) got arrested
   (D) was loved

4. Choose the incorrect part of the sentence.
   The police is also anxious to interview a youth seen near the back door to the
        (A)   (B)   (C)   (D)
   enclosure.

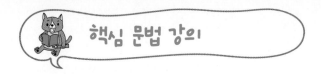

▶ 관계대명사의 생략

타동사 · 전치사의 목적격 관계대명사는 생략이 가능하다.

Have you found the keys (which) you lost?
잃어버린 열쇠를 찾았어요?

The man (whom) Jane is going to marry is the guy.
제인이 결혼할 사람은 저 사내야.

He is one of the greatest players (that) there are in the world.
그는 세상에서 가장 훌륭한 선수 중의 한 사람이다.

→ 'There is, Here is, It is ~ that'의 구문에서 관계대명사를 생략하는 것은 구어체(colloquial [kəlóukwiəl])이며, 생략하지 않는 것이 표준 어법으로 보다 바람직하다.

관계사절이 진행형 · 수동인 경우 'who/which + be'가 생략되면 분사가 명사를 수식하는 형용사구로 축소된다. 즉, 분사가 형용사처럼 명사를 수식한다.

Did you see a boy (who is) waiting for me outside?
밖에서 나를 기다리고 있는 소년을 봤니?

I met a young man (who was) neglected by his parents.
부모가 관심을 보이지 않는 한 젊은이를 만났다.

neglect[niglékt] 통 돌보지 않고 관심 없이 내버려두다, 소홀히 하다

We sell new products (which are) made from recyclable materials.
재활용품으로 만들어진 신상품을 우리는 판매한다.

I apologize for any inconvenience (which was) caused.
어떤 불편을 끼쳐 드린 것에 대해 사과드립니다.

product[prάdəkt] 상품
recyclable[riːsáikələbəl] 재활용할 수 있는
material[mətíəriəl] 재료
apologize[əpáːlədʒàiz] 사과하다
inconvenience[ìnkənvíːnjəns] 불편(한 것); 폐(가 되는 일)
cause[kɔːz] ~의 원인이 되다; (걱정 등을) 끼치다

People (who are) suffering from insomnia have trouble falling asleep and staying asleep throughout the night.
불면증으로 괴로워하는 사람들은 잠들고 밤새 잠을 자는데 어려움을 겪고 있다.

suffer from ~으로 고통을 받다
insomnia[insάmniə] 불면증
have trouble -ing ~하는데 어려움이 있다
fall asleep 잠이 들다
stay ~인 채로 있다

LESSON 4 2 Laughter!

1

I can't make up my mind whether to marry a young attractive lady whom I love or a rich old maid I don't care for at all.

사랑하는 젊고 매력적인 아가씨와 결혼해야만 하는지, 아니면 전혀 좋아하지 않는 돈 많은 노처녀와 결혼해야 할지 마음을 정할 수가 없어.

2

You should listen to your heart and marry the lady you love.

가슴에 손을 얹고 자신에게 물어보고 사랑하는 아가씨와 결혼을 하는 게 옳아.

3

By the way, how can I get in touch with the old maid?

그런데, 어떻게 하면 그 노처녀와 연락할 수 있을까?

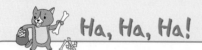

Ha, Ha, Ha!

A school-bus driver, I told the children on my route that I would soon be quitting to drive a produce truck. Some students asked me why I was leaving. I was about to list logical reasons – travel and better pay – when a child's voice called out from the back of the bus, "I know! Lettuce and tomatoes don't talk back."

- I can't make up my mind whether to marry a young attractive lady whom I love
  V 마음을 정할 수가 없다   O 젊고 매력적인 아가씨와 결혼해야만 하는지 ↑_____」 내가 사랑하는

  or a rich old maid (whom) I don't care for at all.
  돈 많은 노처녀 ↑_____」 내가 전혀 좋아하지 않는

- ... marry the lady (whom) you love
  아가씨와 결혼하다 ↑_____」 네가 사랑하는

  ➡ 'marry ~와 결혼하다'와 같은 우리말 때문에 전치사 'with'를 생각하게 되는데 'marry/discuss/
  attend/greet'는 완전 타동사이므로 전치사 없이 목적어를 갖는다는 점을 주의해야 한다.

---

❶
make up one's mind 결정하다

whether ~인지 어떤지

attractive 매력 있는

maid 처녀

care for 좋아하다

at all (부정문에서) 전혀

❷
listen to 귀담아 듣다

heart 마음; 심장

❸
by the way 그런데

get in touch with ~와 접촉/연락하다

난 알아요!
학교버스 운전기사인 나는 내가 늘 태우고 다니는 아이들에게 농산물 트럭을 운전하기 위하여 곧 떠나게 될 것이라고 말했다. 몇몇 학생들은 왜 떠나려하는가에 대하여 물었다. 내가 그만두게 된 합당한 이유, 즉 여행, 더 많은 월급 등을 조목조목 말하려 했다. 바로 그때 뒷좌석에서 한 어린이의 목소리가 큰 소리로 들렸다. "난 알아요! 상추와 토마토는 말대꾸를 하지 않잖아요."

route[ru:t] (우유 · 신문 등의) 구역; 수단; 통로   **quit**[kwit] 떠나다; 그만두다, 멈추다   **produce**[prədjú:s] 농산물, 제품   **be about to** 막 …하려고 하다   **list**[list] 조목조목 대다, 목록에 싣다   **logical**[ládʒikəl] 논리적인, 합당한   **reason**[rí:zən] 이유   **voice**[vɔis] 목소리   **call** 외치다   **out** 큰소리로   **lettuce**[létis] 상추   **talk back** 말대꾸하다

I can't make up my mind whether to marry a young **attractive** lady whom I love or a rich old maid I don't care for at all.

You should listen to your heart and marry the lady you love. By the way, how can I _____ the old maid?

1. Why did the person giving the advice suggest that the confused person should marry the lady he loves?
   (A) Because he was trying to give good advice.
   (B) Because he wanted the rich old maid for himself.
   (C) Because he knew well about the attractive lady.
   (D) Because he really loves the attractive lady.

2. The word "attractive" could be best replaced by _____.
   (A) charming
   (B) innocent
   (C) considerate
   (D) generous

3. Which of the following is the most suitable to fill in the blank?
   (A) get away with
   (B) get along with
   (C) get in touch with
   (D) get out of

4. Choose the incorrect part of the sentence.

   I can't <u>make up my mind</u> whether to <u>marry with</u> a young attractive lady <u>whom I love</u>
           (A)   (B)   (C)

   or a rich old maid I don't <u>care for at all</u>.
                                (D)

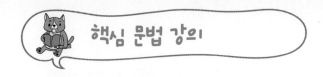

핵심 문법 강의

▶ 조언 / 충고하는 방법

'should / ought to'는 '∼하는 것이 옳다, 최선책이다' 라는 뜻으로 상대방에게 충고 · 조언 할 때 쓰인다. 'should'는 '명령'의 뜻으로 들릴 수도 있기 때문에 분위기를 좀 완화하기 위해서 앞에 'perhaps[pərhǽps], maybe[méibi:]'를 사용하는 것이 좋다.

A: I'm coughing up a lot of phlegm.
　　가래가 많이 나올 정도로 기침을 해.

B: *Perhaps* you should see a doctor.
　　병원에 가시는 게 좋겠어요.

cough[kɔ(:)f] 기침하다
phlegm[flem] 가래, 담

You ought not to miss this wonderful opportunity.
이 좋은 기회를 놓치지 않는 게 좋겠어요.

miss 놓치다; 보지 못하다; 보고 싶어 하다
opportunity[àpərtjúːnəti] 기회

제안 · 충고에 'Why don't you ...?'가 쓰인다.

Why don't you take the baby to the doctor's?
아기를 병원에 데려가는 게 좋겠어요.

'had better'는 의무감(duty[djúːti] or obligation[àbləgéiʃən])을 주는 충고이므로 부모가 자식에게, 선생님이 학생에게 흔히 사용한다. 회화에서 종종 'had'는 생략된다. 'had better'는 'should'보다 강한 의미를 지니고, 'must'는 'had better'보다 더 강하다.

You better go home. It's getting late.
점점 어두워지니 너는 집에 가는 게 좋겠다.

친구 간에 충고를 할 때는 'If I were you, I would ...'를 사용한다. 친구 간에 'Stop smoking.'과 같이 명령적인 말투보다는 'If I were you, I would stop smoking.(내가 너라면 난 담배를 끊었을 거야.)'과 같은 완곡한 표현인 가정법이 바람직하다.

cf. Put yourself in my shoes.
　　입장 바꿔 생각해 봐(易地思之).(= Put yourself in my place.)

LESSON 4 3 Library Regulations

1 No food or drink.

음식이나 음료수를 가져오는 것이 허용되지 않습니다.

2 No smoking in the reading rooms. (Smoker's lounge 3rd floor)

정독실에서는 금연입니다. (흡연실은 3층에 있음)

3 Magazines and reserved books may not be borrowed.

잡지와 대출 예약 도서들은 빌려 갈 수 없습니다.

4 Students may borrow up to three books at a time.

학생들은 한 번에 3권까지 책을 빌려갈 수 있음.

5 Articles and parts of books may be copied for personal use. (Photocopy machines 4th floor)

개인 용도로 신문 · 잡지의 기사나 책의 일부를 복사할 수 있음. (사진복사기는 4층에 있음)

- No food or drink.

  = It's not allowed / permitted to bring food or drink.

  = They won't allow you *to bring* ... / = They won't let you bring ...

- No smoking in the reading rooms.

  = They don't allow *smoking* / Smoking is not allowed in the reading rooms.

  ➧ 'allow, advise, forbid, permit' 동사 다음에 사람이 목적어로 없으면 동명사; 목적어가 사람이면 부정사가 뒤따라온다. 위 1)번 문장 참조

- may not ~해서는 안 된다 〈거절 또는 금지〉

  eg. Students may not stay out after 11 p.m. without written permission.

  서면상의 허가 없이 밤 11시 이후에 학생들은 외출이 금지된다.

- at a time 한 번에

  cf. at one time 왕년에는, 이전에(formerly)

  eg. Don't all speak at the same time. Please *one at a time.*

  동시에 모두 말하지 말고 한 번에 한 사람씩 말해 봐요.

- (There are) Photocopy machines (on the) 4th floor

  ➧ 간결성을 요구하는 광고문에서 관사 · there is / are · 전치사 · 술부 등을 생략한다.

❶
allow ~에게 …하는 것을 허용/
허락하다

❷
reading room 독서실, 열람실
smoker's lounge 흡연실
lounge (호텔 등의) 휴게실
floor 층; 바닥

❸
magazine 잡지
reserved book 대출 예약 도서
may not ~해서는 안 된다
borrow ~로부터 …을 빌리다

❹
up to ~까지
at a time 한 번에

❺
article 신문 · 잡지의 기사; 논설;
논문
part 부분
copy 베끼다; 복사하다
personal 개인적인
use 사용; 용도
photocopy 사진 복사
machine 기계

▶ No food or drink
▶ No smoking in the reading rooms (Smoker's lounge 3rd floor)
▶ Magazines and reserved books may not be borrowed.
▶ Students may borrow up to three books at a time.
▶ Articles and parts of books may be **copied** for personal use.
  (Photocopy machines 4th floor.)

1. **Where can you read these regulations?**
   (A) In a bus
   (B) In a library
   (C) In an auditorium
   (D) In a bookstore

2. **Which of the following is NOT mentioned in the regulations?**
   (A) Students may copy parts of books for private purpose.
   (B) Smoking is not permitted in the reading room.
   (C) They'll let students borrow records and take magazines home.
   (D) They won't allow you to bring any refreshments.
   (E) You are not allowed to borrow reserved books.

3. **The word "copied" could be best replaced by _____.**
   (A) allowed
   (B) reserved
   (C) erased
   (D) duplicated

1. (B) 2. (C) 3. (D)

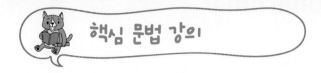

핵심 문법 강의

▶ 조동사 may

허가(Permission)

'~해도 좋다(be allowed to, be permitted to)'는 허가의 뜻이다.
'may not'는 거절/금지; 'must not'는 좀더 강한 금지를 나타낸다.

"**May** I smoke here?" "Yes, of course you **may**. Go ahead."
"여기서 담배를 피워도 될까요?" "예, 물론이죠, 피우세요."
→ 화자(the speaker)가 허가할 때는 조동사 may를 사용한다.

cf. You *can* park here. 여기에 주차할 수 있습니다.
→ 시(市)·자치 정부 또는 경찰이 허가할 때는 can을 사용한다.

가능(Possibility)

'be possible'의 뜻으로 가능성을 나타낸다.

You **may** be right in saying that he is rather lazy.
그가 좀 게으르다는 네 말이 맞을 거야.

Your son **may have gone** there.
= It's *possible* that your son *went* there.
당신 아들이 그곳에 갔었는지도 모른다.
→ 'may have + p.p.'는 과거의 가능성을 나타낸다.

It **might** rain. Why don't you take your umbrella?
= It'll *probably* rain / It is *likely* to rain.
비가 내릴지 모르니 우산을 가져가지 그래.

기타(Others)

I always go to school early so that I **may** get a front seat.
앞자리에 앉기 위해서 나는 항상 학교에 일찍 간다.

so that ... may ~하기 위하여(in order/so as to)

May you always be happy with your family!
가족과 더불어 항상 행복하길.
→ 소망을 나타내는 기원문

He **may well** refuse to marry such an ugly woman.
그가 그렇게 못난 여자와의 결혼을 거절하는 것은 당연해.

may well ~하는 것도 당연하다
refuse[rifjúːz] 거절하다
ugly[ʌ́gli] 못생긴

LESSON 4

At the Laundromat

1 Deposit exact change as needed. Set machine to "hot" or "cold."

필요한 만큼 정확한 잔돈을 투입하시오. 세탁기를 온수 또는 냉수에 맞추시오.

2 Add one cup of detergent per load. Push "start" button.

세탁물 1회 분량에 한 컵의 세제를 넣으시오. "시작" 단추를 누르시오.

3 Remove items after 20 minutes when "spin" cycle is completed.

20분 후 회전판이 멈추거든 세탁물을 꺼내시오.

4 Establishment is not responsible for lost, damaged, or stolen items.

본 점포에서는 분실, 훼손, 또는 도난당한 세탁물에 대해서는 책임을 지지 않습니다.

- Deposit exact change as (it is) needed.
  필요한 만큼 정확한 잔돈을 투입하시오. 〈24과 2번 문장 참조〉

- Remove items after 20 minutes when "spin" cycle is completed.
  → 밑줄 친 부분이 형태상으로는 수동처럼 보이지만 의미상으로는 회전판이 완전히 멈춘 것을 나타나는 상태 완료인 것이다. 〈44과 핵심 문법 강의 참조〉

분사의 형용사적 성질: 명사를 수식하는 타동사의 과거분사는 수동의 뜻

- items which were lost, damaged, or stolen
  분실, 훼손, 또는 도난당한 (세탁) 물품

❶
deposit (자동판매기 등에) 동전을 넣다
exact 정확한
change 잔돈
machine 기계
set machine to 기계를 …에 맞추다

❷
add (세제 등을) 넣다
detergent 세제
per ~마다,
load (세탁기·차 등의) 세탁량, 적재량
push 밀다; (단추를) 누르다
button 단추

❸
remove 꺼내다
item 품목, 물건
"spin" cycle 세탁기의 회전 작용
complete 끝마치다

❹
establishment 점포, 영업소
responsible for ~에 책임이 있는
lost 잃어버린, 분실한
damage ~에 손해/손상을 입히다
stolen 도난당한
cf. **for a steal** 싼값에

▸ Deposit exact change as needed.

▸ Set machine to "hot" or "cold."

▸ Add one cup of detergent per load.

▸ Push "start" button.

▸ **Remove** items after 20 minutes when "spin" cycle is completed.

▸ Establishment is not responsible for lost, damaged, or stolen items.

1. The above instructions are for the users of _____.

   (A) a refrigerator
   (B) a coffee vending machine
   (C) an electronic shop
   (D) a coin-operated washing machine

2. According to the above items, the store does **NOT** have to be in charge of _____.

   (A) washes you made useless
   (B) change you need
   (C) items you bought
   (D) things you paid

3. The word 'remove' means _____.

   (A) take away
   (B) put off
   (C) get rid of
   (D) take off

1. (D) 2. (A) 3. (A)

① 'when' 과 'as'

'when'은 주절과 종속절의 행동이 거의 동시에 일어나거나, 또는 처음 행동 뒤에 다음 행동이 뒤따라 일어날 때 'when'이 쓰인다. 그러나 첫 번째 행동이 끝나기 전에 다음 행동이 일어나는 경우는 'as'가 쓰인다.

When she pressed the button, the elevator stopped.
그녀가 버튼을 눌렀을 때 승강기는 멈췄다.

As I left the house, I remembered the key.
내가 집을 떠나려 했을 때 나는 열쇠 생각이 났다.

② 'if' 와 'when'

현재의 조건을 표현할 때 'if'와 'when'은 같은 의미로 쓰인다.

If/When it snows, this road always gets blocked.
눈이 오면 이 길은 항상 막혀.

→ '눈이 오면 항상 길이 막히는 것'이 사실이므로 둘 다 쓰인다.

어떤 일이 일어나는 것을 확신할 때 'when'이 쓰인다. 즉 아래 예문에서 성장한다는 것은 확실한 사실이므로 'if'를 사용하지 못한다.

I'm going to be an actress when I grow up.
나는 커서 배우가 될 거야.

가능성을 나타낼 때 'when'이 쓰이지 않는다.

Don't worry if I'm late.
내가 늦더라도 걱정하지 마.

cf. Don't worry *when* I'm late. (x)

→ '늦을 수 있다'는 것은 가능성이지 사실이 아니므로 'when'을 쓰지 못함.

일상적으로 흔히 일어날 수 있는 일

If I give up smoking, I will probably gain weight.
담배를 끊으면 아마 체중이 불어날거야.

→ 'if' 조건절에서 현재 시제로 미래를 나타낸다.

LESSON 45 Wanted

1

Prestigious law firm seeks bright college grad for entry level position.

명성 있는 법률회사에서 초급직(職)에 알맞은 장래가 밝은 대학 졸업생을 찾고 있음.

2

Ideal candidate will have excellent communication skills and broad education background.

훌륭한 대화솜씨와 폭넓게 공부한 사람이 가장 적합한 지원자일 것이다.

3

Position involves heavy client contact and some case research.

고객과의 어려운 상담과 계약 일부 소송사건연구가 직책에 포함되어 있음.

4

Proficiency in a foreign language would be highly regarded.

외국어 실력이 높이 주목을 받음.(외국어 능숙한 사람 우대함.)

5

Typing and steno necessary. Growth opportunity.

타자와 속기는 필수. 자신을 발전할 수 있는 기회가 주어짐.

6

Excellent benefits.

탁월한 혜택이 제공됨.

7

For further information phone the number below.

보다 자세히 알고 싶으면 아래 전화번호로 전화를 주세요.

- ... bright college grad for entry level position.
  초급직(職)에 알맞은 장래가 밝은 대학 졸업생을
  ➔ 전치사 'for'는 '~에 적합한, ~에 맞는'의 뜻으로 '적합 · 대상'을 나타냄
  eg. books for children 어린이용 도서
  a time for action 행동할 때

- heavy client contact 상대하기 힘든 고객과의 접촉 / 상담
- a heavy sleeper 업어 가도 모를 정도로 깊이 잠든 사람
- a heavy drinker 술을 많이 마시는 사람, 술고래
- a heavy schedule 빡빡한 일정
- a heavy meal 소화하기 힘든 식사

cf. OPI-c = Oral Proficiency Interview – computer
(영어) 말하기 능력시험

- Typing and steno (are) necessary. (A) Growth opportunity (is given).
  ➔ 간결성을 요구하는 광고문에서 관사 · 대명사 · 술부 등을 생략된다.

- Excellent benefits.
  = Excellent benefits (are provided).

➔ 'far(형 먼, 멀리 부 멀리에)'의 형태가 다른 비교급
- further (형 (정도(程度)) 그 이상의(additional, more) 부 그 위에, 더욱이
- farther (형 (거리상) 더 먼 부 더 멀리

❶
prestigious 명성 있는
law firm 법률 회사
seek 찾다
bright 영리하고
college grad 대학 졸업생
entry level 초급 단계의
level 수준: 표준
position 직책

❷
ideal 이상적인
candidate 지원자
excellent 탁월한
communication 의사전달
skill 솜씨
broad 광대한
education 교육: 학력
background 경력, 경험

❸
involve 관계하다
heavy 다루기 힘든
client 고객
contact 고객과의 접촉
case 소송(사건)
research 연구

❹
proficiency 실력, 숙달
foreign 외국의
language 언어, 말
highly 높이, 매우
regard 주목하다

❺
steno = stenography 속기
growth 발전
opportunity 기회

❻
excellent 탁월한
benefit 혜택, 이익

❼
further 그 이상의
information 정보: 통지
phone 전화하다
number 전화 번호: 수

WANTED

▶ Prestigious law firm seeks bright college grad for entry level position.

▶ Ideal candidate will have excellent communication skills and broad education background.

▶ Position involves heavy client contact and some case research.

▶ Proficiency in a foreign language would be highly regarded.

▶ Typing and steno necessary.

▶ Growth opportunity.

▶ Excellent benefits.

For further information phone the number below.

Robert F. Ward

International Law Firm

432 Newport Center., Suite 123

Newport Beach, CA 520329-7766

TEL: 010-8982-5941

1. Judging by this ad, what will be the candidate's responsibilities?

   (A) Teaching college graduates typing and steno

   (B) Helping clients and giving them legal advice about the problems they have

   (C) Dealing with heavy things in the company

   (D) Typing all documents in the law firm

2. Which of the following is **NOT** true according to the ad?

   (A) The applicants need to be good at typing and stenography.

   (B) The company gives lots of advantage to the employees.

   (C) The company tries to find a college graduate with lots of work experience.

   (D) Applicants who want to apply for this position need widespread knowledge.

3. According to the passage, who is wanted by Law Firm?

   (A) Legal Assistant

   (B) Lawyer

   (C) Client

   (D) Stenographer

핵심 문법 강의

▶ 생략(Ellipsis)

간결성을 요구하는 광고에서 종종 관사, 대명사, 술부 또한 주어 등이 생략된다(understood).

주어가 생략되는 경우

A: How's it going? / How are things? 어떻게 지내요?

B: (I) Can't complain. 좋아요. 만족해요.

> complain[kəmpléin] 불평하다

'주어 + 동사' 가 생략되는 경우

A: Do you mind if I smoke? 담배를 피워도 괜찮습니까?

B: Well, I'd rather (you did) not (smoke). 글쎄요. 안 피웠으면 합니다.

부사(구)만 쓰이는 경우

S: Have you finished the work? 일을 끝마쳤니?

M: (I have) Not (finished) yet. 아직 못 끝냈어.

→ 'Yes / No' 대신에 'Not anymore. / Not yet.' 와 같은 응답 요령을 익혀야 한다.

질문의 응답에서 반복되는 어구는 생략이 가능하다.

S: How are you feeling now? 지금 몸이 어때요?

M: (I'm feeling) Much better than before. 전보다 훨씬 좋아요.

'as, though, if, when, while' 등으로 유도될 때 '주어 + 동사' 가 종종 생략된다.

This is important if (it is) true.
사실이라면 이것은 중요해.

Come here as soon as (it is) possible.
가능한 한 빨리 이리 와.

> possible[pásəbəl] 가능한

Though (he is) poor, he is very generous.
가난해도 그는 남에게 매우 후하다.

> generous[dʒénərəs] 관대한, 후한

LESSON **46**

Hotel Rules

1 Guests are advised that it is hotel policy for the first night's deposit to be paid on arrival, and for accounts to be settled on departure.

손님들은 도착당일 첫날밤의 예치금을 지불하시고, 떠날 때 요금을 계산하는 것이 호텔 경영 방침이라는 것을 손님들께 알려드립니다.

2 Checks cannot be accepted unless supported by a valid Banker's Card up to $100.

유효한 은행 카드로 100달러까지 확인되지 못하면 수표는 받을 수 없습니다.

3 It is recommended that valuables and spare cash (should) be deposited at Reception and not left in your rooms.

귀중품과 여분의 현금을 접수구에 맡기시고 객실에 남겨두지 않도록 권합니다.

4 Guests must not use any electrical appliances in their room (shavers excepted) without the permission of the Management.

관리부의 허락 없이 (전기 면도기를 사용하는 사람들은 제외하고) 투숙객들은 객실에서 전기기구를 사용해서는 안 됩니다.

5 Breakfast is served between 7:00 and 9:00.

오전 7시에서 9시 사이에 아침식사는 제공됩니다.

6 CHECK-OUT TIME: 11:00 am.

오전 11시가 체크아웃 시간입니다.

- Guests are advised ... it is hotel policy to be paid and ... to be settled ....
  ➜ 호텔 투숙객들에게 알리는 공지사항에서 흔히 수동문이 쓰인다.

- unless (they are) supported ... 수표 조회가 안 되면
  (= *if* they are *not* supported ...)
  ➜ 'as, unless, if, while'로 시작되는 부사절에서 '주어 · 동사'가 종종 생략됨.

- ... recommended ... that cash (should) be ... and (valuables and spare cash) (should) not (be) left ... 〈46과 핵심 문법 강의 참조〉
  ➜ 반복되는 어구 생략

- (with) shavers excepted (전기 면도기로) 면도하는 사람을 제외하고
  ➜ 'with + 목적어 + 분사'는 부대상황을 나타내는 부사구로 '~하고'라고 해석된다.
  ➜ 'management'에 the를 붙여 '경영진, 관리부'를 의미함

- ➜ meal(식사):
  breakfast 아침, brunch 아점, lunch 점심, supper (집에서 먹는) 저녁 / dinner 저녁(하루 중 제일 주요한 식사로 주로 만찬)
- eat between meals 간식을 먹다

❶
guest 손님
advise ~에게 알리다; 조언하다
policy 방침
deposit 예치금
on arrival 도착하는 대로
settle 청산 / 지불하다
account 계산; 계좌
on departure 떠날 때

❷
check 수표
accept 받아들이다
support 확인하다
valid 법적으로 유효한
unless ~하지 않으면

❸
recommend ~을 권하다
valuable 귀중한
spare 여분의
reception 접수구
receive 받다

❹
electrical 전기의
appliance 전기기구
except 제외하다
shaver 면도하는 사람
permission 허가
management 관리, 경영

❺
serve (음식을) 내다

❻
check out (호텔에서) 계산을 하고 나가다; 확인하다(make sure)

Hotel Rules

The Vanderbilt

66–86 Cromwell Road

London SW7 5BT

TEL: 071–589 2424 Telex: 52329

Fax: 071–276–7676

▸ Guests are advised that it is hotel policy for the first night's deposit to be paid on arrival, and for accounts to be settled upon presentation.

▸ Checks cannot be accepted unless supported by a valid Banker's Card up to $100.

▸ It is recommended that valuables and spare cash (should) be deposited at Reception and not left in your rooms.

▸ Guests must not use any electrical appliances in their room (shavers excepted) without the permission of the Management.

▸ Breakfast is served between 7:00 and 9:00.

▸ CHECK-OUT TIME: 11:00 am.

1. According to hotel rules, what time do guests have to vacate their rooms?

(A) Before 7:00

(B) Before 9:00

(C) Before 11:00

(D) Before noon

2. According to hotel rules, which of the following is **NOT** true?

(A) It would be all right if guests would use an electrical cooker.

(B) All guests must sign the register immediately on arrival.

(C) It is OK if guests use the electrical shaving machine without permission.

(D) If guests leave valuables in their bedrooms, the hotel cannot be held responsible for loss or theft.

3. Choose the grammatically incorrect part of the given sentence.

It is recommended that valuables and spare cash are deposited at Reception and
　　　　(A)　　　　　　　　(B)　　　　　　　　　　　(C)

not left in your rooms.
　(D)

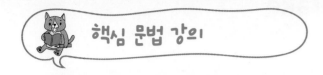

① 수동태

수동태를 사용하는 경우: 〈22과 핵심 문법 강의 참조〉

공지사항을 전달할 때 또는 행위자가 중요하지 않거나, 행위자가 분명치 않을 때

Guests are advised that it is hotel policy 〈1번 문장〉

Checks cannot be accepted unless (they are) supported by ... 〈2번 문장〉

Breakfast is served between 7:00 and 9:00. 〈5번 문장〉

② 부대 상황

'with + 목적어 + 형용사(분사 · 부정사 · 부사)'의 형태로 어떤 동작 · 상태에 부가적으로 나타내는 것을 부대 상황이라고 하며, '~하고, ~한 상태로, ~한 채, ~하면서'라고 해석된다.

A man sitting on the sofa, pen in hand, told me, "Do it this way."

손에 펜을 들고 소파에 앉아 있는 한 남자가 '그것을 이렇게 해'라고 나에게 말했다.

→ '(with a) pen in (his) hand'는 부대 상황을 나타내는 부사구로 전치사 'with'가 생략된 채 부 사로 쓰여야 되기 때문에 명사의 속성을 유지해주는 관사와 소유격을 동시에 생략해야만 한다. 그 이 유는 관사 · 소유격 다음에 명사가 오기 때문이다.

Don't speak with your mouth full.

입에 음식을 가득 넣고 말하지 말라.

③ 가정법 현재

It is recommended that valuables and spare cash (should) be deposited at Reception and not (be) left in your rooms. 〈3번 문장〉

→ advise[ædváiz] 조언하다, insist[insíst] 주장하다, command[kəmǽnd] 명령하다, decide[disáid] 결정하다, demand[dimǽnd] 요구하다, propose[prəpóuz] 제안하다, suggest[səgdʒést] 제안하다, recommend[rèkəménd] 권장하다, request[rikwést] 요 청하다와 같이 '주장 · 명령 · 요구 · 제안' 등의 동사의 종속절에 should가 오지만 종종 미국 영어에 서는 should를 생략하고 동사 원형을 쓴다.

LESSON 47 Give and Take

1 A neighbor lent me his lawnmower while he was away on holiday.

한 이웃이 휴가를 떠나면서 자기의 잔디 깎는 기계를 나에게 빌려주었다.

2 Anxious to show my appreciation, I thoroughly cleaned and lubricated it before returning it to the shed for his homecoming.

이웃이 휴가에서 귀가에 맞춰 헛간에 갖다 놓기 전에 고마운 마음을 보여주고 싶었기 때문에 그것을 철저하게 닦고 기계가 잘 돌아가도록 기름을 쳤다.

3 When he rang a few days later, he told me that he and his wife were going away again at the end of September.

그가 며칠 뒤에 전화를 해서 부인과 함께 9월 말에 다시 휴가를 떠날 것이라고 나에게 말했다.

4 "Would you like to borrow the gas cooker?" he said.

"가스 쿠커를 빌려다 쓰시겠어요?"하고 그는 말했다.

❶
neighbor 이웃(사람)
lend (남에게) 빌려주다
lawnmower 잔디 깎는 기계
be away on holiday 휴가를 가다

❷
anxious to ~을 하고 싶어 하는
appreciation 감사
thoroughly 철저하게
clean 청소하다
lubricate (기계에) 기름을 치다
shed 헛간, 광
homecoming 귀가

❸
ring (rang-rung) 전화를 걸다 (英)
go away 휴가를 떠나다; 가다, 떠나다
at the end of ~말에, 끝에

❹
borrow (돌려줄 것을 전제로) ~로부터 빌리다
cf. lend ~에게 빌려주다

- *As I was anxious to* show my appreciation, 〈부사절〉
  ⋯▸ (Being) Anxious to show my appreciation, 〈부사구〉〈30과 핵심 문법 강의 참조〉
  ➡ 'Being' 이 수동 · 진행 조동사가 아니지만 유추현상으로 종종 생략된다.

- a few days later = after a few days 며칠 후에
- ... at the end of September 9월 말에
  cf. at the beginning of ~의 초에
      in the middle of ~의 도중에, 중순에

- Would you like to...? ~하시겠습니까?
  ➡ 의뢰 · 권유에 쓰이는 정중한 표현

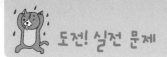

A neighbor lent me his lawnmower while he was on holiday. Anxious to show my appreciation, I **thoroughly** cleaned and lubricated it before returning it to the shed for his homecoming.

When he rang a few days later, he told me that he and his wife were going away again at the end of September. "Would you like to borrow the gas cooker?" he said.

1. **What did the narrator borrow from his neighbor?**
   (A) A phone
   (B) The gas cooker
   (C) Money
   (D) A lawnmower

2. **Why did the neighbor ask me if I wanted to borrow the gas cooker?**
   (A) Because he hoped I would clean it.
   (B) Because he had more than one gas cooker.
   (C) Because he thought he may someday have to borrow something from me.
   (D) Because the neighbor had borrowed things from me before and just wanted to return the favor.

3. **The word "thoroughly" could be best replaced by _____.**
   (A) roughly
   (B) immediately
   (C) carefully
   (D) clearly

4. **Rewrite the following sentence with the given words.**
   "Would you like to borrow the gas cooker?" he said.
   ···▶ He asked _____.

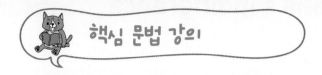

핵심 문법 강의

▶ 분사 구문

부사절을 부사구로 변형시킨 것으로, 분사로 시작하기 때문에 분사구문이라 한다. 전환하는 순서는 ① 접속사(While)를 생략하고; ② 부사절과 주절의 주어가 동일한 경우 부사절 주어를 생략한 후; ③ 동사(was)의 원형(be)에 분사 어미 -ing를 붙인다. 분사 구문은 의미상 혼동을 줄 수 있으므로 회화에서는 쓰이지 않는다. 이때 진행·수동 조동사 'Being'은 의미가 없기 때문에 보통 생략한다. 〈30과 핵심 문법 강의 참조〉

While I was walking along a busy street,[부사절] I happened to see him.　　　　　**busy** 북적이는, 번화한

⋯▶ (Being) Walking along a busy street,[부사구] I happened to see him.
번화한 길을 걷다가 우연히 그를 만났다.

As I didn't know what to do, I telephoned the police.

⋯▶ Not knowing what to do, I telephoned the police.
어떻게 해야 할지 몰라서, 나는 경찰에 전화를 걸었다.

cf. Doing not know what to do, I telephoned the police. (x)

　　➜ 접속사와 동일한 주어를 생략한 후 동사의 원형에 -ing를 붙이면 분사 구문이 된다고 했다. 그러면 예문 b)에서 동사 'didn't know'를 'Doing not know'의 형태로 하면 되는가?
　　그렇게 하면 안 된다.
　　그 이유는 위 문장에서 'did'는 부정문을 만들기 위해 삽입된 조동사이므로, 다른 구조로 변형할 때는 아래와 같은 원래 문장에서 문장 전환을 시작해야만 한다.

As I not knew what to do, I telephoned the police. 〈예문 b)의 원래 문장〉

LESSON 4 8 My Husband's Indifference

1

We've been married three years but my husband's thoughtlessness gets me down.

결혼한 지 3년이 되었습니다만 나의 남편의 몰인정함 때문에 나는 우울해집니다.

2

He never lets me know when he's coming home, and sometimes I'll have dinner waiting and he simply doesn't turn up.

그는 언제 귀가하는지 나에게 결코 알려주지 않아요. 그리고 때때로 저녁을 해놓고 기다리면 그는 전혀 나타나지 않아요.

3

He always says he met a friend and they got talking in a bar, or he had to work late.

친구를 만나 술집에서 대화를 했다거나, 야근을 해야만 했다고 항상 말합니다.

4

We have endless rows about it and I end up in tears.

그것(친구를 만나 술집에서 대화를 했다거나 또는 야근을 했다는 것)에 관해 심하게 끊임없이 부부싸움을 벌이지만 눈물을 흘리며 싸움은 끝나죠.

5

Most of the weekend he's out with his friends and I get a bit lonely.

주말에 대부분 남편은 친구들과 집 밖에 있습니다. 그러고 나면 나는 좀 외로워지죠.

6

I'm starting to feel as though he were a complete stranger to me.

완전히 처음 보는 사람 같은 생각이 들기 시작해요.

➡ '지난해에 결혼했어.'라고 할 때 'I married last year.'라고 말하면 목적어를 필요로 하는 타동사 'marry'에 대상이 없어 틀린 표현이 되므로 수동으로 해서 'I got married last year.'라고 해야 자연스런 영어표현이 된다. 〈48과 핵심 문법 강의 참조〉

➡ have + 목 + –ing: ~하게 해두다; ~에게 …하도록 하다
eg. He has the water running in the bathtub.
　　 그는 욕조에 물을 틀어놓은 채로 있다.

• end up (-ing) (어느 장소·상황·상태 등에) 이르다, 결국 …으로 끝나다
eg. Their marriage ended up in divorced.
　　 그들의 결혼이 이혼으로 끝났어.

➡ as though / if(마치 …처럼) 절 안에서는 가정법을 쓰지만 회화체에서는 직설법도 씀
cf. It sounds as though she *has been* really ill. 〈회화체〉
　　 말하는 걸 들어보니 그녀는 정말로 아팠던 것 같다.

❶
thoughtlessness 남을 생각하지 않음
get sb down 풀이 죽게 하다

❷
let sb know ~에게 …을 말해주다
sometimes 때때로
have dinner waiting 저녁을 차려놓고 기다리다
simply (강조) 전혀
turn up 나타나다, 도착하다 (arrive)

❸
get talking 대화를 하다
bar 술집
late 늦게까지

❹
endless 끝이 없는, 끊임없는
row 말다툼
end up in ~으로 끝나다
tear 눈물

❺
most 대부분
weekend 주말
be out 밖에 있다
bit 조금
lonely 외로운, 쓸쓸한

❻
start to ~하기 시작하다
feel as though ~와 같은 생각이 들다
complete 완전한
stranger 처음 보는 사람

We've been married three years but my husband's thoughtlessness gets me down. He never lets me know when he's coming home, and sometimes I'll have dinner waiting and he simply doesn't turn up. He always says he met a friend and they got talking in a bar, or he had to work late. We have endless **rows** about it and I end up in tears. Most of the weekend he's out with his friends and I get a bit lonely. I'm starting to feel as though he were a complete stranger to me.

1. According to the passage, which of the following is **NOT** true?
    (A) She wishes her husband would be a bit more considerate.
    (B) He goes out for fun by himself on weekends.
    (C) Lack of his concern for his wife makes her feel depressed.
    (D) He never makes any excuses for coming home late.

2. Which of the following does **NOT** make her feel depressed?
    (A) Failure to keep his appointment
    (B) His coming home late without notifying her
    (C) His being out of work
    (D) His going out for fun without her on weekends

3. The word "row" means _____.
    (A) an angry argument that lasts a short time
    (B) a line of seats in a theater or cinema
    (C) not cooked food
    (D) a line of people next to each other

4. Choose the incorrect part of the sentence.

    We've married three years but my husband's thoughtlessness gets me down.
          (A)   (B)   (C)   (D)

1. (D) 2. (C) 3. (A) 4. (A)

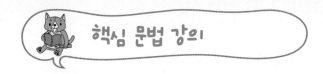

핵심 문법 강의

❶ 상태완료 수동

We **have been married** three years but ... 〈1번 문장〉
결혼한 지 3년이 되었습니다만

→ 'be married'는 결혼해 있는 상태를 의미한다. 반면에, 'get married'는 결혼하는 동작을 나타내므로 'last month, last Sunday, next week' 등과 같은 시간 부사와 함께 쓰인다. 'I'm married.'는 현재 결혼해 있는 것을 의미하고, 'I was married.'는 전에 결혼을 했지만 지금은 이혼(divorced[divɔ́ːrst]) 또는 별거 중임(separated[sépərèitid])을 뜻한다. 'I got married last month.'는 지난달에 결혼이 이루어진 동작을 뜻한다.

→ 위 문장에서 'We've been married three years'는 '3년 동안 결혼생활을 해오고 있는 상태'를 나타내므로 현재완료 수동이 쓰인 것이다.

❷ 강조 형용사

I'm starting to feel as though he were a complete stranger to me. 〈6번 문장〉

→ 명사의 뜻의 정도를 강조(emphasis[émfəsis])하기 위하여 형용사 'complete[kəmplíːt] 완전한, perfect[pə́ːrfikt] 완벽한, total[tóutl] 완전한, 전혀' 등이 쓰인다.

Your mom is a highly experienced driver, but your dad seems to be a complete novice driver.
너의 엄마는 상당히 운전을 잘하시는데. 하지만 너의 아빠는 왕초보 같으셔.

> experienced[ikspíəriənst] 경험이 많은, 노련한
> novice[návis] 초보자
> **a complete novice** 완전 초보, 왕초보

That's an excellent idea. 탁월한 생각입니다.

→ 인간은 감정의 동물이기 때문에 상황과 느낌에 따라 감정 표현을 달리할 수 있다.
'good, nice, great' 대신 느낌의 정도에 따라:

- excellent[éksələnt] 탁월한(very good), 매우 훌륭한
- fantastic[fæntǽstik] 환상적인(extremely good, excellent)
- marvellous[máːrvələs] 상당히 좋은(extremely good)
- terrific[tərífik] 끝내 주는, 훌륭한(very great and excellent)

That's not a bad idea!
꽤 좋은 생각인데!

Not bad at all.
상당히 좋아요.

→ 'not bad'는 이중 부정을 사용하여 '꽤 괜찮아(quite good)' 또는 '예상보다 좋아(better than expected[ikspéktid])'라는 뜻으로 강한 긍정을 나타낸다.

LESSON 49

Marine Food Chain

1 All life in the sea depends ultimately on the tiny single-celled plants known as phytoplankton.

바다 속의 모든 생물은 식물 플랑크톤으로 알려진 매우 작은 단세포 식물에 결국 의존하고 있다.

2 This is the base of the food chain which leads up to the largest predators.

이것(식물 플랑크톤)은 결국 가장 큰 약탈자로 이어지는 먹이사슬의 근간이 된다.

3 Phytoplankton is not a suitable food source for man since it is often toxic and indigestible.

식물 플랑크톤은 유독성이고 소화가 되지 않기 때문에 인간에게는 적합한 식량원(原)이 아니다.

4 In any case, harvesting phytoplankton is very difficult because of the huge amounts of water that have to be filtered to get at the solid matter.

어쨌든 고체 물질 즉 식물 플랑크톤을 찾아내기 위해 여과에 드는 엄청난 양의 물 때문에 식물 플랑크톤을 수확하기는 매우 어렵다.

- All life in the sea depends on the tiny ... plants (which are) known as phytoplankton

  S 바다 속의 모든 생물   V 의존하다   O 작은 단세포 식물↑_____┐ 식물 플랑크톤으로 알려진

- This is the base of the food chain / which leads up to the largest predators

  이것은 먹이사슬의 근간이 된다   ↑_____┐ 결국 가장 큰 약탈자로 이어지는

  ➡ 'which' 이하는 'the base of the food chain'을 수식하는 형용사 절이다.

- amounts of water that have to be filtered to get at the solid matter

  물의 양   ↑_____┐ 여과에 들어야만 하는   고형물질을 찾아내기 위해 〈부정사의 목적〉

❶
life 생물
live 살아 있는
depend on ~에 의존하다
ultimately 결국, 마침내
tiny 매우 작은
cell 세포

❷
base 근간; 기초
food chain 먹이 사슬
lead up to 결국 ~이 되다
predator 약탈자, 육식 동물

❸
suitable ~에 적합한
food source 식량원
source 근원(根源)
since ~이기 때문에
toxic 독성의
indigestible 소화되지 않는

❹
in any case 어떠한 경우에도
harvest 수확하다
difficult 어려운
huge 거대한
amount 양(量); 총계
filter 거르다
get at 찾아내다(discover)
solid 고체의
matter 물질

All life in the sea depends ultimately on the **tiny** single-celled plants known as phytoplankton. This is the base of the food chain which leads up to the largest predators. Phytoplankton is not a suitable food source for man since it is often toxic and indigestible. In any case, harvesting phytoplankton is very difficult because of the huge amounts of water that have to be filtered to get at the **solid matter.**

1. According to the passage, which of the following is **NOT** true?

   (A) All marine animals are dependent on phytoplankton.

   (B) Phytoplankton is the primary source of marine energy and food.

   (C) Phytoplankton is a very small single-celled plant.

   (D) Phytoplankton is an appropriate food source for man.

2. What does the phrase "solid matter" refer to _____.

   (A) Marine food chain

   (B) A suitable food source

   (C) Phytoplankton

   (D) The largest predator

3. The word "tiny" means _____.

   (A) very large

   (B) extremely small

   (C) edible

   (D) rare

4. Choose the incorrect part of the sentence.

   <u>All life</u> in the sea <u>depends ultimately on</u> the tiny <u>single-celled</u> plants <u>known to</u>
      (A)   (B)   (C)   (D)
   phytoplankton.

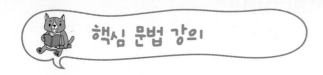

핵심 문법 강의

❶ 수동태에서 전치사의 의미

수동태에서 전치사는 항상 'by' 만 사용하는 것이 아니라 의미에 따라 바뀔 수가 있다. 'at' 는 감정의 원인을 제공하는 전치사로 '~을 보고, 듣고, 생각하고' 의 뜻; 'with' 는 감정·태도의 대상을 이끌어 '~에 대하여, ~에' 의 뜻이다.

Samuel Clemens, known as Mark Twain, became a famous American writer.
마크 트윈으로 알려진 새뮤엘 클레멘스는 유명한 미국의 작가가 되었다.

known as ~로 알려진

→ 'as' 는 '~로서' 의 뜻으로 '자격·신분·역할을 나타냄

The result was known to the boy on the phone.
결과가 그 소년에게 전화로 알려졌다.

be known to ~에게 알려지다

→ 'to' 는 '~에게' 의 뜻으로 방향을 나타냄

A man is known by the company he keeps.
사귀는 친구를 보면 어떤 사람인지 알 수 있다.

→ 'by' 는 가치 판단을 나타냄

The mountain is covered with snow.

→ 'is covered with' 는 산이 내린 눈으로 뒤덮여 있는 상태를 나타낸다.

The mountain is getting covered by snow.

→ 'is getting covered by'는 내리는 눈이 산을 뒤덮고 있는 동작(dynamic), 즉 행위자 성격을 띠므로 전치사 'by' 가 쓰인 것이다.

Last night I was *very* surprised at the masked boy.

→ '~을 보고'의 뜻인 'at' 이 쓰였을 때는 '가면을 쓴 소년을 보고 놀랐다' 라는 말이므로 이때 'surprised' 는 형용사적 성격을 띠어 very의 수식을 받는다.

Last night I was *much* surprised by the masked boy.

→ '~에 의해서'의 뜻인 행위자 'by' 가 쓰였을 때는 '가면을 쓴 소년이 나를 놀라게 했다' 는 말로 'surprised' 는 동사적 성격을 띠어 'much' 의 수식을 받는다.

❷ 수동태에서 by 이외의 전치사를 쓰는 중요한 표현

- **be crowded** [kráudid] **with** ~으로 붐비다
- **be annoyed** [ənɔ́id] **about** ~에 짜증을 내다
- **be satisfied** [sǽtisfàid] **with** ~에 만족하다
- **be fed up with** ~에 물리다(be tired of), 진저리나다
- **be bored** [bɔːrd] **with** ~에 지루해 하다
- **be impressed** [imprést] **with / by** ~에 감동하다

LESSON 50

Vending Machines

1 Modern technology has made it possible for coin-operated vending machines to dispense the darndest things, not just candy and soft drinks.

현대 기술 덕분에 동전 투입식 자동판매기가 그저 사탕과 청량음료가 아닌 별난 것들을 (재료를 혼합해서) 만들어주는 것을 가능케 했다.

2 And some even make the products they sell – right inside the machine.

그리고 일부 어떤 자동판매기들(some = some vending machines)은 바로 기계 안에서 자판기가 판매하는 물건들을 만들기까지도 한다.

3 When you drop a dollar into the up-to-date Prize vending machine, it busily sets to work making up and cooking a portion of French-fried potatoes.

최신형 Prize 자판기에 1달러를 넣으면 기계는 바쁘게 작동하여 1인분의 프렌치 튀김 감자를 준비하여 요리해 낸다.

4 And it completes the mini-manufacturing process – from forming the fries themselves out of dehydrated potato concentrate to frying the extruded fries in normal heated oil – in just 60 seconds.

말린 감자 농축물로 감자튀김 형태를 직접 만드는 것에서부터 감자가루를 반죽해서 모양이 만들어진 것을 약 1분 정도 정상적으로 가열된 기름으로 튀기는 것에 이르기까지 간단한 제조과정은 끝난다.

5 The machine hands you the sizzling hot fries in a cup.

매우 뜨거운 한 컵의 감자튀김이 자동판매기에서 나온다.

6 Packets of salt and ketchup are stuffed into the cup's hollow bottom.

컵의 밑에 있는 움푹 파진 바닥에 소금과 케찹이 들어있는 작은 그릇으로 채워져 있다.

- has made it possible for coin-operated vending machines to dispense
  가능하게 했다   동전 투입식 자동판매기가   만들어주는 것
  ➔ it(가목적어) ... for(부정사의 의미상 주어) ... to(진목적어)구문

- some even make the products they sell – right inside the machine.
                                    ↑___｜ 자판기가 판매하는   기계 바로 안에서
  ➔ 'right'는 'inside the machine'을 강조하는 부사. 대시(—)는 자판기들이 제품을 만드는 곳이 "바로 기계 안"이라는 것을 부연설명 하기 위해 쓰인 것이다.

- it busily sets to work making up and cooking a portion of ...
  ➔ 작동하기 시작하여 '…를 준비하여 요리해 내다'라는 뜻으로 'making up and cooking'은 결과를 나타내는 분사 구문

➔ 대쉬(dash —)는 간단한 제조 과정을 부연 설명하기 위해 괄호 대신 쓰인 것이다.

➔ '기름에 튀겨져서 지글지글하는'의 뜻인 현재분사 'sizzling'은 형용사 'hot'를 강조하기 위해 부사로 쓰인 것이다. 〈50과 핵심 문법 강의 참조〉

❶
modern 현대의
technology (과학 · 생산) 기술
coin-operated 동전투입식의
possible 가능한
vending machine 자동판매기
dispense (~을 섞어) 만들어주다
darndest 별난
not just 단지 ~이 아닌
soft drink 청량음료

❷
even ~조차도
product 제품(goods)
right 바로, 꼭
inside ~의 내부에서
machine 기계

❸
drop 떨어뜨리다
up-to-date 최신의, 현대적인
busily 바쁘게, 부지런히
set to 시작하다(start)
make up (여러 가지를 섞어) 준비하다
cook 요리하다
portion (음식의) 1인분, 몫
fried 기름에 튀긴
potato 감자

❹
complete 끝마치다
mini-manufacturing 간단한 제조의
process 과정, 진행
form 형체를 이루다
out of ~에서, ~으로
dehydrated 건조된
concentrate 농축물(식품)
extruded 감자가루를 반죽해서 모양이 만들어진
normal 정상의
heated 가열한
second 초

❺
hand ~을 주다
sizzling 몹시

❻
packet 작은 용기
stuff ~을 채워 넣다
hollow 움푹 파진
bottom (컵의) 바닥

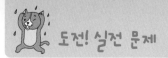

Modern technology has made it possible for coin-operated vending machines to dispense the darndest things, not just candy and soft drinks. And some even make the products they sell – right inside the machine.

When you drop a dollar into the up-to-date Prize vending machine, it busily sets to work making up and cooking a portion of French-fried potatoes.

And it completes the mini-manufacturing process – from forming the fries themselves out of dehydrated potato concentrate to frying the extruded fries in normal heated oil – in just 60 seconds. The machine hands you the sizzling hot fries in a cup. Packets of salt and ketchup are stuffed into the cup's hollow bottom.

1. New technology is making it possible for vending machines to sell what kind of products?

(A) Bad products
(B) Useless products
(C) High quality products
(D) Unusual products

2. What are the French fries made from?

(A) Dried potatoes   (B) Fresh potatoes
(C) Imitation potatoes   (D) Cut potatoes

3. When the fries are delivered they are _____.

(A) cool   (B) very hot
(C) warm   (D) frozen

4. Choose the correct statement based on the information in the passage.

(A) Ketchup and salt come in a separate cup.
(B) The machine pours salt and ketchup on the fries.
(C) Ketchup and salt cost extra money.
(D) Ketchup and salt are packed in the bottom of the cup.

❶ 강조 부사 right

부사 'right'는 장소 · 시간 등을 강조하여 '바로, 꼭, 당장'의 뜻으로 쓰인다.

... right inside the machine 바로 기계 안에서 〈2번 문장〉

I'll be right back. 곧 바로 돌아올게.

- right here 바로 여기에
- right now 지금 당장
- right on time 꼭 제시간에
- right in the middle 꼭 한가운데에

❷ 분사의 부사적 용법

분사의 부사적 용법: 일부 분사가 정도를 나타내는 부사로 쓰이며 '아주, 몹시; 극단적으로'의 뜻으로 형용사를 수식한다.

He was exceeding glad to see me.
그는 나를 보자 대단히 기뻐했다.

exceeding[iksíːdiŋ] 대단한, 굉장한

The news is shocking bad.
그 소식은 매우 안 좋아.

shocking[ʃákiŋ] 충격적인, 소름 끼치는

It's piercing / freezing / cutting cold.
살을 에는 듯한 추위다.

piercing[píərsiŋ] 뼈에 사무치는
freezing[fríːziŋ] 냉동하는
cutting 살을 에는 듯한

It's piping / burning / boiling / scorching hot.
찌는 듯한 더운 날씨다.

piping[páipiŋ] 펄펄 끓는
burning[bɔ́ːrniŋ] 타는
scorching[skɔ́ːrtʃiŋ] 태우는 듯한

PART TWO

Level 2

American Customs

LESSON 51

1 When you're traveling along, it's OK to talk to strangers next to you on a long-distance bus.

혼자 여행할 때 장거리 여행 버스 안에서 당신 옆에 있는 처음 보는 사람과 대화를 해도 좋다.

2 Americans generally avoid touching or looking into the eyes of strangers on the subway. Even with people you know, you might find them backing away if you stand too close. Three feet is usually about right.

미국인들은 지하철에서 모르는 사람을 접촉하거나 얼굴을 빤히 쳐다보는 것을 보통 하지 않는다. 비록 알고 있는 사람이라도 너무 가까이 서 있게 되면 그들이 뒤로 물러서는 것을 알게 될 것이다. 3피트(대략 1m)가 일반적으로 거의 적절하다.

3 At a big party with a lot of people you've never met you've been talking with a nice guy you've just met. If you like him, it's all right for a woman to ask a man for his telephone number.

인사를 나누지 않은 많은 사람이 있는 성대한 파티에서 막 인사를 나눈 멋있는 사내와 계속 대화를 나누었다. 그를 좋아한다면 여성이 남자의 전화번호를 부탁해도 괜찮다.

4 For most American teachers and employers, it's disrespectful not to look directly into his or her eyes.

대부분의 미국 선생님들과 사장들에 대해서는 그들의 시선을 똑바로 쳐다보지 않는 것은 예의가 없는 것이다.

5 When you're having dinner at someone's house it's OK to talk during the meal. It's impolite to make noises while eating soup, or drinking tea or coffee.

어떤 사람의 집에서 식사를 하게 될 때 식사 중 이야기를 하는 것은 괜찮다. 스프를 먹거나 홍차나 커피를 마시면서 소리를 내는 것은 무례한 것이다.

- it's OK / all right to do ~하는 것 괜찮다
  - ➡ '~을 해도 괜찮아요?' 하고 물어 볼 때 'Is it all right if I ...?' 의 표현이 쓰인다.
  - *eg.* Is it okay if I smoke here? 이곳에서 담배를 피워도 됩니까?

- Even with people (whom) you know
  사람에 있어서도 ↑_____」   당신이 알고 있는
  - ➡ 'with' 는 '~와, ~에게 있어서' 의 뜻으로 '관계' 를 나타냄

- people (whom) you've never met whom
  ↑_____」   인사를 나눈 적이 없는

- ... guy (whom) you've just met whom
  ↑_____」   인사를 막 나눈
  - ➡ 'whom' 은 'met' 의 목적어로 관계대명사가 원래 있던 자리지만 지금은 앞으로 이동하고 없다는 것을 나타낸다. 〈56과 3번 참조〉

- it's disrespectful not *to look* directly into his or her eyes.
  - ➡ 준동사(부정사 · 동명사 · 분사)를 부정(否定)할 때는 준동사 앞에 부정어를 놓는다.
  - *eg.* I must go now. I promised not *to be late*.
    이제 가야만 해. 늦지 않기로 약속했어.

- while (you are) eating soup, or drinking tea or coffee
  - ➡ 'while, if, as, unless' 로 시작되는 부사절에서 '주어 · 동사' 가 종종 생략됨.

❶
travel 여행하다
along 죽, 계속
stranger 처음 보는 사람
next to ~와 나란히
distance 거리

❷
generally 일반적으로
avoid 피하다
look into the eyes of ~를 빤히/똑바로 쳐다보다
back away 뒤로 물러서다
close 가까이
usually 보통, 일반적으로
about 대략
right 적절한

❸
guy 사내

❹
employer 고용주, 사장
disrespectful 예의가 없는
directly 똑바로

❺
meal 식사
impolite 무례한

▶ When you're traveling along, it's OK to talk to strangers next to you on a long-distance bus.

▶ Americans generally avoid touching or looking into the eyes of strangers on the subway. Even with people you know, you might find them backing away if you stand too close. Three feet is usually about right.

▶ At a big party with a lot of people you've never met, you've been talking with a nice guy you've just met. If you like him, it's all right for a woman to ask a man for his telephone number.

▶ For most American teachers (and employers), it's disrespectful not to look directly into his or her eyes.

▶ When you're having dinner at someone's house it's OK to talk during the meal. It's impolite to make noises while eating soup, or drinking tea or coffee.

1. Which of the following sayings is related to the above customs?

(A) When in Rome, do as the Romans do.
(B) The customer is always right.
(C) One law for the rich and another for the poor.
(D) Other times, other manners.

2. Which of the following is **NOT** true in the above customs?

(A) Americans do like eating in silence.
(B) Americans would avoid looking at other passengers on the subway.
(C) Americans usually start a conversation in a public situation.
(D) Most American teachers regard it rude to look directly into their eyes.

3. Choose the incorrect part of the sentence.

Americans generally avoid touching or look into the eyes of strangers on the subway.
     (A)   (B)   (C)   (D)

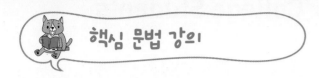

핵심 문법 강의

▶ 가주어

주어가 to부정사인 경우 문장의 균형을 생각해서 부정사를 뒤로 후치시키고 그 주어 자리에 아무런 의미가 없는 허수아비 대명사 'It'를 주어로 사용하게 된다. 이때 사용되는 'It'를 형식상 주어 노릇을 하기 때문에 형식 주어 또는 가짜로 주어 구실을 하기 때문에 가주어라고 하며 to부정사 · 동명사 · 절을 대신한다.

(It's) Nice *to meet you*.
만나서 반갑습니다.

→ 'Nice to meet you.'는 처음 만났을 때 하는 인사말. 그러나 e-mail에서는 'Thank you for the e-mail. It was nice to hear from you.(메일 고마웠습니다. 소식 듣게 되어 반가웠습니다.'와 같이 써야 한다.

→ to부정사를 주어로 하는 것보다 '(It's) Nice to meet you.'와 같이 가주어를 사용한 'It(가주어) ... to(진주어)구문'이 자연스런 표현이다.

cf. **(It has been) Nice *meeting you*.**
(헤어질 때) 만나서 즐거웠습니다.

→ 처음 만났다가 헤어지면서 하는 인사로 '(만나서 헤어질 때까지 함께 있었던 것이) 즐거웠습니다.'의 뜻으로 만나 있었던 기간을 뜻하는 완료시제가 쓰이고, 만났을 때의 과거 시점을 기준점으로 하기 때문에 동명사가 쓰인 것이다. 부정사는 현재 또는 앞으로 할 일에 대해 말할 때 쓰인다.

It's not mandatory *to wear a seat belt in the state of Hawaii*.
하와이주에서 좌석벨트를 매는 것은 의무가 아니다.

> **mandatory**[mǽndətɔːri] 의무적인(**obligatory**[əblígətɔːri])

It's no use *trying to explain*. — I am not interested.
설명해 봐야 소용없어. 난 관심 없거든.

> **no use –ing** ~해봐야 소용없다
> **explain**[ikspléin] 설명하다

It's odd *that she hasn't phoned for a long time*.
그녀가 오랫동안 전화하지 않고 있다는 건 이상해.

> **odd**[ɑd] 이상한
> **phone**[foun] 전화하다

It makes me sick *that the tobacco companies claim people have the right to smoke*.
사람들은 담배를 피울 권리가 있다는 담배 회사의 주장 때문에 난 역겨워.

→ 'it'는 가주어이고, 'that' 이하가 진주어로 '내가 밥맛 떨어지는 이유'

> **make sb sick** ~를 역겹게 만든다, 혐오감을 주다
> **claim**[kleim] 주장하다

Advice for College Students

1

It has recently come to my attention that many students have not been attending classes regularly. This is a very serious situation. You cannot get good grades if you do not attend classes.

본인은 많은 학생들이 수업에 규칙적으로 출석하지 않는다는 것을 최근에 알게 되었습니다. 이것은 매우 심각한 상황입니다. 수업에 참석하지 않는다면 좋은 성적을 받을 수 없습니다.

2

Moreover, you cannot qualify for a good job. It's true that many presidents don't look at grades.

더욱이 좋은 직장에 적임자가 될 수 없습니다. 많은 회사 사장님들이 성적을 거들떠 보려고도 않는 것이 사실입니다.

3

Nevertheless, employers do want employees who are well educated, responsible, and have a positive attitude. I have heard several students say that classes are boring. If you have a positive attitude toward the material, you'll see that it can be interesting. A good education is the most valuable of all possessions.

그럼에도 불구하고 사장님들은 교육을 잘 받고, 책임감이 있으며 긍정적인 태도를 지닌 직원들을 정말로 원하는 것입니다. 본인은 몇몇 학생들이 수업이 따분하다고 하는 얘길 들었습니다. 여러분이 수업 내용에 긍정적인 태도를 갖는다면 그것이 재미있을 수도 있다는 것을 알게 될 것입니다. 훌륭한 교육은 모든 재산 가운데서 가장 소중한 것입니다.

4

Therefore, I urge all of you to attend classes regularly. And I hope you should bear in mind that four years of campus life is just like the tide coming in on the beach and then going out soon.

그런 까닭에 여러분 모두가 수업에 규칙적으로 참석하길 강력히 충고하는 바입니다. 그리고 본인은 대학생활의 4년이 해변가에 올라왔다 그리고 나서 곧 사라져 버리는 조수같다는 것을 명심하길 바랍니다.

- It has recently come to my attention / that many students have not ...
  본인은 최근에 알게 되었습니다   많은 학생들이 … 않는다는 것을.

  ⋯▸ have come to one's attention that = I have been informed
  ～을 (들어서) 알게 되었다

  ➜ 둘째 줄 'this'는 '많은 학생들이 수업에 규칙적으로 출석하지 않는 것'을 가리킴

- moreover 앞서 언급된 내용을 지지·강조하거나 첨가되는 정보를 도입할 때
- It's true that ... ～은 사실이다
- look at (부정문에서) ～을 거들떠보려고도 않다, ～을 문제로 삼지 않다

- employers do want employees

  ➜ 'do'가 동사를 강조할 때 정말, 확실히, 꼭이란 뜻으로 해석한다.

- classes are boring 〈62과 핵심 문법 강의 참조〉
  it(= the material) can be interesting
  수업내용이 지루할 수 있다.

  ➜ 'can'은 '～일 수 있다'는 뜻으로 '가능성'을 나타냄.

- just like the tide (which is) coming in on the beach and then going out soon
  조수와 꼭 같다   해변가에 올라왔다 그리고 나서 곧 사라져 버리는

❶
attention 주의, 유의
regularly 규칙적으로
serious 심각한
situation 상황
grade 성적

❷
moreover 더욱이
qualify for ～에 적임이다
job 직업
president 사장

❸
nevertheless 그럼에도 불구하고
educated 교육받은
positive 긍정적인
boring 지루한
material 수업/교재 내용
valuable 소중한
possession (pl.) 재산

❹
therefore 그런 까닭에
urge ～에게 강력히 충고하다
just like ～와 꼭 같이
and then 그리고 (나서)

223

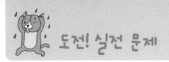
It has recently come to my attention that many students have not been attending classes regularly. This is a very serious situation. You cannot get good grades if you do not attend classes. (①), you cannot qualify for a good job. It's true that many presidents don't look at grades. (②), employers do want employees who are well educated, responsible, and have a positive attitude. I have heard several students say that classes are boring. If you have a positive attitude toward the material, you'll see that it can be interesting. A good education is the most valuable of all possessions. (③), I urge all of you to attend classes regularly. And I hope you should bear in mind that four years of campus life is just like the tide coming in on the beach and then going out soon.

1. Choose the one that is most appropriate for each blank.
    (A) Moreover
    (B) Nevertheless
    (C) Therefore
    (D) While
    (E) Because
    (F) For example

2. To whom was the above speech delivered?
    (A) Parents
    (B) Presidents
    (C) Students
    (D) Employers

3. Choose the incorrect part of the sentence.
    I have heard several students <u>say</u> that classes are <u>boring</u>.
    　　　　　　　　　　　　　　　　(A)　　　　　　　　　　　(B)
    If you have a positive attitude <u>toward</u> the material, you'll see that it can be <u>interested</u>.
    　　　　　　　　　　　　　　　　　　(C)　　　　　　　　　　　　　　　　　　　　　　　　　(D)

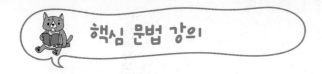

핵심 문법 강의

연결어

말하고자 하는 내용과 이미 앞에서 말한 내용과의 관계를 논리적으로 연결함으로써 글의 흐름을 매끄럽게 해주는 것이 연결어이다.

앞서 언급된 내용을 지지 · 강조하거나 첨가(addition)되는 정보를 도입할 때

- **moreover** [mɔːróuvər] 더욱이
- **what's more** 그 위에 또, 더군다나
- **in addition** [ədíʃən] 게다가, 그 위에
- **above all** 무엇보다도
- **besides** [bisáidz] 그 밖에, 게다가
- **furthermore** [fə́ːrðərmɔ̀ːr] 더군다나, 그 위에

어떤 놀라운 정보를 첨가하거나, 앞서 언급한 내용과 대조(contrast)를 나타낼 때

- **nevertheless** [nèvərðəlés] 그럼에도 불구하고
- **however** [hauévər] 그러나(but)

언급된 내용을 요약하여 논리적인 결과(consequence)를 나타낼 때

- **therefore** [ðɛ́ərfɔ̀ːr] 그 결과, 그런 까닭에(for that reason)
- **consequently** [kánsikwəntli] 따라서, 그 결과로서(as a result)
- **in conclusion** [kənklúːʒən] 결론적으로, (논의 · 진술을) 마침에 즈음하여
- **to sum up** 요약해보면

예시를 나타낼 때

- **for example / for instance** 예를 들어
- **such as** ~과 같은
- **and so on / and so forth** 등등
- **including** [inklúːdiŋ] ~을 포함해서
- **in particular** [pərtíkjələr] 특히, 상세히

부연설명 할 때

- **that is (to say)** 즉, 말하자면
- **in other words** 달리말해서

몇 가지 사항을 열거할 때

- **first(ly), second(ly), third(ly)...** 첫째, 둘째, 셋째…
- **in the first place, in the second place** 첫째로, 둘째

LESSON 5 3 History of Levis

1

One of the hottest and most enduring items in the world of fashion got its start during the California Gold Rush. An American sailmaker moved to California with a large supply of blue canvas and orange thread. But he found that no one was interested in buying his products; they were all too busy digging for gold. So the sailmaker came up with a clever idea — to make strong trousers for the miners.

패션계에서 가장 인기 있고 오랫동안 지속되었던 품목 중의 하나가 캘리포니아 골드러시 기간(19세기 캘리포니아에서의 금광열기) 중에 시작되었다. 한 미국인 돛 제조업자가 다량(a large supply of)의 푸른색 굵은 천과 오렌지색 실을 가지고 캘리포니아로 이동했다. 그러나 아무도 그가 만든 상품을 사고 싶어 하지 않는다는 사실을 그는 알았다. 왜냐하면 그들 모두가 금을 캐는 일에 너무 바빴기 때문이다. 그래서 그 돛 제조업자는 한 좋은 아이디어를 생각해냈다. 즉 광부들에게 맞는 질긴 바지를 만드는 것이었다.

2

He got together with a saddlemaker and with the canvas, orange thread, and some copper rivets, they produced the strongest trousers ever made. In 1850, Levi Strauss' first pair of blue jeans came out.

그는 말안장 제조업자를 만나서 캔버스와 오렌지색 실과 약간의 청동 리벳을 가지고 이제까지 만들어진 것 중에 가장 질긴 바지를 만들었다. 1850년에 레비 스트라우스가 만든 첫 번째 청바지가 등장했다.

3

Since that time, Levis have been sought-after. They are in vogue throughout the world. Children, workers, even heads of states show up in them. The invention turned out to be a gold mine for Levi Strauss.

그때 이래 리바이스는 사람들이 계속해서 찾고 인기가 있어 왔다. 그 바지는 세계적으로 유행하고 있으며, 아이들, 노동자, 심지어 나라의 우두머리들도 청바지를 입고 나타난다. 그 발명품, 청바지는 레비 스트라우스에겐 결국 금광으로 드러났다.

➡ 4째줄 세미콜론(;)은 두 문장이 의미상으로 밀접하게 관련이 있는 경우 마침표 대신 쓰인 것으로 'because they were all too busy digging for gold' 의 뜻이다.

➡ 5째줄 댓쉬(—)이하는 'a clever idea' 와 동격관계

● the strongest trousers (that has) ever (been) made 지금까지 만들어진

➡ 'ever made' 는 '(that has) ever (been) made' 의 뜻으로 최상급을 강조.

● Levis have been sought after. 품질이 좋아 Levis는 계속 인기가 있어 왔다.

➡ Levis는 바지를 나타내므로 복수 취급함

● in them = wearing Levis

➡ 'in' 은 '전치사' 로 '~을 입은, 몸에 걸친' 의 뜻이다.

❶
hot 인기 있는
enduring 지속하는
item 품목
sailmaker 돛 만드는 사람
supply 공급
canvas 범포
product 상품
strong (천이) 질긴
miner 광부

❷
copper 청동
come out 나타나다, 생산되다
(be produced)

❸
since ~이래, ~로부터
sought-after 인기 있는
in vogue 유행하는
throughout ~의 전체에 걸쳐서
invention 발명

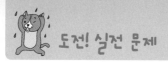
One of the hottest and most enduring items in the world of fashion got its start during the California Gold Rush. An American sailmaker moved to California with a large supply of blue canvas and orange thread. But he found that no one was interested in buying his products; they were all too busy digging for gold. So the sailmaker came up with a clever idea – to make strong trousers for the miners.

He got together with a saddlemaker and with the canvas, orange thread, and some copper rivets, they produced the strongest trousers ever made. In 1850, Levi Strauss' first pair of blue jeans came out.

Since that time, Levis have been **sought-after**. They are in vogue throughout the world. Children, workers, even heads of states show up in them. The invention turned out to be a gold mine for Levi Strauss.

1. **According to the passage, which statement is true?**
   (A) Levis are hard to find.   (B) Levi was once a miner.
   (C) Lots of people like dressing up.   (D) Levis are fashionable all over the world.

2. **Why did Levi want to make the trousers strong?**
   (A) Because he'd much canvas.
   (B) Because they were cheap.
   (C) Because the miners were hard on their clothes.
   (D) Because he would make more money.

3. **The phrase "sought-after" means _____.**
   (A) try to get   (B) popular
   (C) exhausted   (D) up-to-date

4. **Choose the incorrect part of the sentence.**
   He found that no one was interested in buying his products; they were all too busy
                                        (A)   (B)   (C)

   to dig for gold.
     (D)

 핵심 문법 강의

1 최상급: 비교급을 쓰지 못하는 형용사

'~(중)에서 가장 ~하다' 라고 할 때 'the + 최상급' 의 구문이 쓰인다.

One of the most important things for a happy life is doing work that is interesting.

행복한 생활에 가장 중요한 것 중의 하나는 흥미 있는 일을 하는 것이다.

최상급 강조

'much, (by) far, even, still' 등이 비교급·최상급을 강조하는 데 쓰인다.

She is very pretty, and what is still *better*, very generous.

그녀는 매우 예쁘고, 그리고 더 좋은 것은 매우 관대하다는 것이다.

> **what is better** 더욱 좋은 것은
> **generous** [dʒénərəs] 관대한

What's *the best* meal you've ever had?

먹어 본 것 중 가장 맛있던 음식이 뭐야?

This is *the best* restaurant we've ever been in.

여기가 우리가 가본 식당 중 가장 좋은 것이야.

→ '이탤릭체 부분은 비교·최상급을 강조한다. 'in' 은 부사로 '들어가서' 의 뜻.

2 비교급을 쓰지 못하는 형용사

'perfect [pɔ́ːrfikt] 완벽한, matchless [mǽtʃlis] 경쟁상대가 없는, unique [juːníːk] 유일한, full [ful] 가득한, empty [émpti] 빈, round [raund] 둥근, square [skwɛər] 정사각형의' 등은 비교급, 최상급에 쓰이지 않는다.

This stamp's unique; all others like it have been lost or destroyed.

이 우표는 유일하다; 이와 같은 종류의 그 밖의 모든 우표는 손실되었거나 훼손되었다.

> **lose** [luːz] 잃어버리다, 분실하다
> **destroy** [distrɔ́i] 파괴하다, 부수다

It's perfect nonsense to say you're 200 years old.

네가 200살이라고 하는 것은 완전히 말도 안 되는 소리야.

cf. They want to become a *more perfect* couple.

그들은 보다 더 완벽한 부부가 되고 싶어 한다.

→ 'unique' 는 '유일한(the only one of its type)' 의 뜻이므로 상대가 없어 비교급을 사용할 수 없고, 'perfect' 는 '더 나아질 여지가 없는, 최상의, 결점이 없는' 의 뜻이므로 비교급을 사용할 수 없지만 인간의 욕망은 끝이 없어 일부 사용되는 경우가 있으나 문법적으로 옳다고 할 수 없다.

LESSON 5 4 The Cause of Hair Loss

1

Q: I seem to be losing a lot of hair lately. I've always found some in my brush but now there's a lot more – I'm even finding hair on my pillow. I'm only 20. What could be causing this, and should I be concerned?

질문: 요즘에 많은 머리카락이 빠지는 것 같습니다. 빗속에서 머리카락이 항상 눈에 띄는 것을 보았습니다만 지금은 더 많습니다. 심지어 베개 위에서도 머리카락이 눈에 뜁니다. 나이는 단지 20살입니다. 머리가 빠지는 원인이 무엇일까요? 관심을 가져야만 합니까?

2

A: Women can experience hair loss at any age and, usually, it's not cause for alarm. Stress is a common cause because it makes the body secrete adrenaline and corticosteroids, which can wear you down – from head to toe. Changes in hormones during pregnancy and certain medications can also contribute to hair loss. Also, for some reason, many women lose more hair in the fall. These conditions usually reverse themselves, but if the hair loss continues, see your doctor.

응답: 어떤 연령에도 여성들은 머리가 빠지는 것을 경험할 수 있습니다. 그런데 그것은 보통 놀랄 만한 일은 아닙니다. 스트레스 때문에 우리 몸에서 아드레날린과 코르티코스테로이드가 분비되기 때문에 스트레스가 흔히 있는 원인입니다. 이렇게 되면 머리에서 발끝까지 전신이 피곤해지게 될 수 있습니다. 임신과 투약 중에 호르몬의 변화가 머리 빠지는 원인이 될 수 있습니다. 또한 어떤 이유 때문에 여성들은 가을에 더 많은 머리가 빠집니다. 이러한 상황은 보통 저절로 바뀝니다만 머리 빠지는 것이 계속된다면 주치의를 만나십시오.

- ... found some (hair) in my brush but there's a lot more (hair in my brush)
  - ➜ 'hair'는 셀 수 없는 물질명사이지만 흰 머리 몇 개(a few white hairs)라고 말할 때는 셀 수 있는 명사로 복수형을 가질 수 있다.
  - *eg.* You haven't changed at all except a few white hairs.
    당신은 흰머리 몇 개 빼고는 전혀 변하지 않았군요.

- What could be causing this, and should I be concerned?
  - ➜ 'could'는 '가능성'을, 'should'는 '당연성'을 의미하며, 'this'는 '머리가 빠지는 원인'

- Stress is a common cause because it makes the body secrete adrenaline and corticosteroids, which can wear you down – from head to toe.
  - ➜ 밑줄 친 부분이 'which'의 선행사로 '전신을 피곤케 하는' 원인이 된다.
  - ➜ 사역동사 'makes' 다음에 'secrete'가 원형동사로 쓰인 것이다.

- These conditions usually reverse themselves, ... see your doctor
  - ➜ 'reverse'는 '반대로 하다, 뒤집다'의 뜻으로 '이러한 상황은 보통 저절로 바뀐다'로 해석하면 된다. 'themselves'는 'conditions'를 가리킨다.
  - ➜ 'see a doctor / go to the doctor / consult a doctor'는 '진찰을 받다'라는 뜻.

❶
lose 줄다
lately 최근에
brush 빗
find 발견하다
pillow 베개
not ... at all 전혀 ~하지 않다
except[iksépt] ~을 제외하고
cause ~의 원인이 되다
concerned 관심을 가지는

❷
experience 경험하다
usually 보통
alarm 놀람
common 흔히있는
secrete 분비하다
corticosteroid 코르티코스테로이드
pregnancy 임신
medication 약물 치료
contribute to ~의 원인이 되다
loss 감소
reason 이유
reverse 뒤집다
continue 계속되다

Q: I seem to be losing a lot of hair lately. I've always found some in my brush but now there's a lot more – I'm even finding hair on my pillow. I'm only 20. What could be causing this, and should I be concerned?

A: Women can experience hair loss at any age and, usually, it's not cause for alarm. Stress is a common cause because it makes the body secrete adrenaline and corticosteroids, which can wear you down – from head to toe. Changes in hormones during pregnancy and certain medications can also contribute to hair loss. Also, for some reason, many women lose more hair in the fall. These conditions usually reverse themselves, but if the hair loss continues, see your doctor.

1. The questioner asks someone's advice because _____.
   (A) she's put on some weight recently
   (B) her weight is increasing
   (C) her hair is falling out
   (D) she wants to get into shape

2. Which doctor should the questioner see?
   (A) A dermatologist
   (B) An E.N.T. doctor
   (C) A pediatrician
   (D) A psychiatrist

전문의 명칭

- **dermatologist** [dəːrmətálədʒist] 피부과 의사
- **E(ear).N(nose).T(throat** [θrout]**). doctor** 이비인후과 의사
- **pediatrician** [pìːdiətríʃən] 소아과 의사
- **psychiatrist** [sàikiǽtrist] 정신과 의사
- **orthopedist** [ɔ̀ːrθəpíːdist] 정형외과 의사
- **obstetrician** [àbstətríʃən] 산과 의사
- **oculist** [ákjəlist] 안과 의사
- **dentist** [déntist] 치과의사
- **quack** [kwæk] 돌팔이 의사
- **veterinarian** [vètərənɛ́əriən] 수의사(= vet)

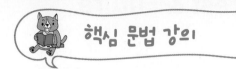

▶ **재귀대명사(Reflexive pronouns)**

재귀대명사는 주어가 하는 동작의 영향이 다시 주어로 돌아가는 것을 뜻하며, 주어와 목적어가 동일한 기본 용법과 강조 용법이 있다.

재귀적 용법: 주어가 행한 동작이나 행위가 주어 자신에게 돌아오는 경우에 재귀대명사를 동사나 전치사의 목적어로 쓴다.

Please seat yourself. 앉으세요. (= Please be seated.)

> **seat** ~를 앉히다

강조 용법: 재귀대명사는 문장 내의 주어나 목적어 등을 강조하는 데에도 쓰인다. 강조 용법의 재귀대명사는 강조하고자 하는 명사의 바로 뒤, 또는 문장의 맨 끝에 위치하며 생략 가능하다.

I'm a stranger here myself. 저도 이곳에 초행입니다.

> **stranger**[stréindʒər] 어떤 장소에 생소하거나 익숙지 못한 사람; 낯선 사람

재귀대명사의 관용적 표현

1. 동사 + oneself

   Help yourself to whatever you need – just make yourself at home!
   필요한 것이 있으면 마음 놓고 하세요. 그저 맘 편하게 하세요.

   I'm very sorry. I'm not myself today. I've been so busy all day.
   대단히 미안해요. 오늘 정신이 없어. 하루 종일 너무 바빠서.

2. 전치사의 목적어

   - **between ourselves** 우리끼리 이야기지만(= between you and me)
   - **by oneself** 혼자서(alone)
   - **for oneself** 자력으로(without others' help)
   - **of itself** 저절로 in itself 본래
   - **in itself** 본래

3. 목적어를 반드시 재귀대명사로 갖는 경우

   - **pride oneself on** ~을 자랑하다(be proud of; take pride in)
   - **absent**[æbsént] **oneself from** 결석하다(be absent[ǽbsənt] from)
   - **avail**[əvéil] **oneself of** ~을 이용하다
   - **demean**[dimíːn] **oneself** 처신하다

LESSON 5 The Amazon Forest & Future Environment

1 What if more of the Amazon forest is cut down? According to climatologists, two things are likely to happen: there will be serious effects on the world's climate, and the air that we breathe will lose some of its oxygen. Why is this?

아마존의 삼림이 더 이상 잘려 나간다면 어떻게 될까? 기상학자들에 의하면 다음 두 가지가 일어날 가능성이 있다. 세계 기후에 심각한 결과를 초래하게 될 것이고, 우리가 들이마시는 공기 중의 일부 산소를 잃게 될 것이다. 왜 이럴까?

2 Trees absorb carbon dioxide, a gas from the air, and give out oxygen into the air. Some scientists believe that the trees of the Amazon rain forest provide 50% of the world's annual production of oxygen. If we lose the tropical forests, the air will contain much less oxygen and much more carbon dioxide. It will become difficult – perhaps even impossible – to breathe.

공기로부터 나오는 한 가지 가스인 이산화탄소를 나무는 흡수하고 공기 속으로 산소를 내보낸다. 매년 세계에 제공되는 산소의 50%를 아마존 다우림의 나무들이 공급하고 있다고 일부 과학자들은 믿고 있다. 우리가 열대림을 잃게 된다면 공기 중에 산소는 훨씬 적어지고 이산화탄소는 훨씬 많아지게 될 것이다. 호흡하기가 어려워지게 — 아마도 그 정도가 아니라 정말이지 불가능하게 — 될 것이다.

3 With more carbon dioxide in the air, the temperature will rise. Therefore, a rise in the sea level, owing to the melting of polar ice, will cause a lot of cities near the sea, to be underwater.

공기 중에 이산화탄소가 많아지므로 기온이 상승하게 될 것이다. 그 결과 남·북극의 빙하가 녹기 때문에 해수면의 상승으로 많은 해안도시가 물에 잠기게 되는 결과를 초래할 것이다

- What (will happen) if more of the Amazon forest is cut down?
  → 'What if ...?' 는 'What will happen if ...? / What would be the result if ...?' 의 뜻으로 '~하면 어쩌지?; ~하면 어찌될 것인가 / 어떤 결과가 될까?' 로 해석한다.
  eg. What if we move the picture over here? Do you think it'll look better?
  그림을 이쪽으로 옮기면 어떨까요? 더 나아 보일 것 같아요? 〈제안할 때〉

- the air that we breathe / will lose some of its oxygen
  공기 └──┘ 우리가 들이마시는 공기 중의 일부 산소를 잃게 될 것이다
  → 'its' 는 'air' 를 가리킴

- Trees absorb carbon dioxide, a gas from the air
  나무들은 이산화탄소를 흡수한다   └ 동격 ┘ 공기로부터 나오는 가스 중 하나
  → 'a gas from the air' 는 'carbon dioxide' 를 보충 설명하는 동격 관계

- the air will contain much less oxygen and much more carbon dioxide.
  → 'much, (by) far, even, still' 등이 비교, 최상급을 강조한다.

- It will become difficult – perhaps even impossible – to breathe.
  호흡하는 것이 어려워지게 될 것이다 — 아마도 그 정도가 아니라 정말이지 불가능하게 될 것이다.
  → 나중에 떠오른 생각을 덧붙이는 경우에 대쉬(—)를 사용한다

- With more carbon dioxide in the air, / the temperature will rise.
  공기 중에 이산화탄소가 더 많기 때문에   기온이 상승할 것이다.
  → 'with' 는 '~때문에(because of)' 라는 뜻으로 이유를 나타내는 전치사

❶
cut down 베다
forest 숲
climatologist 기후 학자
likely ~할 가능성 있는
happen ~이 일어나다
serious 심각한
effect 결과
breathe 호흡하다
oxygen 산소

❷
absorb 흡수하다
carbon dioxide 이산화탄소
give out (소리·빛 등을) 발하다, 내다(emit)
scientist 과학자
forest 숲
provide 공급하다
annual 매년
production 생산
tropical 열대의
contain 담고 있다
perhaps 아마
even 정말이지
impossible 불가능한

❸
temperature 기온
rise 상승하다
therefore 그 결과
level 평면
owing to ~때문에
melt 녹다
polar 극지의
cause 결과를 초래하다
underwater 물 속의

235

What if more of the Amazon forest is cut down? According to climatologists, **two things** are likely to happen: there will be serious effects on the world's climate, and the air that we breathe will lose some of its oxygen. Why is this?

Trees absorb carbon dioxide, a gas from the air, and give out oxygen into the air. Some scientists believe that the trees of the Amazon rain forest provide 50% of the world's annual production of oxygen. If we lose the tropical forests, the air will contain much less oxygen and much more carbon dioxide. It will become difficult – perhaps even impossible – to breathe.

With more carbon dioxide in the air, the temperature will rise. _____, a rise in the sea level, owing to the melting of polar ice, will cause a lot of cities near the sea, to be underwater.

1. The above passage suggests that _____.
   (A) the disappearing of the Amazon forest doesn't cause changes in the climate
   (B) trees emit carbon dioxide into the air
   (C) if we destroy the Amazon forest it will be environmental suicide
   (D) the disappearing of the trees of the Amazon forest will result in the great flood

2. Choose the one that is most appropriate for the blank.
   (A) Moreover
   (B) Nevertheless
   (C) Therefore
   (D) For example

3. The words "two things" refer to _____.

4. Choose the incorrect part of the sentence.
   There will be serious effects on the world's climate, and the air that we will breathe
     (A)   (B)   (C)
   will lose some of its oxygen.
       (D)

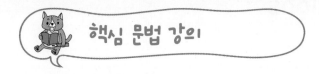

핵심 문법 강의

▶ 중요한 가정법 구문

1. '(It's) About time + 주어 + 과거 동사'의 구문은 이전에 벌써 되었을 일이 이제 이뤄졌다는 뜻으로 '화가 났거나, 조소하는 분위기'를 나타낸다. 'about time'은 적절한 (proper[prάpər]), 알맞은(appropriate[əpróupriit]) 때, 또는 제때(right time)가 된 것을 나타낸다.

It's about time **you** got **your haircut.**
머리 좀 깎아야 겠다.

It's about time **you** showed up.
벌써 왔어야 했잖아.

(It's) About time **you** were **married.**
네가 결혼할 적당한 나이야.

cf. **It's** high time **you** were **married.**

→ 'about time'은 결혼 적령기임을 나타내는 반면에, 'high time'을 사용하면 '결혼 시기가 지났다는 것'을 강조하는 것이다.

show up 나타나다
(appear[əpíər])

2. 'as if / as though'는 현재의 비현실적인 것(unreality[ʌnriːǽləti]), 일어날 것 같지 않은 것 (improbability[imprάbəbíləti]), 의심(doubt[daut])을 나타냄.

He talks as if **he** knew **where she was.**
그녀가 어디 있는지 아는 것처럼 그는 말한다.

= *In fact he doesn't know* where she was.

He orders me about as if **I** were **his wife.**
내가 마치 자기 부인인 것처럼 나에게 이래라 저래라 그는 명령한다.

= He orders me about *but I am not his wife*.

He looked as if **he** had seen **a ghost.**
그는 마치 귀신을 본 것처럼 보였다.

= *But / In fact he hasn't seen / didn't see* a ghost.

ghost[goust] 귀신, 유령

cf. **It sounds** as though **she** *has been* **really ill.** 〈회화체〉
목소리를 들어보니 그녀는 정말로 아팠던 것 같다.

→ as though / if 절 안에서는 가정법이 쓰이지만 회화에서는 직설법도 씀

LESSON 5

6 Superstitions

1

Superstitions, which are not based on human reason or scientific knowledge, but are associated with old ideas about magic, develop because of both good and bad things that have happened to people. The lucky or unlucky people associate a number, an object or an action with what happened and begin to think that that was the cause. Pretty soon, other people start believing in that too.

인간의 이성과 과학적 지식을 근거로 한 것이 아니라 주술(呪術)에 관한 옛날 생각과 관련이 있는 미신은 사람들에게 일어나는 좋은 일과 나쁜 일 때문에 발생하는 것이다. 운이 좋거나 운이 나쁜 사람들은 어떤 숫자, 어떤 물건, 혹은 어떤 행동을 과거에 일어난 일과 관련시키고, 그것이 바로 원인이라고 생각하기 시작한다. 얼마 안 있어 다른 사람들 역시 그 효과를 믿기 시작한다.

2

In the U.S., 7 is considered a lucky number and 13 is considered unlucky. Tall buildings often don't have a floor numbered 13 Some people won't sit down for a meal with 12 other people.

미국에서 7은 행운의 숫자로, 13은 불행으로 생각된다. 대형 건물엔 13이라는 번호가 매겨진 층이 없다. 일부 사람들은 다른 12명과 함께 식사를 하려 하지 않는다.

3

Some actions people consider lucky include finding a four-leaf clover, carrying a rabbit's foot, knocking on wood, and putting a horseshoe over the front door of your house. On the other hand, you'll have bad luck if a black cat walks in front of you, if you break a mirror, if you open an umbrella in the house or if you walk under a ladder.

사람들이 행운이라고 생각하는 어떤 행위들에는 네 잎 클로버를 발견하는 것, 토끼 발을 지니는 것, 나무를 두드리는 것, 집의 현관 앞에 편자를 붙여 놓는 것이 포함된다. 이와는 반대로 당신 앞으로 검은 고양이가 간다던지, 거울을 깬다던지, 집안에서 우산을 펼치거나 사다리 밑으로 걸어간다면 불운을 겪게 될 것이다.

- **Superstitions**, which ... not ~ , but, **develop** because of ... both ~ and ...
  S 미신은 ↑____ 형용사절   V 발생한다   ~때문에 (이유 부사구) 〈1형식 문장〉
  ➡ **not A, but B** A가 아니고 B

- because of both good and bad things that have happened to people .
  좋은 일과 나쁜 일   ↑____ 사람들에게 일어나는
  ➡ **both A and B** A와 B 모두, A 뿐만 아니라 B도; 'Both' 는 'the two together' 의 뜻

- people / associate a number, an object or an action / with what happened
  사람들은   어떤 숫자, 물건 혹은 어떤 행동을 연결하여 생각 한다   과거에 일어난 일과

- and begin to think that that was the cause.
  ➡ 첫 번째 'that' 는 접속사; 두 번째 'that' 는 'what happened' 를 가리키는 지시대명사.
  ➡ 1)번 마지막 줄의 'that' 는 바로 앞에서 말한 문장을 대신하는 지시대명사.

- ... don't have a floor (which is) numbered 13
  층 ↑____ 13이라는 번호가 매겨진

- Some actions that people consider that lucky 사람들이 행운이라고 생각하는 어떤 행위들
  ↑___ S V O O.C
  ➡ 공통 어구 'some actions' 를 관계대명사 'that' 로 바꾸어 앞으로 이동한 것이다. 'that' 와 같은 글
  씨체를 사용한 것은 원래 있던 자리지만 지금은 비어있다는 표시.

- Some actions include finding ..., carrying ..., knocking ..., and putting ...
  S V O
  ➡ 목적어가 4개의 동명사구로 이루어진 3형식 구조

❶
superstition 미신
human 인간의
reason 이성
magic 주술
develop 발생하다
object 물건
cause 원인
believe in 효과를 믿다
associate A with B A와 B를
연결하여 생각하다

❷
number ~에 번호를 매기다
consider ~라 생각하다
carry ~을 지니다

❸
action 행위
include ~을 포함하다
knock 두드리다
horseshoe 편자
on the other hand 이와는 반대
로
mirror 거울
umbrella 우산

Superstitions, which are not based on human reason or scientific knowledge, but are associated with old ideas about magic, develop because of both good and bad things that have happened to people. The lucky or unlucky people associate a number, an object or an action with what happened and begin to think that that was the cause. Pretty soon, other people start believing in that too.

In the U.S., 7 is considered a lucky number and 13 is considered unlucky. Tall buildings often don't have a floor numbered 13. Some people won't sit down for a meal with _____.

Some actions people consider lucky include finding a four-leaf clover, carrying a rabbit's foot, knocking on wood, and putting a horseshoe over the front door of your house. On the other hand, you'll have bad luck if a black cat walks in front of you, if you break a mirror, if you open an umbrella in the house or if you walk under a ladder.

1. Choose the correct statement based on the information in the passage.
   (A) Because of superstitions, Americans never have 13 people sitting at the table to eat together.
   (B) Superstitions are beliefs that can be explained by reason.
   (C) If a black cat walks in front of you, it's considered lucky in the U.S.
   (D) Carrying a rabbit's foot is referred to as unlucky.

2. Which of the following would be most appropriate for the blank?
   (A) 13 other people   (B) 12 other people
   (C) 7 people   (D) 4 other people

3. Choose the incorrect part of the sentence.

   Some actions people <u>consider luck</u> include <u>finding</u> a <u>four-leaf clover</u>,
   　　　　　　　　　　　(A)　　　　　　　(B)　　　　(C)
   carrying a rabbit's foot, and <u>putting a horseshoe over</u> the front door of your house.
   　　　　　　　　　　　　　　　　　　(D)

핵심 문법 강의

▶ 분사의 형용사적 용법

분사는 형용사의 성질을 갖고 명사 앞뒤에서 수식할 수 있으며, 분사가 명사 앞에 올 때 이 분사는 좀더 항구적인(permanent[pə́ːrmənənt]) 형용사적 특징을 나타낸다. 그러나 분사가 명사 뒤에 올 때는 동사적 성질에 가깝다.

형용사처럼 명사를 앞에서 수식하며, 현재분사는 능동·진행(~하는)의 뜻

He's an outgoing person and he enjoys being around people.
그는 사교적인 사람이라 사람들과 어울리기를 좋아해.

outgoing[áutgòuiŋ] 사교적인 (eager to mix socially with others), 외향적인

A rolling stone gathers no moss.
구르는 돌에는 이끼가 끼지 않는다. / 우물을 파도 한 우물을 파라.

→ 거주지·직업을 자주 바꾸는 사람에게 어떤 일에 애착을 가지라는 뜻으로 비난이 담긴 속담이다. 미국에서는 '활동가는 녹슬지 않는다.'는 뜻으로 근면성을 강조함.

I employed a promising young man who can speak English fluently.
영어를 유창하게 말할 수 있는 한 유망한 젊은이를 고용했다.

promising[prámisiŋ] 장래가 유망한, 전도유망한
fluently[flúːəntli] 유창하게

I'll never get married. – I don't want to spend my life surrounded by dirty washing and screaming children.
난 결코 결혼을 안할 거야. 더러운 빨래와 계속 울어대는 아이들에 둘러싸여 내 인생을 보내고 싶진 않아.

→ 아기들의 계속 울어대는 특성

surround[səráund] 둘러싸다, 에워싸다
scream[skriːm] (아이가) 앙앙 울다

과거분사는 수동·완료(~되어진, ~된)의 뜻

"How would you like your eggs?" "Soft-boiled eggs, please."
"계란을 어떻게 해 드릴까요?" "반숙 주세요."

His son is a born athlete.
그의 아들은 타고난 운동선수이다.

born[bɔːrn] 선천적인
athlete[ǽθliːt] 운동선수

We now live in a science-dominated society.
지금 우리는 과학의 지배를 받는 사회 속에서 살고 있다.

dominate[dámənèit] 지배하다
eg. a male-dominated society 남성 우위의 사회

cf. a money-oriented society
물질 지향의 사회

LESSON **7**

Alcoholism as a Serious Social Problem

1

According to the association of Life Insurance, half of all deaths in traffic accidents are involved in excessive drinking of alcohol rather than speeding or carelessness; that drunkards are more frequently separated or divorced than ordinary people; that the total cost of alcohol abuse in the US may exceed almost fifty billion dollars; that an alcoholic's life span is shortened on average by 10~12 years; and that at least ten million people in the US abuse alcohol.

생명보험협회에 의하면 교통사고 사망자의 절반이 과속이나 (운전) 부주의보다는 지나친 음주와 관련이 있다는 것이다. 보통 사람들보다 술고래들이 보다 빈번히 별거 또는 이혼을 당한다. 미국에서 술 남용으로 인한 전체 비용은 거의 500억 달러를 초과할지도 모른다. 알코올중독자의 수명은 평균 10~12년 정도 짧아졌다. 적어도 미국에서 1000만 명이 지나친 과음을 하고 있다.

2

No wonder some have labeled alcoholism as the most devastating socio-medical problem faced by human society short of war and malnutrition.

전쟁과 영양실조를 제외하고 알코올중독을 인간사회가 직면하고 있는 가장 파괴적인 사회 의학적 문제로 일부 사람들이 분류하는 것은 놀랄 일이 아니다.

- *excessive* drinking of alcohol
  ➡ 동사와 명사적 특징을 지닌 동명사가 '형용사의 수식을 받거나 복수로 쓰일 때는 보통명사가 되어 목적어를 가질 수 없다. 이때 목적격 전치사 'of' 가 쓰인다.

- drunkards *are* more frequently *separated* or *divorced* than ordinary people;
  ➡ 'be + 과거분사'는 상태 수동을 나타내지만, 빈도부사(adverbs of frequency)가 과거분사 앞에 있을 때는 동작 수동의 의미를 갖는다.

- some have labeled alcoholism as the most devastating socio-medical problem
  S   V 분류하다   O 알코올중독을   O.C 가장 파괴적인 사회 의학적 문제로

  (which has been) faced by human society / short of war and ...
  인간사회가 직면한 (which has been이 생략된 분사) 형용사구   전쟁과 영양실조를 제외하고 (부사구)
  ➡ "형용사구 / 부사구"를 따로 분리하면 5형식 구조

❶
association 협회
insurance 보험
excessive 과도한
carelessness 부주의(함)
drunkard 술고래
frequently 종종
separate 별거하다
divorce 이혼(하다)
abuse 남용하다
exceed 초과하다
exceeding 대단한
billion 10억
alcoholic 알코올중독자
life span 수명
shorten 줄이다
on average 평균적으로

❷
wonder 놀라움
label 분류하다
devastating 파괴적인
problem 문제
face ~을 직면하다
human 인간의
society 사회
short of ~을 제외하고
malnutrition 영양실조

According to the association of Life Insurance, half of all deaths in traffic accidents are **involved in** excessive drinking of alcohol rather than speeding or carelessness; that drunkards are more frequently separated or divorced than ordinary people; that the total cost of alcohol abuse in the US may exceed almost fifty billion dollars; that an alcoholic's life span is shortened on average by 10~12 years; and that at least ten million people in the US abuse alcohol.

No wonder some have labeled alcoholism as the most devastating socio-medical problem faced by human society short of war and malnutrition.

1. Which of the following is **NOT** mentioned in the passage?
   (A) The destruction caused by over-indulgence in alcohol can be the main cause of divorce.
   (B) Excessive drinking might be a curse on human society.
   (C) The alcoholics will never be cured.
   (D) Those people who drink like a fish are more likely to be separated or divorced than ordinary people.

2. What proportion of deaths in automobile accidents are related with alcohol?
   (A) 10%   (B) 25%
   (C) 44%   (D) 50%

3. Which of the following is the most serious problem in our human society?
   (A) Alcoholism
   (B) Drunk driving
   (C) Speeding
   (D) Separation

4. The word "involved in" means _____.
   (A) interested in
   (B) connected with
   (C) charged with
   (D) infected with

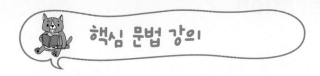 핵심 문법 강의

❶ 'almost[ɔ́:lmoust]' 와 'barely[bɛ́ərli]' 의 의미상 차이

'almost' 는 '하마터면, 자칫 …할 뻔하여' 의 뜻으로 동사의 동작이 실제로 이루어지지 않은 것을 나타내고 'barely' 는 '간신히, 겨우' 라는 뜻으로 동사의 동작이 가까스로 이루어졌다는 것을 의미한다.

I **almost** bought a new car.
새 자동차를 살 뻔했어. (사실은 사지 않았다.)

I **barely** bought this bike.
나는 이 자전거를 겨우 샀다. (실제로 샀다.)

❷ 'almost' 와 'nearly' 의 의미상 차이

'almost' 와 'nearly' 가 거의 같은 의미로 쓰이지만 'almost' 가 미국에서 흔히 쓰이는 반면 'nearly' 는 영국에서 흔히 쓰인다.

시간 등이 접근해 있음을 나타내어 '거의, 조금 있으면'

It's **almost** time to have lunch.
거의 점심시간이다.

'all, every, the whole, alway' 등의 앞에 두어 '거의, 대부분'

Almost / Nearly all (of) my friends came to the party.
거의 모든 나의 친구들이 파티에 왔다.

'any' 또는 'no, nobody, nothing' 등과 같은 부정어와 'almost' 는 함께 쓰일 수 있지만 'nearly' 는 함께 쓰이지 않는다.

Almost no one believed him.
거의 아무도 그를 믿지 않았다.
→ 'Almost no one ...' 보다는 'Hardly anybody ...' 가 더 자주 쓰인다.
cf. Nearly no one believed him. (x)

She ate almost nothing.
그녀는 거의 아무것도 먹지 않았다.
= She ate *hardly anything*.

Almost anything will do.
거의 어느 것이나 좋습니다.

do 도움되다: 충분하다

New Generation

1

I'm typical of the so-called "New Generation". My Mom and Dad have worked hard all their lives. All they think about is working, saving, and taking care of us kids. They don't even know how to relax. My Dad goes to work on Saturdays, even when his boss gives him the day off.

나는 소위 말하는 신세대의 표상(表象)입니다. 나의 엄마와 아빠는 일생동안 열심히 일을 해오셨습니다. 두 분이 생각하는 것은 단지 일하고, 저축하고 우리 자식들을 돌보는 것뿐입니다. 두 분은 휴식을 어떻게 하는지 조차도 모릅니다. 심지어 사장이 토요일을 쉬라고 할 때도 나의 아빠는 직장에 나가시죠.

2

Worse than that, he never takes a real vacation. My Mom works ful-time and tries to be the "perfect" wife and mom at the same time. She never has any free time for herself. Well, I'm not going to live like that since life is too short. I plan to get a job after I get out of college, of course, but just forty hours a week.

그보다 더 심한 것은 아버지는 진정한(휴가다운) 휴가를 결코 얻지 않는 거죠. 엄마는 전업주부이고 동시에 완벽한 부인과 엄마가 되려고 노력하시죠. 엄마는 자신을 위한 자유시간이 전혀 없지요. 인생이 너무 짧기 때문에 저는 결코 그렇게 살지 않을 겁니다. 물론 대학졸업 후에 직장생활을 하려고 마음을 먹고 있지만 주당 정확히 40시간만 일할 작정입니다.

3

No overtime for me! I might get married some day, but I'm in no hurry. My future husband will have to share my "New Generation" ideas. He'll have to agree to a marriage of two equal partners – or I'll stay single.

시간외 근무는 절대로 하지 않을 거에요! 언젠가 결혼은 하겠지만 결코 서두르지는 않을 겁니다. 미래의 남편은 저의 신세대 생각을 같이할 수 있는 사람이어야만 합니다. 그가 동등한 두 동반자/배우자로서의 결혼 제안에 동의해야만 할 겁니다. 그렇지 않으면 저는 독신으로 있을 겁니다.

- All <u>(that) they think about is</u> *working, saving,* and *taking care of* us kids.
  S└─────┘ 그들이 생각하는 것   V   C 일하고, 저축하고 우리 자식들을 돌보는 것

  ➜ 동명사로 연결된 병렬구조〈249쪽 참조〉

  ➜ all (that) they think about is ... 그들이 생각하는 것은 단지 …일 뿐이다

- Worse than that, / he never takes a real vacation.
  그보다 더 심한 것은   그는 결코 휴가다운 휴가를 얻지 않는다.

  ➜ 문장 부사구 'Worse than that'를 명사절 'What is worse than that'로 바꾸어 아래와 같이 다시 쓸 수 있다. 'that'는 '토요일에도 출근하는 것'을 의미함

  = *What is worse than that is that* he never takes a real vacation.

  eg. Most importantly, wash your hands after returning from outdoors.
  　　　가장 중요한 것은 밖에서 돌아온 후에 손을 씻어라

  　　= *What is most important* is to wash your hands after returning from ...

- just forty hours a week
  주당 정확히 40시간만

  ➜ 'just'는 '정확히(exactly), 꼭'이란 뜻

  ➜ 부정관사 'a'는 'per'의 뜻으로 '…당, 한 …에, 매 …에'로 해석

  eg. twice *a week* 일주일에 두 번

  　　three times *a month* 한 달에 세 번

- No overtime for me!
  = Overtime is not allowed for me! 〈43과 1,2번 문장 참조〉

- I am in no hurry (to get married).
  결혼하고 싶어 안달하지 않아요

❶
be typical of ~의 표상이다
so-called 소위, 이른바
generation 세대
save 저축하다
relax 편하게 쉬다
even when 심지어 ~할 때에도
boss 사장

❷
real 진정한
perfect 완벽한
since ~이기 때문에
plan to ~할 작정이다
get find a job 일자리를 찾다

❸
overtime 초과 근무
some day 언젠지는 모르지만
share 함께 하다, 공유하다, 같이 나누다
agree 동의하다
stay (어떤 상태로) 있다
single 독신의

I'm typical of the so-called "New Generation".

My Mom and Dad have worked hard all their lives. All they think about is working, saving, and taking care of us kids. They don't even know how to **relax**. My Dad goes to work on Saturdays, even when his boss gives him the day off. Worse than that, he never takes a real vacation. My Mom works full-time and tries to be the "perfect" wife and mom at the same time. She never has any free time for herself. Well, I'm not going to live like that since life is too short. I plan to get a job after I get out of college, of course, but just forty hours a week. No overtime for me! I might get married some day, but I'm in no hurry. My future husband will have to share my "New Generation" ideas. He'll have to agree to a marriage of two equal partners – or I'll stay single.

1. According to the passage, which of the following is true?
    (A) The writer is very satisfied with her parents' lifestyle.
    (B) The writer's father sometimes takes a few days off.
    (C) It's all right with the writer to work beyond the usual time if paid.
    (D) The writer will get married to only a man who has the same "New Generation" ideas with her.

2. The writer _____.
    (A) wishes to work as much as her parents do
    (B) considers herself inferior to a man
    (C) is willing to enjoy life
    (D) wants to be treated anything but equally with a man

3. The word "relax" means _____.
    (A) become active
    (B) rest after work
    (C) be involved in
    (D) take a day off

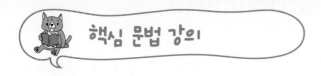

핵심 문법 강의

▶ 병렬구조(Parallelism[pǽrəlelìzəm])

등위접속사와 종속상관 접속사로 연결되는 구문에서 원칙적으로 동일한 문법적 구조를 갖는 것을 병렬 구문(parallelism)이라 한다.

형용사 · 명사 연결

John is young, talented, *and* ambitious.
John은 젊고, 재능이 있고, 야망이 있는 사람이다.

Shun tobacco. Nicotine can cause shallow sleeping *and* sleeplessness.
담배를 피하라. 니코틴은 선잠과 불면증의 원인이 될 수 있다. 〈28과 6번〉
➡ 형용사 수식을 받는 동명사는 보통명사화 됨

동명사 · 부정사 연결

She enjoys swimming *and* dancing.
그녀는 수영하고 춤추는 것을 즐긴다.

She likes listening *and* to sing. (x)
➡ 부정사와 동명사의 의미가 다르기 때문에 병렬연결 안 됨 〈59과 문법 강의 참조〉

Try to drink warm milk *or* to eat cheese *or* tuna.
따뜻한 우유를 마시거나 치즈나 참치를 먹도록 해라.
➡ 첫 번째 'or' 는 'Try to drink warm milk or to eat' 에서 부정사 연결
　 두 번째 'or' 는 'to eat cheese or tuna' 에서 명사 연결

명사구 연결

He told me what to do *and* how to do it.
그는 나에게 무엇을 해야 하고 그것을 어떻게 하는가를 말했다.

She told me what to do *and* how I should do it. (x)
➡ 좌우의 문법 구조가 다른 '명사구' + '명사절' 의 연결은 옳지 않음

"either ... or / neither ... nor / not only ... but also / both ... and"와 같은 상관 접속사로 연결되는 두 어구(語句)는 동일 구조여야 한다.

Both drinking *and* smoking are prohibited here.
이곳에서는 음주와 흡연이 금지되어 있다.

prohibit [prouhíbit] 금지하다

Americans' Optimism

LESSON 5 9

1 The results of the survey were mixed. For example, 50% who took the survey said their lives were more satisfying than they'd been five years earlier. But 50% also said they were more stressful! The majority said their children and marriages made them feel quite satisfied, but 44% said their children gave them stress.

표본조사의 결과는 다양했습니다. 예를 들어 조사에 참여한 절반의 사람들이 그들의 생활은 5년 전 (그들을 만족케 해주었던 것)보다 (그들을) 더욱 만족케 해주고 있다고 말했다. 그러나 또한 나머지 절반은 그들은 더욱 스트레스를 받는다고 말했다. 대다수의 사람들이 자기 자식과 결혼 생활이 자기들에게 매우 만족감을 주지만 44%의 사람들은 자식들이 자기에게 스트레스를 준다고 말했다.

2 In general, Americans are optimistic; 66% expect their children's lives to be easier than their own. Their biggest worry about the future is whether they'll have enough money.

일반적으로 미국사람들은 낙천적입니다. 66%는 자기 자식들의 생활이 자신들보다 편안해지길 기대한다. 미래에 대한 그들의 가장 큰 걱정은 그들이 충분한 돈을 가지게 될 것인지 하는 것이다.

3 When they dream about the future, visiting Australia is one of the top three wishes for both women and men. Women dream about gambling at Monte Carlo and having dinner at the White House while men are more likely to choose going on a safari or camping in the wilderness.

그들이 미래에 하고 싶은 것을 생각할 때, 호주를 방문하는 것이 남녀 모두에게 가장 바라는 소망 3개 중 하나이다. 여성들은 몬테 칼로(도박으로 유명한 모나코의 도시)에서 도박과 백악관에서 저녁식사를 하고 싶은 꿈을 갖고 있는 반면, 남성들은 사파리 여행을 가거나 황야에서 야영하는 것을 선택할 가능성이 많다.

4 Americans' optimism shows again when it comes to winning a lottery, eight out of ten dream about winning, and seven out of those ten spend at least $1.00 a month trying.

복권당첨에 관해서라면 10명 중 8명이 당첨되는 꿈을 꾸고, 복권을 사는 그 10명 중 7명은 혹시나 하는 마음에서 복권을 사느라 매달 적어도 1달러를 쓰고 있다는 사실은 다시 한번 미국인들의 낙천주의를 보여주는 것이다.

- their lives were more satisfying (them) / than they'd been (satisfying them) ...
  그들의 생활이 (그들을) 더욱 만족케 해주고 있다　　　그들의 생활이 5년 전 (그들을 만족케 해주었던 것)보다
  ➜ 타동사의 현재분사는 의미상의 목적어를 넣어 번역한다.
  ➔ them = 표본 조사에 참여한 사람들, they = 그들의 생활(their lives)

- their children and marriages made them feel quite satisfied

		S	V		C
S		V	O		O.C

  자식과 결혼 생활이　　/만들어 준다/그들이/꽤 만족감을 느끼게

- 66% (of Americans who took the survey) expect their children's lives to be easier than their own (lives).
  ➔ 어떤 낱말이 없더라도 문맥상 이해를 할 수 있거나, 또는 소유격 다음에 오는 명사가 앞에 언급된 명사의 반복일 때, 그 낱말을 생략(understood)한다.
  eg. Your house is bigger than my own (house).
  당신 집은 내 집보다 크다.

- visiting ... is one of the top three wishes for both women and men
  ~를 방문하는 것이　　상위 3개의 소망 중 하나　　남녀 모두에게
- men are more likely to choose going on a safari or camping in the ...
  ~할 가능성이 많다　　　사파리 여행을 가거나 황야에서 야영하는 것을
  ➔ 대등 접속사로 연결되었을 때 좌우는 동일 문법구조(동명사 or 동명사)

- when it comes to –ing ~하는 것이라면
  eg. When it comes to making things, I'm all thumbs.
  물건을 만드는 것이라면 난 재주가 메주야.
  ➔ all thumbs 손재주가 없는, 서투른(awkward [ɔ́:kwərd], clumsy [klʌ́mzi])

❶
result 결과
survey 표본조사
mixed 여러 잡다한
satisfying 만족케 하는
stressful 근심 걱정이 많은
majority 대다수
marriage 결혼생활, 부부 관계; 결혼

❷
in general 일반적으로
optimistic 낙천적인
expect 기대하다
easy 편안한
worry 걱정
whether ~인지 어떤지를/는

❸
dream about 꿈꾸다
top 최고의
gamble 노름하다
choose 선택하다
wilderness 황야

❹
optimism 낙천주의
try 시보다; 해보다

The results of the survey were mixed. For example, 50% who took the survey said their lives were more satisfying than they'd been five years earlier. But 50% also said they were more stressful! The majority said their children and marriages made them feel quite satisfied, but 44% said their children gave them stress.

In general, Americans are **optimistic**; 66% expect their children's lives to be easier than their own. Their biggest worry about the future is whether they'll have enough money.

When they dream about the future, visiting Australia is one of the top three wishes for both women and men. Women dream about gambling at Monte Carlo and having dinner at the White House while men are more likely to choose going on a safari or camping in the wilderness.

Americans' optimism shows again when it comes to winning a lottery, eight out of ten dream about winning, and seven out of those ten spend at least $1.00 a month trying.

1. According to the survey, which of following statements is **NOT** true?
   (A) Half of those who took the survey said they were more satisfied with their lives than they'd been five years earlier.
   (B) The results of the survey were composed of mixed views.
   (C) More than half of the men in the survey hope their children will lead more comfortable lives than their own.
   (D) Men would like to take a trip to hunt wild animals and to risk money on a card game or a horse.

2. What proportion of the parents are stressed by their children?
   (A) 50%　　　　(B) 44%
   (C) 66%　　　　(D) 10%

3. What is the antonym of the word "optimistic"?
   (A) satisfied　　　　(B) fantastic
   (C) gloomy　　　　(D) skeptical

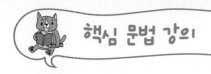

동명사와 to부정사

to부정사는 현재 또는 앞으로 구체적이고 특정한 행위, 동작을 말할 때; 동명사는 과거 시점을 기준점으로 일반적인 행위, 사실을 말할 때 쓰인다.

1. I'm sorry to be late. (X)
I'm sorry I'm late. (O)

→ 이미 지각한 것에 대해 사과할 때 부정사를 사용할 수 없고 동명사를 사용해야만 한다. 부정사는 현재 또는 앞으로 할 일에 대하여 쓰인다.

(I'm) Sorry for bothering you.
(이미) 방해를 한 것에 죄송합니다.

It's nice to see you again.
(지금) 다시 뵙게 되어 반갑습니다.

Seeing you again is nice. (X)

2. Smoking is bad for one's health. (O)

To smoke is bad for one's health. (X)

→ '흡연이 건강에 좋지 않다.'는 것은 누구나 알고 있는 일반적인 사실이다. 이처럼 일반적 사실을 언급할 때는 동명사를 사용하는 것이 올바른 어법이다.

3. He found parking difficult.

He found it difficult to park.

→ 동명사 'parking'은 언제나 또는 일반적으로 주차하기 어렵다는 것을; 부정사 'to park'는 어느 특정한 경우에 주차하기 어렵다는 것을 나타낸다.

4. She *stopped* smoking.

She *stopped* to smoke.

→ 'stop'의 뜻은 '움직임·진행·작동을 멈추다/어떤 행위를 끝내다'라는 뜻이다. 그러므로 첫 문장은 '그녀는 담배를 끊었다'라는 뜻이고, 둘째 문장은 '담배를 피우기 위하여 하던 일을 멈추었다'는 뜻이다.

5. I *prefer* walking, but I *prefer* to ride now because I'm tired.
나는 (언제나) 걷는 게 좋지만 지금은 피곤해서 차를 타고 싶어.

→ 'like / prefer + -ing'는 '언제나 ~하기를 좋아 한다'는 뜻으로 일반적인 사실을;
'like / prefer to + 동사 원형'은 현재 하고 싶은 구체적인 어떤 행동을 의미한다.

cf. 'would like to'는 현재·미래의 소망을 나타낸다.

LESSON 60
The Best Way to Avoid a Heart Attack

1

There's a small risk of unaccustomed stress causing a heart attack when a person is very unfit, but this can be reduced if exercise is always increased in easy stages. My advice is: if you are under forty and are healthy, you can begin as I did by jogging gently until you are out of breath, then walking, and alternating the two for about two miles. Build up the jogging in stages until you can do the whole distance comfortably.

어떤 사람이 건강이 매우 좋지 않을 때, 늘 겪던 것이 아닌, 즉 익숙하지 않은 스트레스가 심장마비의 원인이 되는 약간의 위험이 있습니다. 하지만 편안한 단계에서 운동을 항상 늘리면 이러한 위험은 줄어들 수 있습니다. 나의 충고는 다음과 같습니다: 당신이 40세 미만이고 건강하다면, 숨이 찰 때까지 가볍게 조깅을 하고, 그 다음엔 걷고, 그리고 대략 2마일을 번갈아 가며 함으로써 내가 운동을 시작했던 것처럼 당신은 운동을 시작할 수 있습니다. 전 거리를 편안하게 뛸 수 있을 때까지 단계별로 조깅을 늘리시오.

2

At first, two or three miles a week will probably be enough. People over forty who are in any doubt about their health should see their doctor before starting an exercise program. People over 40 should begin by walking vigorously for at least two miles daily. When you can do this comfortably you can start the mixed jogging and walking routine and progress from there. At the beginning, you will have to expect soreness of muscles and joints. If soreness changes to pain, or if you find that you suffer from deep tiredness which you cannot shake off, then stop jogging for a while and just walk.

처음에는 일주일에 2~3마일이 아마도 충분할 겁니다. 건강에 의심이 가는 40이 넘은 사람들은 이런 운동계획을 실행하기 전에 의사의 진찰을 받는 게 옳습니다. 40이 넘은 사람은 적어도 매일 2마일을 활기차게 걷는 것부터 시작하는 것이 좋습니다. 이것을 편안하게 할 수 있을 때 조깅과 걷기를 번갈아 일상의 과정으로 시작할 수 있고, 거기(즉 조깅과 걷기를 함께 하는 것)에서 늘릴 수 있습니다. 처음에 근육과 관절의 아픔을 예상해야만 합니다. 쑤시고 아픈 것이 통증으로 바뀌거나 떨쳐버릴 수 없을 정도의 심한 피곤함으로 고통을 받는다면 당분간 조깅을 멈추고 걷기만을 하시오.

- **stress** causing a heart attack

  심장마비를 일으키는 스트레스

- 2째 줄의 'this'는 앞에서 언급한 'a small risk ... very unfit'를 의미 한다

- 3째 줄의 as I did = as I began 내가 운동을 시작했던 것처럼

- *by jogging* ..., *then* (*by*) *walking, and* (*by*) *alternating* the two for about 2...

  조깅을 하고,   그 다음엔 걷고,   그리고   약 2마일을 번갈아 가며 함으로써

  → 'by + -ing'는 '~함으로써'의 뜻; 'the two'는 '조깅과 걷기'를 가리킴

  cf. You can only achieve success through *hard work.*

  =You can only achieve success by *working hard.*

  열심히 일함으로써 단지 성공할 수 있어.

  → 'by'와 'through'는 '~함으로써(by means of)'의 뜻으로 수단을 나타내는 전치사지만 'by' 다음엔 동명사; 'through' 다음엔 명사가 오는 것에 주의해야 한다.

- People (*over forty*) (*who are in any doubt about their health*) should see their doctor (*before starting an exercise program*).

  → '(형용사구)(형용사절)(부사구)'와 같은 수식어구를 제외하면 간단한 3형식 구조

- 2, 3째줄 'should'는 '~하는 것이 옳다, 최선책이다'라는 뜻의 '충고'를 나타냄.

- 4째줄 'this'는 '적어도 하루에 2마일을 활기차게 걸으며 운동을 시작하는 것'을 말함

- 5째줄 'there'는 '조깅과 걷기를 함께 하는 것'을 말함

- 7째줄 if soreness changes ... if you find ...

  → 시간·조건 부사절은 미래를 현재시제로 한다.

- 8째줄 'then'은 앞의 'if절'을 의미한다.

❶

risk 위험

unaccustomed 익숙지 못한

cause ~을 초래하다

attack 발병

unfit 건강이 좋지 않은

reduce 줄이다

easy (근심 걱정 없이) 편안한; 쉬운

increase 늘리다

stage 단계

gently 가볍게

breathe 숨을 쉬다

alternate 번갈아 하다

distance 거리

comfortably 편안하게

❷

at first 처음에

doubt 의심

vigorously 힘차게

daily 날마다

progress 늘리다

routine 일상의 과정

muscle 근육

expect 예상하다

soreness 아픔

suffer from (육체적 또는 정신적으로 고통을 받다

deep 심한

There's a small risk of unaccustomed stress causing a heart attack when a person is very **unfit**, but this can be reduced if exercise is always increased in easy stages. My advice is: if you are under forty and are healthy, you can begin as I did by jogging gently until you are out of breath, then walking, and alternating **the two** for about two miles. Build up the jogging in stages until you can do the whole distance comfortably.

At first, two or three miles a week will probably be enough. People over forty who are in any doubt about their health should see their doctor before starting an exercise program. People over 40 should begin by walking vigorously for at least two miles daily. When you can do this comfortably you can start the mixed jogging and walking routine and progress from there. At the beginning, you will have to expect soreness of muscles and joints. If soreness changes to pain, or if you find that you suffer from deep tiredness which you cannot shake off, then stop jogging for a while and just walk.

1. It can be inferred from the passage that _____.
   (A) even if soreness of muscles and joints occurs, it's all right to keep jogging
   (B) vigorous exercise can help decrease the risk of cancer
   (C) age is not associated with vigorous jogging
   (D) regular exercise will help the heart get as much oxygen as it needs

2. The words "the two" refer to _____.
   (A) a heart attack and unaccustomed stress
   (B) breathing and stopping
   (C) two miles
   (D) jogging and walking

3. The word "unfit" means _____.
   (A) not suitable
   (B) lacking the ability needed
   (C) not in good health
   (D) not capable

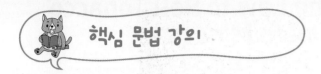

핵심 문법 강의

▶ 상태를 나타내는 전치사: out of

S: Your wife is out of danger now.
당신 부인이 이제 위험에서 벗어났어요.

M: What a relief! I've been out of my mind with worry.
다행이군요! 걱정이 돼서 제 정신이 아니었어요.

> **out of danger** 위험에서 벗어난
> **relief**[rilíːf] 안심
> **out of one's mind** 제정신이 아닌

The drunkard is out of work.
그 술고래는 실업자이다.

> **out of work** 실직한
> (unemployed[ʌ̀nimplɔ́id])

The food was out of the world!
정말 음식이 끝내줬어요!

> **out of the world** 비길 데 없는, 매우 훌륭한(wonderful, very good)

She knew that a holiday this year would be out of the question.
그녀는 금년에 휴가는 불가능하다는 것을 알고 있다.

> **out of the question** 불가능한 (impossible), 생각할 수 없는 (unthinkable)

What? That price is out of line.
뭐라고요? 값이 터무니없이 비싸군요.

> **out of line** 받아들이기 어려운 (unacceptable[ʌ̀nəkséptəbəl]); 용납하기 어려운

I'll be out of your sight, but I hope not out of your mind.
당신과 헤어지지만 마음만은 멀어지지 않기를 바래요.

I felt somewhat out of place in their company.
그들과 있으면 다소 어색한 느낌이 들었다.

> **out of place** 어울리지 않는 (awkward[ɔ́ːkwərd]), 불편한
> **company**[kʌ́mpəni] 동료; (사교적인) 모임; 회사

→ 'out of place'는 어떤 특별한 자리에서 언행이 부자연스럽거나, 어울리지 못할 때 사용하는 표현으로 '제자리에 있지 않은, 어울리지 않는'의 뜻이다.

● **out of breath** 숨이 차는(breathless[bréθlis])

● **out of stock** 품절된, 물건이 다 떨어진(not available[əvéiləbəl])

● **out of woods** 위험하거나 곤란한 상황에서 벗어난

  (out of a dangerous, or difficult situation[sìtʃuéiʃən])

LESSON 6 1
Against the Law to Sell Tobacco and Alcohol to Minors

1 From July of this year it became illegal in our country for anyone under 18 to smoke cigarettes or drink alcohol.

금년 7월부터 우리나라에서 18세 미만인 사람은 누구라도 담배를 피우거나 술을 마시는 것이 불법이 되었다.

2 Therefore, if caught selling tobacco or alcohol to minors by the police, a shopkeeper will be fined at least as much as $2,500 or be sent to prison for up to a year.

그런 까닭에, 미성년에게 담배나 술을 팔다가 경찰에 적발되면 상점주인은 적어도 $2,500달러를 벌금 내거나 만 1년간 옥살이를 하게 된다.

3 The law is part of the country's campaign to greatly reduce tobacco and alcohol consumption among all teenagers. The police are charged with enforcing the law, but some are skeptical.

이 법은 모든 10대들 사이에서 담배와 술 소비를 상당히 줄이고자 하는 그 나라 캠페인의 일부이다. 그 법을 지키게 하는데 경찰이 책임을 지고 있지만 일부 경찰은 회의적이다.

4 But for the first month, a police officer said, he thinks the police will simply inform underaged smokers about the law and confiscate their cigarettes. The grown-ups say the new law is for the "kids' own good," because, after all, doctors say, "cigarettes are often a gateway to other drugs that are illegal."

그러나 처음 한 달 동안 경찰은 단지 미성년 흡연자들에게 그 법에 대해서 알려주고 그들이 소지한 담배를 몰수할 생각이라고 한 경찰관이 말했다. 어른들은 새로 시행되는 법은 "아이들 자신에게 이로운 것"이라고 말한다. 왜냐하면 의사들 말을 들어보면 어쨌든 "담배가 종종 불법인 그 밖의 마약으로 이어지는 길"이기 때문이다.

5 The kids are not so sure.
"It's stupid," declared a student aged 16, who smokes a pack of cigarettes a day. "I'm supposed to be able to do what I want. If I choose to ruin my lungs, it's my choice and not the cops'. I started smoking when I was 13. My parents didn't scare me from smoking. And I feared my father more than I feared the police, and he couldn't stop me."

청소년들은 ("담배가 종종 불법인 그 밖의 마약으로 이어지는 길"이라고) 그렇게 믿지 않는다. "바보스런 짓이에요. 나는 내가 원하는 것을 할 수 있다고 생각해요. 나의 폐를 망치기로 했다면 그것은 내가 선택한 것이지 경찰이 선택한 것은 아니죠. 내가 13살 때 담배를 피우기 시작했어요. 부모님들이 내가 담배를 피우지 못하도록 겁주지 않았어요. 그런데 경찰보다 아버지가 더 두려워요 그런데 아버지도 내가 담배를 끊도록 할 수 없었어요"라고 하루에 한 갑의 담배를 피우는 16세인 한 학생이 자기 생각을 분명히 말했다.

- it became ... for anyone under 18 to smoke ...
  ➡ 'it(가주어) ... for(의미상 주어) ... to(진주어)' 구문

- if (he or she is) caught selling ~을 팔다가 들키면
  ➡ 부사절이 'though, if, while' 등으로 유도될 때 종종 '주어 + 동사' 가 생략됨

- a) ... to greatly reduce tobacco
  b) ... to reduce tobacco greatly
  ➡ 정상적인 부사의 위치는 b)와 같다. 그러나 동사를 강조하기 위하여 동사 앞으로 이동하여 to와 동사가 분리되었다. 이러한 구조를 분리 부정사라 한다.

- a gateway to other drugs that are illegal
  그 밖의 마약으로 이어지는 길   ↑_____」 불법인
  ➡ 전치사 'to' 는 어떤 상태 · 상황에 이르는 방향을 의미함

- a student (who is) aged 16 16세된 학생
  ➡ '관 · 대 + be' 는 종종 생략된다.

- he couldn't stop me / (from smoking)
  그는 나를 막을 수 없었다 (담배 피우는 것으로부터)

❶
illegal 불법의
alcohol 알코올

❷
therefore 그런 까닭에
minor 미성년; 부전공
shopkeeper 가게 주인
fine 벌금을 과하다

❸
part 일부
campaign 사회 운동, 캠페인
reduce 줄이다
consumption 소비
teenager 10대
police 경찰
enforce 법을 지키게 하다
skeptical 회의적인

❹
inform ~에게 알리다
underaged 미성년의
confiscate 몰수하다
grown-up 어른
own 자기 자신의
good 이익
drug 약, 마약

❺
stupid 바보스런
declare 분명히 말하다
pack 한 갑; 꾸러미; 팩, 포장 용기
choose 결정하다
ruin 파괴하다
lung 폐
fear 두려워하다
stop sb from doing things ~가 어떤 행동을 하지 못하게 하다

259

From July of this year it became illegal in our country for anyone under 18 to smoke cigarettes or drink alcohol.

Therefore, if caught selling tobacco or alcohol by the police, a shopkeeper will be fined as much as $2,500 or be sent to prison for up to a year.

The law is part of the country's campaign to greatly reduce tobacco and alcohol consumption among all teenagers. The police are charged with enforcing the law, but some are skeptical.

But for the first month, an officer said, he thinks the police will simply inform underaged smokers about the law and confiscate their cigarettes. The grown-ups say the new law is for the "kids' own good," because, after all, doctors say, "cigarettes are often a gateway to other drugs that are illegal."

The kids are not so sure.

"It's stupid," declared a student aged 16, who smokes a pack of cigarettes a day. I'm supposed to be able to do what I want. If I choose to ruin my lungs, it's my choice and not the cops'. I started smoking when I was 13. My parents didn't scare me from smoking. And I feared my father more than I feared the police, and he couldn't stop me."

1. Which of the following would be the best title for the passage?

   (A) Smokers Under 18
   (B) Teenagers' Smoking and Drinking
   (C) The New Law for the "Kids' Own Good"
   (D) Against the Law to Sell Tobacco and Alcohol to Minors

2. What does the passage mainly discuss?

   (A) The new law prohibits shopkeepers from selling tobacco and alcohol to teenagers.
   (B) Cigarettes are often a gateway to other drugs that are illegal.
   (C) Reduce consuming tobacco and alcohol.
   (D) Anyone caught selling tobacco or alcohol to minors will be sentenced to one year's imprisonment.

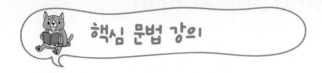

핵심 문법 강의

▶ '금지 · 억제 · 제한' 의 From

My parents didn't *scare* me from smoking. 〈5번 5째줄〉
부모님들이 내가 담배를 피우지 못하도록 겁주지 못했다.

> scare[skɛər] **sb from -ing** 겁을 주거나 위협해서 ~하지 못하게 하다

He couldn't *stop* me from smoking. 〈5번 6째줄〉
그는 내가 담배를 피우지 못하도록 하질 못했다.

Here are some things you can do to *prevent* yourself from catching the flu.
여러분이 독감에 걸리지 않도록 하기 위해 할 수 있는 것들이 여기 있습니다.

> prevent[privént] 막다; 예방하다
> prevent ... from ~하지 못하게 하다

There are several gases in the atmosphere which trap the heat generated by the sun and *prevent* it from escaping. 〈64과 첫째 줄〉
태양에 의해 발생된 열을 가두어두고 빠져나가지 못하게 하는 몇 가지 가스가 대기권 속에 있다.

> atmosphere[ǽtməsfìər] 대기
> trap[træp] 가두어두다
> generate[dʒénərèit] 발생시키다
> prevent[privént] 막다, 방해하다
> escape[iskéip] 탈출하다, 도망가다

Penicillin is instrumental in *keeping* wounds from getting infected.
페니실린은 상처가 감염되는 것을 막아주는 데 도움이 된다.

> instrumental[ìnstrəméntl] 도움이 되는
> wound[wuːnd] 상처
> infect ~에 감염시키다
> get infected 감염되다

This game will *stop* you from getting bored.
이 게임을 하면 너는 지루하지 않을 거야.

LESSON 6-2 You Can Stop Smoking in One Night

1

Yes! (YOU CAN) STOP SMOKING IN ONE NIGHT

NO ANXIETY   NO WEIGHT GAIN

NO WITHDRAWALS   LIFETIME GUARANTEE

JAMES MARX Hypnosis Seminars have helped thousands of people break the habit. The James Marx Seminars are the most popular group therapy program in the US and we urge you to attend.

그렇습니다! 하룻밤이면 담배를 끊을 수 있습니다.
걱정하실 필요가 없습니다.(No anxiety happens / will happen.)
체중도 늘지 않습니다.(You can gain no weight.)
금단증상도 나타나지 않습니다.(No withdrawals are accompanied by giving up smoking.)
일생동안 보장합니다.(This program gives a lifetime guarantee.)
JAMES MARX 최면술 세미나는 수천 명의 사람들이 흡연 습관을 버릴 수 있도록 도움을 주었습니다. James Marx Seminars 미국에서 가장 인기 있는 집단 치료 프로그램입니다. 그래서 우리는 여러분에게 참석하도록 강력히 권합니다.

2

This may be your best opportunity to quit smoking for good ... be there and see people throw away their cigarettes!! This amazing 90 minute seminar will astonish you. Hypnotherapy is a wonderful, relaxing experience. This isn't stage hypnosis; you will be treated with dignity and will not go to sleep or lose control (of yourself) ... you will be completely awake and aware. And it will leave you feeling completely refreshed and alert. (You will feel) Reduced cravings first thing in the morning ... with coffee ... after meals ... on the phone ... driving your car ... when drinking ... around other smokers ... under stress.

이번이 여러분에게 영구히 담배를 끊을 수 있는 가장 좋은 기회일 겁니다 … 참석하셔서 사람들이 자기들의 담배를 (더 이상 원치 않아) 버리는 것을 보십시오!! 매우 놀라운 이 90분간의 세미나는 여러분을 깜짝 놀라게 할 겁니다. 최면요법은 놀랍고 마음이 편안해지는 체험입니다. 이것은 무대에서만 이루어지는 최면술이 아닙니다(즉 눈속임이 아니다). 여러분은 품위 있게 치료를 받게 되고 잠을 못 이루거나 좌불안석을 하지도 않을 겁니다. 여러분은 완전히 깨어있는 상태로 주변에서 일어나는 일을 목격하게 될 겁니다. 그리고 최면요법으로 인해 완전히 기분이 상쾌해지고 민첩하고 명확하게 생각할 수 있는 것을 느끼게 될 겁니다. 우선 아침에 … 커피를 마시면서 … 식사 후에 … 전화를 하면서 … 차를 운전하면서 … 술을 마실 때 … 흡연하는 사람들 주변에서 … 스트레스를 받을 때 (담배를 피우고 싶은) 욕망이 줄어든 것을 느낄 것입니다.

3

Yes, you can stop on this night and you can walk out as a non-smoker – please be there and experience it.

그렇습니다. (최면요법을 받은) 오늘 밤에 당신은 담배를 끊을 수 있고 비 흡연자로 (세미나에서) 나갈 수 있습니다. 꼭 참석하셔서 체험해 보십시오.

➡ 한정된 공간에 최소의 문자·그림을 사용하여 최대한 많은 정보를 표현하고자 하는 것이 광고 특성이므로 생략된 표현과 사용된 약어(**abbreviation**[əbrìːviéiʃən])가 무엇을 뜻 하는가 유의해야 한다.

eg. Lge room. Avail immed. No furniture. Good for student or single working person. $50/mo. Call 010-8982-5941.

= There's a large room. It is available immediately. There's no furniture. It is good for a student or a single working person. The rent is $50 per month. Call at 010-8982-5941.

커다란 방 하나. 즉시 입주가능. 가구는 없음. 학생 또는 직장 생활하는 독신자에게 적합함. 방세 월 50달러. 010-8982-5941로 전화주세요.

- **available**[əvéiləbəl] 입주할 수 있는, 이용할 수 있는
  immediately[imíːdiitli] 즉시(at once)

- This may be your best opportunity to quit *smoking* for good
  여러분에게 가장 좋은 기회 남자친구   영구히 담배를 끊을 수 있는
  ➡ 동사 'quit' 는 항상 동명사를 목적어로 갖는다.

- Hypnotherapy is a wonderful, relaxing experience.
  = ... a wonderful experience *which relaxes people*.
  최면요법은 놀랍고 (참가한 사람들의) 마음을 편안하게 해주는 체험입니다.
  ➡ 타동사의 현재분사는 의미상의 목적어를 갖는다.

- it will leave you *feeling completely refreshed and alert*.
  최면요법으로 인해 완전히 기분이 상쾌해지고 민첩하고 명확하게 생각할 수 있는 것을 느끼게 될 겁니다.
  ➡ 동사 'leave' 가 V + O + OC 의 구조에서 '(목적어를) ~한 상태로 되게 하다' 라는 뜻

❶
anxiety 근심
gain 증가
withdrawal 금단 증상
lifetime 일생(의)
guarantee 보증
hypnosis 최면 상태
seminar 어떤 주제를 공동 연구 하는 모임
popular 인기 있는
therapy 치료
urge 강력히 권하다
attend ~에 참석하다

❷
opportunity 기회
for good 영구히
be there 세미나에 참석하십시오
throw away 버리다
amazing 너무 놀라운
astonish 깜짝 놀라게 하다
hypnotherapy 최면 요법
relaxing 마음을 편안하게 해주는
experience 경험
treat 치료하다
dignity 품위
completely 전적으로
awake 잠이 깨어있는
aware 목격하게 되는
refreshed 상쾌한
alert 생각할 수 있는
reduce 줄이다
craving 갈망
first thing 우선

❸
experience 체험하다

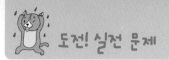
Yes! STOP SMOKING IN ONE NIGHT

NO ANXIETY
NO WEIGHT GAIN
NO WITHDRAWALS
LIFETIME GUARANTEE

JAMES MARX Hypnosis Seminars have helped
thousands of people to kick the habit.

The James Marx Seminars are the most popular group therapy program in the US and we urge you to attend. This may be your best LET ME opportunity to quit smoking for good ... be there and see people throw HELP YOU away their cigarettes!! This amazing 90 minute seminar will astonish KICK THE you. Hypnotherapy is a wonderful, relaxing experience. This isn't stage SMOKING hypnosis, you will be treated with dignity and will not go to sleep or HABIT! lose control ... you will be completely awake and aware. And it will leave you feeling completely refreshed and alert. Reduced cravings first thing in the morning ... with coffee ... after meals ... on the phone ... driving your car ... when drinking ... around other smokers ... under stress.

YES, YOU CAN STOP ON THIS NIGHT AND YOU CAN WALK OUT AS A NON-SMOKER – PLEASE BE THERE AND EXPERIENCE IT.

1. The James Marx Seminars will be held for _____.

   (A) scientists
   (B) smokers
   (C) non-smokers
   (D) people around the smokers

2. What is the subject of these seminars?

   (A) How to lose weight
   (B) Hypnotherapy and its result
   (C) Breaking the smoking habit
   (D) Non-smokers' rights

3. What does the ad say participants will be able to do after attending the seminars?

   (A) Feel like smoking after meals
   (B) Walk out as a non-smoker after a night

(C) Urge others around them to attend the seminars

(D) Smoke for good

4. **It can be inferred from the ad that people feel a craving for smoking EXCEPT _____.**

(A) at night   (B) when you feel tension and anxiety

(C) after having dinner   (D) over coffee

5. **Choose the incorrect part of the sentence.**

This may be your best opportunity to quit <u>smoke</u> for good ... <u>be there</u> and <u>see</u>
                                            (A)   (B)   (C)

people <u>throw away</u> their cigarettes!!
               (D)

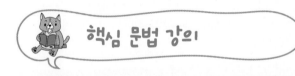

핵심 문법 강의

▶ 현재분사와 과거분사

현재분사와 과거분사 중 어느 것을 사용해야 되는지 헷갈릴 때가 종종 있다. 둘 사이에는 커다란 의미상 차이가 있으므로 사용할 때 혼동하지 말아야 한다. 인간의 감정을 나타냄에 있어 현재분사는 상대방에게 감정을 야기시키는 능동의 뜻이다. 그러나 과거분사는 어떤 사람이 감정동사의 느낌을 받는 수동의 뜻이다.

- **amaze**[əméiz] 깜짝 놀라게 하다
- **embarrass**[imbǽrəs] 당황하게 하다
- **surprise**[sərpráiz] 놀라게 하다
- **bore**[bɔːr] 지루하게/따분하게 하다
- **excite**[iksáit] 흥분시키다
- **interest**[íntərest] 흥미 있게 하다

그러므로 위에 있는 인간의 감정을 나타내는 동사를 사용할 때, 감정 표현을 야기 시키고 느낄 수 있는 사람이 주어일 때는 현재분사와 과거분사 둘 다 사용할 수 있지만, 무생물은 감정을 느낄 수가 없기 때문에 무생물이 주어인 경우에는 현재분사만이 쓰인다.

Our teacher is boring.

Our teacher is bored.

→ 문장 a)는 선생님의 수업이 재미없어 선생님이 학생들을 지루하고 따분하게 해준다는 뜻이다. 그러나 문장 b)는 선생님 본인이 지루함·따분함을 느끼고 있다는 표현이 된다.

His embarrassing story made us embarrassed.
(우리를) 당혹케 하는 그의 이야기 때문에 우리는 당혹스러웠다.

1 Recycling, which reuses things such as paper, steel or glass containers that have already been used, will surely emerge as one of the major issues of this century. We are finally realizing that our individual efforts really can help to keep the environment clean and conserve the earth's natural resources. However, we are still learning how to utilize our 'rubbish' effectively. How can we put recycling to good use?

이미 사용된 종이, 쇠붙이, 또는 유리용기와 같은 것들을 다시 사용하는 재활용은 금세기의 중요한 이슈중의 하나로 확실히 대두될 것이다. 우리 개개인의 노력이 환경을 깨끗이 하고 지구상의 천연자원을 보호하는데 정말로 도움이 될 수 있다는 것을 우리는 결국 깨닫고 있는 것이다. 그러나 우리가 버린 쓰레기를 효과적으로 이용하는 방법을 우리는 계속 배우고 있다. 어떤 방법으로 재활용을 유용하게 이용할 수 있을까?

2 *Nova Vita*, The Recycled Shop on King Street, Newtown, provides a practical and appealing solution. This business specializes in new products made from recyclable materials.

뉴타운 킹 스트리트에 있는 노바 비타 재활용 점포에서는 실용적이고 매력적인 해결방안을 내놓고 있다. 이 점포에서는 재활용할 수 있는 재료들로 만들어진 새로운 상품을 주로 다루고 있다.

3 "We think of our products, such as candelabras made from scrap metal or old taps, and clocks formed from hubcaps, as practical art," says co-owner Robert Ward. "Wherever it is possible we carry the work of local craftsmen and we are constantly impressed and surprised at their creativity as well as the high quality of their workmanship."

"지스러기 금속 또는 오래된 수도꼭지로 만들어진 큰 촛대 그리고 자동차 휠 캡을 결합해 만든 시계와 같은 우리 상품을 실용 예술로 생각해요"라고 동업자 로버트 와드는 말한다. 우리는 가능한 곳은 어디라도 지방 장인들의 작품을 나르고, 장인의 솜씨의 높은 우수성뿐만 아니라 그들의 독창성에 우리는 계속 감명을 받고 놀라워한다.

- <u>Recycling will surely emerge</u> as one of the major issues of this century.
  S 재활용은   V 확실히 대두될 것이다   C 금세기의 중요한 이슈중의 하나로

  ➡ 첫 번째 문장은 관계대명사(which/that)로 시작되는 2개의 형용사절을 따로 분리하면 간단한 2형식 구조이다. 'which' 이하는 'recycling' 에 대한 추가정보를 제공하고, 'that' 이하는 'paper, steel or glass containers' 의 범위를 한정하고 있다.

- <u>our efforts can help</u> / to keep the environment clean and / (to) conserve ...
  S   V   V   O   OC   V
  우리 노력이 도움이 될 수 있다   환경을 깨끗이 하고   …을 보호하는데

  ➡ to부정사의 의미상 주어는 (for us)

- new products (which are) made from recyclable materials
  신상품   ↑_____↑   재활용할 수 있는 재료들로 만들어진

  ➡ 형용사절에서 'which are' 가 생략되면 분사가 명사를 수식하는 형용사구가 된다. 즉, 분사(made)가 명사(new products)를 수식하는 분사의 형용사적 용법

- We <u>think of</u> our products as practical art
      V 생각하다   O 우리 상품을   O.C 실용 예술로

  ➡ 예시(例示) 'such as ... from hubcaps' 를 분리시키면 간단한 5형식 구조.

- candelabras (which are) made from scrap metal ~금속으로 만들어진 큰 촛대
  clocks (which are) formed from hubcaps 자동차 휠 캡으로 만들어진 시계

❶
recycling 재활용
container 그릇
emerge 나타나다
major 중요한
issue 논쟁의 주제
individual 개인의
effort 노력
environment 환경
conserve 보호하다
utilize 효과적으로 이용하다
rubbish 쓰레기
effectively 효과적으로

❷
recycled 재활용된
provide 제공하다
practical 쓸모 있는
appealing 매력적인
solution 해결방안
business 점포
specialize ~을 전문으로 다루다
product 상품
material 재료

❸
candelabrum 큰 촛대
scrap 지스러기
metal 금속
tap 꼭지
form 만들다
hubcap 휠 캡
co-owner 동업자
craftsman 장인
constantly 변함없이
surprise 놀라게 하다
creativity 독창성
quality 질
workmanship 솜씨

Recycling, which reuses things such as paper, steel or glass containers that have already been used, will surely emerge as one of the major issues of this century. We are finally realizing that our individual efforts really can help to keep the environment clean and conserve the earth's natural resources. However, we are still learning how to **utilize** our 'rubbish' effectively. How can we put recycling to good use?

Nova Vita, The Recycled Shop on King Street, Newtown, provides a practical and appealing solution. This business specializes in new products made from recyclable materials.

"We think of our products, such as candelabras made from scrap metal or old taps, and clocks formed from hubcaps, as practical art," says co-owner Robert Ward. "Wherever possible we carry the work of local craftspeople and we are constantly impressed and surprised at their creativity as well as the high quality of their workmanship."

1. **The passage supports which of the following conclusions?**
   (A) Recycling is one of the most important issues today.
   (B) The environmental problem can be solved by recycling garbage effectively.
   (C) The garbage we put out every day is a major problem in cities.
   (D) Finding land for new landfills is becoming more difficult.

2. **The word "utilize" means _____.**
   (A) prevent something from being damaged
   (B) use something for a practical purpose
   (C) work effectively and creatively
   (D) reuse things that have been used before

3. **According to the passage, which of the following is a recycled product?**
   (A) Scrap metal
   (B) A clock
   (C) A hub cap
   (D) A glass container

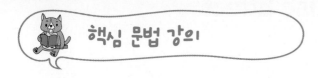 핵심 문법 강의

▶ How do you think of my puppy? (x)

'우리 강아지를 어떻게 생각해요?' 라는 우리말을 영어로 할 때 많은 사람들이 우리말 '어떻게'를 그대로 영어로 옮겨 'How'를 사용하게 된다. 물론 틀린 표현이다. 대부분의 선생님들도 관용적 표현이므로 'How'가 아닌 의문대명사 'What'를 사용하라고 한다. 그러나 여러분이 배운 동사구 'think of / look upon / regard / consider A as B(A를 B로 생각 / 간주하다)'를 잠깐만 생각해 보자!

a. <u>You</u> <u>think of</u> <u>my puppy</u> <u>as how</u>? (x)
    S   V   O(A)   O.C(B)

b. You think of my puppy as what?

  ⋯▸ What do you think of my puppy?

  ➜ 위 질문의 원래 문장을 a)와 같이 가정해 볼 때 전치사 'as'의 목적어로 의문 부사 'how'가 쓰인 것은 잘못이다. 왜냐하면 전치사의 목적어로 '(대 /동)명사'만 쓰일 수 있기 때문에 의문 부사 'How' 대신 의문대명사 'What'를 사용해야 옳은 것이다.
    그러므로 b)와 같은 원래 문장에서 의문사는 문장 앞으로 나간다는 원칙 때문에 'What'가 앞으로 이동하면서 전치사 'as'는 생략된 것이다. 그리고 의문문에서 주어·동사가 도치할 때 'think of'가 일반 동사이므로 조동사 'do'가 삽입된다. 중요한 것은 '전치사의 목적어로 명사'만 쓰인다는 것이다.

LESSON 6 4 Greenhouse Effect

1

There are several gases in the atmosphere which trap the heat generated by the sun and prevent it from escaping. These are known as "greenhouse gases." They include carbon dioxide, methane, and nitrous oxide, which cause the greenhouse effect. As a result of this, the world's temperature has already gone up by 0.5° this century, and the sea level has risen by ten centimeters. And the amount of these gases in the atmosphere is increasing.

태양에 의해 발생된 열을 가두어두고 빠져나가지 못하게 하는 몇 가지 가스가 대기권속에 있다. 이 가스들은 "온실가스"로 알려져 있고, 온실가스에는 이산화탄소, 메탄, 그리고 아산화질소가 포함되어있는데, 이런 가스들이 온실효과를 야기시키는 것이다. 이런 결과 (this = greenhouse effect)세계의 온도는 금세기에 이미 0.5° 정도 상승했고 해수면은 10cm 상승했다. 그리고 이런 가스의 양은 증가하고 있다.

2

For example, the amount of carbon dioxide has gone up from 280 to 360 parts per million between 1850 and now. The reason for this increase in the amount of carbon dioxide is that we burn a lot of fossil fuels, and we cut down forests. A future increase of atmospheric carbon dioxide, caused by the burning of coal, oil, and gas, will lead to a dry or flooded climate with drastic effects on agriculture.

예를 들어, 이산화탄소의 양은 1850부터 지금까지 280에서 360ppm으로 상승했다. 이렇게 이산화탄소의 양이 증가하는 이유는 우리가 많은 화석연료를 때고, 벌목하기 때문이다. 석탄, 석유, 그리고 가스를 땜으로써 야기되는, 대기권 속 이산화탄소의 미래의 증가로 비가 안 오거나 홍수로 강이 넘쳐흐르는 기후가 되어 농업에 가혹한 영향을 주게 될 것이다.

- ... several gases which trap the *heat* (which is) generated by the sun
  몇 가지 가스 ↑_____↑ 열을 가두어 두는 ↑_____↑ 태양에 의해 발생된
  ➡ 첫 번째 관계대명사가 수식하는 것은 'atmosphere'가 아닌 'several gases'

- ... and prevent it from escaping
  ➡ 'it' = 'the heat'

- carbon dioxide, methane,..., which cause the greenhouse effect
  그런데 이런 가스들이 온실효과를 야기시키는 것이다
  ➡ 'which'는 'carbon dioxide, methane, ...,'을 가리킨다.

- atmospheric carbon dioxide, (which is) caused by the burning of coal ... gas
  대기권 속 이산화탄소 ↑_____↑ 석탄 ..., 가스를 땜으로써 야기되는

❶
several 몇몇의
atmosphere 대기
trap 가두어두다
heat 열
generate 발생시키다
prevent 막다
escape 탈출하다
include ~을 포함하다
methane 메탄
cause ~을 야기시키다
greenhouse 온실
temperature 온도
sea level 해수면
amount 양
increase 증가하다
prevent ... from ~하지 못하게 하다

❷
burn (불)태우다
reason 이유
fossil fuel 화석연료
cut down 자르다
lead to 결국 ~이 되다
dry 비가 안 오는
flood 홍수가 나다
climate 기후
drastic 가혹한
agriculture 농업

271

There are several gases in the atmosphere which trap the heat generated by the sun and prevent **it** from escaping. These are known as "greenhouse gases." They include carbon dioxide, methane, and nitrous oxide, which cause the greenhouse effect. As a result of this, the world's temperature has already gone up by $0.5°$ this century, and the sea level has risen by ten centimeters. And the amount of these gases in the atmosphere is increasing.

_____, the amount of carbon dioxide has gone up from 280 to 360 parts per million between 1850 and now. The reason for this increase in the amount of carbon dioxide is that we burn a lot of fossil fuels, and we cut down forests. A future increase of atmospheric carbon dioxide, caused by the burning of coal, oil, and gas, will lead to a dry or flooded climate with drastic effects on agriculture.

1. According to the passage, which of the following is **NOT** true?
   (A) The increase of gases such as carbon dioxide and methane will have effects on climate and agriculture.
   (B) A small rise in earth's temperature may cause minor changes in geography and agriculture.
   (C) The effect of the burning of fossil fuels will be a drier climate with drastic effects on agriculture.
   (D) Greenhouse gases are the ones which trap heat from the sun in the atmosphere.

2. Which of the following would be most appropriate to fill in the blank?
   (A) However
   (B) For example
   (C) In addition
   (D) In other words

3. The word "it" refers to _____.
   (A) the heat
   (B) the gas
   (C) the sun
   (D) the atmosphere

1. (B) 2. (B) 3. (A)

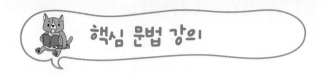

핵심 문법 강의

▶ 현재완료(Present Perfect)

과거와 현재를 연결해 주는 현재완료는 'have + p.p.'의 형태로 현재를 기준 점으로 해서 과거부터 현재까지의 상태 및 동작의 결과·경험·계속·완료 등을 나타낸다.

결과: 과거의 동작 행위의 결과가 현재까지 이르는 경우

As a result of this, the world's temperature has already gone up by 0.5° this century, and the sea level has risen by ten centimeters. And the amount of these gases in the atmosphere is increasing. 〈64과 본문〉

이런 결과(this = greenhouse effect)세계의 온도는 금세기에 이미 0.5° 정도 상승했고 해수면은 10cm 상승했다. 그리고 이런 가스의 양은 증가하고 있다.

완료: 현재를 기준으로 동작의 완료

He has gone to the post office.

그는 우체국에 갔어.

→ 'have been'은 이미 다녀온 것을 의미한다. 그러나 'have gone'은 떠나서 아직 돌아오지 않은 것을 뜻하므로 대화를 나누고 있는 1, 2인칭을 주어로는 쓰이지 않는다.
완료와 결과를 정확히 구분하기는 매우 어려울 때가 있다. 위 예문에서 '우체국에 가버렸다.' 하면 동작은 완료되었지만, 그래서 '지금 여기에 없다'는 뜻이므로 결과로 생각할 수도 있다.

계속: 현재/과거에 이르기까지 계속된 상태를 의미하며 동작 동사의 계속을 나타내기 위하여 완료 진행형을 사용하기도 한다.

a. I've worked out since last Spring.

몸매를 가꾸려고 지난봄부터 운동을 해 왔어요.

b. I've been giving your proposal a lot of thought.

당신의 프로포즈를 신중히 생각하는 중입니다.

> **work out** 몸매를 다듬기 위해 운동하다
> **since** ~한 이래, ~부터
>
> **proposal**[prəpóuzəl] 결혼 신청; 제안

경험: 과거부터 지금까지의 경험을 나타내는 경우 'ever, never, already, yet, before, just, recently, always'와 같은 시간의 부사와 종종 쓰인다.

A: Have you *ever* been to Japan?

일본에 가본 적이 있나요?

B: Yes, (I have been there) many times.

네, 여러 번 가 봤어요.

LESSON 6 5 The Type of Women that Men Prefer

1
To our surprise, 57 percent of the men who were surveyed preferred brains over good looks and 83 percent preferred a pleasant personality over good looks.

놀랍게도 표본조사에 참가한 57%의 남자들은 잘 생긴 외모보다는 지능을 선호했고 83%는 잘 생긴 외모보다 상냥한 성격을 선호했다.

2
Even the younger men in the survey were not looking for someone that just looked good. Though 19 percent didn't have a clue as to what they liked, only 11 percent wanted their ideal woman to be conventionally attractive.

표본 조사에 참가한 더 젊은이들조차도 그저 잘 생긴 사람을 찾지는 않았다. 그 중 19%는 자기들이 좋아하는 것에 관하여 모른다 하더라도 11%만은 자기들의 이상적인 여성으로 대부분의 사람들이 매력이 있다고 생각하는 여성을 원했다.

3
It seems that men prefer their women to look interesting. But what puts men off? An aggressive, domineering woman proved unpopular. This turn-off was closely followed by women smoking; more than one in five men hate to see women with a cigarette in their mouths.

남자들은 자신의 여성이 즐거움을 주는 것을 더 선호하는 것 같다. 그렇다면 남자들 밥맛 떨어지게 하는 것은 무엇일까? 공격적이며 오만한 여성은 인기가 없는 것으로 입증이 되었다. 이러한 혐오감 바로 다음으로 싫어하는 것이 여자들이 담배 피우는 것이었다. 남자 5명 중 한 명 이상이 입에 담배를 물고 다니는 여성을 싫어한다.

4
By far the most important attribute that these men asked for was kindness. Only two men in a hundred said this wasn't important, and in the older group kindness received 100 percent of the vote. Also, more than three fourths of the younger men wanted an independent woman.

표본조사에 참가한 남자들이 요구하는 자질 중 가장 중요한 것은 바로 친절이었다. 100명 중의 단지 두 명만이 친절이 중요한 것이 아니라고 말했지만, 보다 나이든 사람들은 친절이 표본조사에 참여한 사람들 100%의 지지를 받았다. 또한 보다 젊은 남자들의 75% 이상이 자활여성을 원했다.

- to one's surprise 놀랍게도
  ➜ 'to + 추상명사' 는 '어떤 일에 대한 반응' 을 나타냄
  eg. to one's embarrassment[imbǽrəsmənt] 난처하게도, 곤혹스럽게도

- the men who were surveyed
  사람들 └────┘ 표본조사에 참여한
  = the men *who took the survey* = the men *in the survey*

- prefer brains / over good looks
  지력을 더 좋아하다   잘 생긴 외모보다
  ➜ over = higher than
  ➜ 'prefer[prifə́ːr]' 는 비교급 동사로 '～보다 …을 더 좋아하다' 의 뜻

- looking for *someone* that just looked good ⟨10과 핵심 문법 강의 참조⟩
  어떤 사람을 찾다 └────┘   그저 잘 생긴

- 'this turn-off' 는 '여성들의 공격적이며 오만한 태도' 를 의미함

- women with a cigarette in their mouths 담배를 입에 물고 다니는 여성들
  ➜ 'with + 목적어 + 형용사(구) · 분사' 는 '～하면서, ～인 채로' 의 뜻으로 부대상황을 나타내는 형용사구
  또는 부사구로 쓰인다.

- *the most important* attribute / that these men asked for ⟨10과 핵심 문법 강의 참조⟩
  가장 중요한 자질 └────┘   (표본조사에 참가한) 이 남자들이 요구하는

❶
survey 조사하다 (표본)조사
brain 지력(知力); 지능
(intelligence); 머리가 좋은 사람;
뇌
look 외모(appearance)
pleasant 상냥한, 호감이 가는,
쾌활한; 즐거운
personality 성격(character), 인
간성; 유명한 사람

❷
clue 단서
as to ～에 관하여
conventionally 일반적으로 용
인되는; 전통적으로
conventional 전통적인
attractive 매력 있는

❸
put sb off 혐오감을 갖게 하다
aggressive 공격적인
aggression 공격
domineering 오만한
domineer 권력을 휘두르다
prove ～으로 입증이 되다
unpopular 인기가 없는
turn-off 혐오감을 느끼게 하는
것
closely 근접하여
follow 따라가다
hate 미워하다

❹
by far 훨씬, 단연(최상급을 수식
함)
attribute 특성, 자질(quality);
～에 돌리다, ～의 탓으로 하다
ask for 요청하다(request)
vote (집합적) 선거안; 지지; 투표
independent 독립심이 강한; 자
신감이 있는

275

To our surprise, 57 percent of the men who were surveyed preferred brains over good looks and 83 percent preferred a pleasant personality over good looks.

Even the younger men in the survey were not looking for someone that just looked good. Though 19 percent didn't have a clue what they liked, only 11 percent wanted their ideal woman to be conventionally attractive. It seems that men prefer their women to look interesting.

But what **puts** men **off**? An aggressive, domineering woman proved unpopular. This turn-off was closely followed by women smoking; more than one in five men hate to see women with a cigarette in their mouths.

By far the most important attribute these men asked for was kindness. Only two men in a hundred said this wasn't important, and in the older group kindness received 100 percent of the vote.

Also, more than three fourths of the younger men wanted an independent woman.

1. All of the following are mentioned **EXCEPT** _____.

(A) More than half of the men in the survey were more interested in the women's character than their appearance.

(B) The survey showed that men didn't like women willing to control men.

(C) Much more than half of the younger men wanted a woman who can earn enough money to live on.

(D) Many a young man wanted women who have a traditionally pleasant appearance.

2. The proportion of the men who wanted women who are confident and able to do things by themselves are _____.

(A) more than 57%   (B) more than 75%

(C) more than 83%   (D) one hundred percent

3. The phrase "put off" means _____.

(A) make somebody feel dislike

(B) delay doing something

(C) cancel an appointment with someone

(D) arrange to do something at a later time

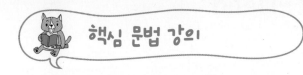

핵심 문법 강의

▶ 선행사를 포함한 관계대명사 What

선행사를 포함한 관계대명사 'what'은 'the thing(s) that, all that'의 뜻을 지니고, '～하는 것'으로 해석된다. 'what'이 명사절을 이끌기 때문에 주어·목적어·보어로 쓰인다.

명사적 용법

A: Is the salesclerk kind?
점원이 친절해?

B: Yes, she helped me pick out what I wanted.
그래. 그녀는 내가 원하는 것을 고르도록 도와주었어. 〈목적어〉

> clerk [kləːrk] 점원
> pick out 고르다(choose)

What I want most is this true love of ours. 〈주어〉
내가 가장 원하는 것은 우리들의 진실한 사랑입니다.

Your report is really hard. I can't understand what it says. 〈목적어〉
당신 보고서는 정말 어려워요. 무슨 말인지 모르겠어요.

It's just what I had in mind. 〈보어〉
제가 마음속에 갖고 있던 겁니다.

관용적 표현

Ann is very sexy, and what is still better, very cultivated.
앤은 매우 섹시한데 더 좋은 것은 매우 교양 있다는 것이다.

> what is better 더욱 좋은 것은
> cultivated [kʌ́ltəvèitid] 교양 있는

The guy is not what he was / what he used to be.
그 녀석은 옛날의 그가 아니야.

> what one is 현재의 신분·인격
> what one has 소유하고 있는 것, 재산

Reading is to the mind what (as) exercise is to the body.
독서가 정신에 대한 관계는 운동이 신체에 대한 관계와 같다.

= What exercise is to the body, reading is to the mind.

> A is to B what C is to D
> A의 B에 대한 관계는 C의 D에 대한 관계와 같다

What is more surprising, she is two-faced.
더욱 놀라운 것은 그녀가 이중인격자라는 사실이다.

= What's more surprising is that she is two-faced.

LESSON 6

Man's Best Friend

1 If fortune drives the master forth as an outcast in the world, friendless, and homeless, the faithful dog asks no higher privilege than that of accompanying him to guard against danger, and fighting against his enemies.

팔자가 더러워 주인이 이 세상에서 버림받은 사람으로 집밖으로 내몰려 친구도, 집도 없게 될지라도, 충성스런 개는 위험으로부터 주인을 보호하기 위해 따라다니고, 주인의 적들과 맞서 싸우는 것 이상의 더 많은 특혜를 절대로 요구하지 않습니다.

2 The best friend a man has in this world may turn against him and become his enemy. His son or daughter whom he's reared with loving care may prove ungrateful. Those who are nearest and dearest to us – those whom we trust with our happiness and good name – may become traitors in their faith.

우리가 이 세상에서 사귀는 가장 좋은 친구가 자기를 배반하고 적이 될 수 있습니다. 애정이 담긴 보살핌 속에서 길러온 자기 아들딸이 배은망덕할 수도 있습니다. 우리에게 가장 가깝고 가장 소중한 사람들, 다시 말해서 우리의 행복과 명성마저도 믿고 맡긴, 즉, 그만큼 믿어왔던 그들이 그들을 믿는 속에서 배반자가 될 수도 있습니다.

3 The money that a man has he may lose. It flies away from him, perhaps when he needs it most. A man's reputation may be sacrificed in a moment of il-considered action.

사람은 자기가 가진 돈을 잃을 수도 있습니다. 돈은 아마도 자기가 가장 필요로 할 때 순식간에 사라져버릴지도 모릅니다. 누구의 명성이든 현명치 못한 행동을 저지르는 순간에 희생될 수 있는 것입니다.

4 The people who are prone to fall on their knees to do us honor when success is with us may be the first to throw the stone of malice when failure settles its cloud upon our heads.

우리가 성공했을 때 경의를 표하기 위해 쉽게 무릎을 꿇으려는 사람들이, 실패의 먹구름이 우리 머리위에 드리울 때 악의에 찬 돌을 던질 수 있는 첫 번째 사람일지도 모릅니다.

5 The one absolute, unselfish friend that man can have in this selfish world – the one that never proves ungrateful or treacherous – is his dog.

이런 이기적인 세상에서 인간이 사귈 수 있는 순수하고, 사심이 없는, 즉 결코 배운 망덕하지 않고 배반하지도 않는 한 친구는 자기 개입니다.

- If fortune drives the master forth as an outcast, (being) friendless and homeless...
  S   V   O   OC   분사 구문의 결과
  운명이 그 주인을 밖으로 내몰아 버림받은 사람으로 결국 친구도 집도 없게 할지라도

- the faithful dog asks no higher privilege than that of accompanying him to ...
  ➡ 비교급 앞에 부사로 쓰인 'no'는 'not~at all(결코 ~이 아닌)'의 뜻으로 'higher'를 완전 부정하여 '충성스런 개는 …하기 위하여 주인을 따라 다니는 그것(privilege = 특혜)보다 더 이상의 특혜를 결코 요구 하지 않는다' 라는 뜻으로 '단지 따라 다니는 특혜만을 요구 한다' 는 뜻이다.

❶
fortune 운명
drive 몰아내다
master 주인
forth (집) 밖으로
outcast 버림받은 사람
friendless 친구 없는
homeless 집이 없는
faithful 충성스런
privilege 혜택
accompany 따라가다
guard 보호하다
danger 위험

- The best friend a man has may turn against him and become his enemy.
  S   ┗____┛ 우리가 사귀는 V 배반하고 O   V   C

- His son or daughter whom he's reared with loving care may prove ungrateful.
  S   ┗____┛ 애정이 담긴 보살핌 속에서 길러온   V   C

- 대시(dash —)는 나중에 떠오른 생각 또는 부연설명하기 위해 쓰인 것이다.

❷
rear 기르다
care 보살핌
prove ~이 되다
proof 증거
ungrateful 배은망덕한
dear 소중한
trust 의지하다
good name 명성
traitor 배반자
faith 믿음

- The money that a man has he may lose.
  O   ┗____┛ 사람이 가진 S V 잃을 수 있다
  ➡ 'lose'의 목적어 'that a man has'를 강조하기 위해 앞으로 이동
  ➡ 부정적인 표현이 있는 목적어·부사구가 문두에 올 때 주어 동사가 도치되지만, 부정적인 표현이 없는 목적어가 문두에 올 때는 도치되지 않는다. 〈169쪽 4번 참조〉
  eg. Not a single book *had he* read that month.
      한권의 책도 그달에 그는 읽지 않았다.

❸
fly away 멀리 날아가 버리다
reputation 명성
sacrifice 희생하다
moment 순간
ill-considered 현명치 못한

- The people who are prone to fall on their knees to do us honor
  S ┗____┛   경의를 표하기 위해 쉽게 무릎을 꿇으려는, 즉 아부하려는
  when success is with us may be the first to throw the stone of malice
  성공이 우리와 함께 있을 때   V C ┗____┛ 악의에 찬 돌을 던질 수 있는
  when failure settles its cloud upon our heads.
  실패의 그림자가 우리 머리위에 드리울 때
  ➡ '주어 + (형용사절)(부사절) 동사 + 보어(부정사의 형용사구)(부사절)로 구성된 2형식 문장이지만 수식어가 많아 복잡해 보인다. 'its cloud'에서 'its'는 'failure'를 가리킴

❹
prone ~하기 쉬운
throw 던지다
malice 악의
settle ~을 어떤 위치에 놓다
cloud 구름

❺
absolute 순수한
unselfish 사심이 없는
treacherous 배반하는

If fortune drives the master forth as an outcast in the world, friendless, and homeless, the faithful dog asks no higher privilege than that of accompanying him to guard against danger, and fighting against his enemies.

Gentlemen of the jury, the best friend a man has in this world may turn against him and become his enemy. His son or daughter whom he's reared with loving care may prove ungrateful. Those who are nearest and dearest to us – those whom we trust with our happiness and good name – may become traitors in their faith.

The money that a man has he may lose. It flies away from him, perhaps when he needs it most. A man's reputation may be sacrificed in a moment of ill-considered action.

The people who are prone to fall on their knees to do us honor when success is with us may be the first to throw the stone of malice when failure settles its cloud upon our heads.

The one absolute, unselfish friend that man can have in this selfish world – the one that never proves ungrateful or treacherous – is his dog.

1. Which of the following would be the best title for the passage?
   (A) Man's Gratitude
   (B) Man's Best Friend
   (C) A Man's Reputation
   (D) This Selfish World

2. Choose the correct statement based on the information in the passage.
   (A) A dog may turn against the owner and become his enemy.
   (B) Our absolute, unselfish friend we can have in this selfish world is a dog.
   (C) Our sons or daughters never prove ungrateful or treacherous.
   (D) Money is everything in this selfish and ungrateful world.

3. Choose the most suitable one to fill out the blank.

The dog is referred to as a _____ friend in the world man can have.

   (A) grateful
   (B) selfish
   (C) treacherous
   (D) brave

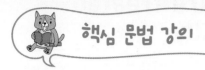

▶ no better than / no sooner ... than

비교급에서 부사로 쓰인 'no'는 'not ～ at all(결코 ～이 아닌)'의 뜻으로 better를 완전 부정하여 엄밀히 말한다면 '그는 거지만 못하거나 같거나'의 뜻으로 [He ≤ a beggar]의 등식이 될 수 있지만 언어란 수학과 같이 계산할 수 없으므로 'no better than'은 '～나 마찬가지인'의 뜻으로 해석한다.

a. He is no better than a beggar.
그는 거지나 다름없다.

= He is *as good as* a beggar.

> **as good as** 거의(almost), 실제로
> (virtually[və́ːrtʃuəli])

b. He had no sooner seen a policeman than he ran away.
그는 경찰을 보자마자 달아나 버렸다.

> **no sooner ... than** ～하자마자
> …하다

문장 b)의 원래 문장을 다음과 같이 생각해보자.

He *had* sooner *seen* a policeman than he *ran away*.
도망간 것보다 그는 경찰을 더 먼저 보았다.

→ 도망간 것 'ran away'보다 경찰을 먼저 보았기 때문에 과거완료 'had seen'이 쓰인 것이다. 그러나 부정문에서 'no'가 'sooner'를 완전 부정하여 '달아난 것보다 경찰을 결코 더 먼저 본 것이 아니다'라는 뜻으로 도망간 것과 경찰을 본 것이 거의 동시 동작으로 해석한다.

= No sooner *had he* seen a policeman than he ran away.

→ 부정 어구(no sooner)가 문두에 오면 주어 · 동사가 도치된다.

= As soon as he saw a policeman, he *ran away*.

→ 'as soon as'는 동등 비교이므로 주절과 종속절의 시제는 동일해야만 한다.

c. Couldn't be better.
아주 잘 지내.

→ Couldn't be better (than now). 가정법 과거로 '더 이상 좋을 수가 없다.'는 뜻

d. I've never slept better.

→ '(지난밤보다) 잠을 더 잘 자본적이 결코 없었다.'는 말은 '숙면을 했다'는 뜻

e. In my opinion, movies have never been worse.
나의 견해로는 영화들이 요즘보다 더 나빴던 적은 없었어요.

→ 'have never been worse (than now)'는 '지금보다 더 나빴던 적은 결코 없었다.' 즉, '가장 나쁘다(worst)'는 뜻. c, d, e)는 최상급의 뜻을 나타내는 비교구문이다.

LESSON 67
Men and Women Are Treated Anything but Equally

1 Everyone knows that men and women are treated anything but equally. This has to do with the fact that men consider themselves superior to women, but who made them attain this kind of attitude? Like it or not, we have to admit that the chief reason is women themselves.

남녀가 결코 평등하게 대우받지 않고 있다(즉, 차별 대우를 받고 있다)는 사실을 모든 사람이 알고 있다. 이것은 남자들이 그들 자신을 여자보다 더 우월하다고 생각하는 사실과 관련이 있다. 하지만, 그들이 이런 태도를 갖게끔 누가 만들었나? 싫든 좋든 그 주요한 이유는 여성자신들이라는 사실을 우리는 인정해야만 한다.

2 Women see themselves as weaker beings than men. When two people of different sex commit the same crime, the female usually gets off easier. Why? Because the punisher either thinks that the male is in charge or that the female is too weak to be punished.

여자들은 남자들보다 자신들을 더 약한 사람들이라고 보고 있다. 이성의 두 사람이 같은 죄를 저질렀을 때 여성은 보통 더 쉽게 풀려난다. 왜 그럴까? 벌주는 사람은 남자가 (그 범죄에) 책임이 있다고 생각하거나 여성은 벌을 받기에 너무 약하다고 생각하기 때문이다.

3 Some females even go as far as insisting that they should be let off easier because they are female. I remember a girl who after committing a wrongdoing, pleaded, "I am really sorry. But shouldn't you let me off the hook? I am a girl after all."

그들이 여성이기 때문에 더 쉽게 용서해줘야 한다고 까지 심지어 주장하는 일부 여성들도 있다. 잘못을 저지르고 나서 "정말 죄송합니다. 하지만 처벌을 용서 해줘야만 되지 않겠어요? 뭐니 뭐니 해도 저는 소녀잖아요"라고 간청했던 한 소녀를 기억한다.

4 This kind of attitude of women has been destroying the small, but better than nothing, equality our ancestors had built up by having sit-ins, debates and protests.

이러한 여성들의 태도(잘못을 저지른 후에 여자이기 때문에 봐달라고 간청하는 태도)는 우리 조상들이 연좌 농성, 토론, 항의를 함으로써 쌓아올린 작지만, 없는 것보다 나은 평등을 파괴해 오고 있다.

5 If women deserve blame and punishment as much as men do, they should take it without protest or objection. If men take blame for women, women are just admitting that they are a burden to men in this case, they do not deserve equal rights.

여자가 남자만큼 비난과 처벌을 받아 마땅하다면 항의나 반대 없이 그것을 감수해야만 한다. 만약 남자가 여자 대신 비난을 받는다면, 이런 경우에 여자는 단지 남자에게 부담이 된다고 인정하고 있는 셈이다. 이 경우에는 그들은 평등권을 받을 가치가 없다.

- 첫째 줄의 'this'는 '남녀가 조금도 평등한 대우를 받지 않고 있다'는 앞의 내용을 가리킴
- the fact that men consider themselves superior to women
  └ 동격 ┘ 주어   동사   목적어   목적보어   부사구
  = men consider themselves *better than* women
  ➔ 'the fact'와 'that' 이하는 동격 관계로 '~라는 사실'로 해석한다.
- this kind of attitude는 '남자 자신들이 여자보다 우월하다고 생각하는 태도'를 말함
- (Whether we) Like it or not 좋아하든 않든 ➔ 양보 부사절
- women themselves ➔ 재귀대명사 'themselves'는 'women'을 강조

- weaker beings than men 남자들보다 더 약한 사람들
- in charge (of the crime) 그 범죄에 책임이 있는
- too weak to be punished 너무 약해 처벌 대상이 될 수 없다
  = *so* weak *that* she *can't* be punished
  ➔ too ... to 너무나 ~해서 …할 수 없다

- insisting that they (should) be let off easier 〈46과 199쪽 참조〉
  ➔ 미국 영어에서 'insist'의 종속절에 should를 생략하고 동사의 원형을 쓴다.
- a girl, who (after committing a wrongdoing,) pleaded
  ↑_____┘ (잘못을 저지른 후에) …라고 간청하는 (형용사절)

- the small, but better than nothing, *equality* 작지만 없는 것보다 나은 평등
  ➔ 'small, better'는 'equality'를 수식

- as much as ~만큼 ➔ 동등한(equal) 정도를 나타내는 비교급
- 'do'는 'deserve blame and punishment'를 대신하는 대동사
- they should take it without protest or objection
  ➔ 'blame'과 'punishment'를 하나의 의미로 보기 때문에 'it'으로 받음
- men take blame for women 남자들이 여자 대신 비난을 받다
  ➔ 전치사 'for'는 '~대신에(instead of)'

❶
treat 대하다
equally 동등하게
equality 동등, 평등
consider 생각하다
superior 보다 우수한
attain 얻다
attitude 태도
admit 인정하다
chief 주된

❷
weak 약한
being 인간
crime 죄
punish 벌주다
male 남성

❸
wrongdoing 나쁜 짓을 함
plead 간청하다
hook 곤경

❹
destroy 파괴하다
ancestor 조상
build up 쌓아올리다
debate 토론
protest 항의

❺
deserve 받을 가치가 있다
blame 비난
punishment 벌
objection 반대
admit 인정하다
burden 부담, 짐

283

Everyone knows that men and women are treated anything but equally. This has to do with the fact that men consider themselves superior to women, but who made them attain **this kind of attitude**? Like it or not, we have to admit that the chief reason is women themselves.

Women see themselves as weaker beings than men. When two people of different sex commit the same crime, the female usually gets off easier. Why? Because the punisher either thinks that the male is in charge or that the female is too weak to be punished.

Some females even go as far as insisting that they should be let off easier because they are female. I remember a girl, who after committing a wrongdoing, pleaded, "I am really sorry. But shouldn't you let me off the hook? I am a girl after all."

This kind of attitude of women has been destroying the small, but better than nothing, equality our ancestors had built up by having sit-ins, debates and protests.

If women deserve blame and punishment as much as men do, they should take it without protest or objection. If men take blame for women, women are just admitting that they are a burden to men in this case, they do not deserve equal rights.

1. Which of the following is the best title for the passage?
   (A) Equal Rights for Women
   (B) Women's Attitude
   (C) A Burden to Men
   (D) Females' Wrongdoing

2. It can be inferred from the passage that _____.
   (A) women think of themselves as not inferior to men
   (B) men and women are generally regarded as equal
   (C) women don't ask for equal rights with men when in a difficult situation
   (D) women insist they should be treated equally with men in all circumstances

3. The phrase "this kind of attitude" refers to _____.

   (A) women's escaping from a difficult situation

   (B) women's being kind to men

   (C) men's considering themselves better than women

   (D) being aggressive

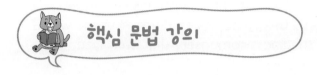

핵심 문법 강의

▶ 라틴계 비교급

라틴계 비교급: 라틴 계통 단어의 비교급은 than이 아니라 전치사 to를 사용한다.
superior[səpíəriər] ~보다 우수한, inferior[infíəriər] ~보다 열등한, prior[práiər]
~보다 앞선, junior[dʒúːnjər] 손아래의, senior[síːjər] 손위의, major[méidʒər] ~보다 중요한

S: Which do you like better, tea or coffee?
   홍차와 커피 어느 것을 더 좋아합니까?

M: I prefer coffee (to tea).
   홍차보다 커피를 좋아합니다.

   = I'd rather have coffee (than tea).

Men consider themselves superior to women.

= Men consider themselves *better than* women.

남자들이 그들 자신을 여자보다 더 우월하다고 생각한다.

> **consider**[kənsídər] 생각하다, 고려하다

I am two years junior to you

= I am two years *younger than* you.

나는 너보다 2살 어리다.

My son prefers walking to riding when he goes to school.

내 아들은 학교 갈 때 차를 타는 것보다 걷는 것을 좋아한다.

> **prefer**[prifə́ːr] **A to B** B 보다 A를 더 좋아하다(선택적인 것을 나타낼 때)

57 percent of the men who were surveyed preferred brains over good looks
and 83 percent preferred a pleasant personality over good looks. 〈65과 1번〉

표본조사에 참가한 57%의 남자들은 잘 생긴 외모보다는 지능을 선호했고 83%는 잘 생긴 외모보다 상냥한 성격을 선호했다.

   ➡ 전치사 to를 사용하는 것이 옳지만 일부 영미인들이 'over' 를 사용하기도 한다.

A Longing to Be Mediocre

1 Wolfgang A. Mozart will be remembered as one of history's most famous child prodigies. By the age of eight, he had performed in half the great cities of Europe and was about to write his first three symphonies. He died shortly before his 36th birthday, but the world recognizes him as one of the finest composers that ever lived.

볼프강 아마데우스 모차르트((1756-91) 오스트리아의 작곡가)는 역사상 가장 유명한 신동(神童) 중에 한 사람으로 기억될 것이다. 8살 때까지 절반의 유럽 대도시에서 그는 연주를 했다. 그리고 그의 첫 번째 3개의 심포니를 쓰고자하는 의향이 있었다. 그는 36번째 생일 바로 전에 죽었지만, 세상 사람들은 그를 지금까지 살아온 가장 훌륭한 작곡가 중 한 사람으로서 인정한다.

2 For centuries, people have been amazed by children of unusual talent. A pianist and composer Felix Mendelssohn had composed a fair amount of music by the time he was 11. His fourth opera was produced in Berlin when he was only 18.

수세기 동안 사람들은 타고난 남다른 재능을 가진 아이들 때문에 놀라곤 했다. 피아니스트이자 작곡가인 멘델스존((1809-47) 독일의 피아니스트이며 작곡가)는 11살 때까지 많은 음악을 작곡했다. 그의 네 번째 오페라가 불과 18살 때 베를린에서 공연되었다.

3 Success has not always brought happiness to prodigies. When he was 20, John S. Mill, the 19th-century British philosopher, suffered a serious mental crisis. "I seemed to have nothing left to live for," he wrote years later. Other well-known prodigies have had similar experiences.

성공이 신동들에게 항상 행복을 가져오는 것은 아니다. 19세기 영국 철학자 John S. Mill은 그가 20살 때 심각할 정도로 정신적 위기를 겪었다. 몇 년 뒤에 "삶의 목적이 아무것도 남아있지 않는 것 같다"고 그는 적고 있다. 그 밖의 다른 잘 알려진 신동들도 비슷한 체험을 했다.

4 Those who have studied today's prodigies closely have observed that they live under the great weight of their loneliness. In school with children of their own age, they become bored, frustrated, and may simply turn off learning completely. Ten-year-old geniuses, if sent to universities because of their mental abilities, can't fit in. Emotionally, they're still children.

오늘날의 신동들을 면밀히 연구한 사람들은 그들이 외로움이라는 엄청난 중압(重壓) 속에서 살고 있음을 알게 되었다. 동갑내기 아이들과의 학교생활에서 그들은 지루하고, 짜증을 내고 학습에 대한 흥미를 완전히 잃게 될지도 모른다. 지적능력 때문에 대학에 다닌다 해도 10대의 천재들이 적응할 수가 없다. 왜냐하면 정서적으로 아직 아이들이기 때문이다.

- recognizes him / as one of the finest composers　that (have) ever lived
  그를 인정하다　　　　가장 훌륭한 작곡가 중 한 사람으로서 ↑_____ 지금까지 살아온
  ➡ 'that ever lived'는 최상급 강조

❶
child prodigy 신동
perform 연주하다
symphony 교향곡
recognize 인정하다
composer 작곡가

❷
amaze 깜짝 놀라게 하다
unusual 남다른
talent 재능
fair 상당한
amount 양
produce 상연하다

- For centuries, people have been amazed by children of unusual talent.
  ➡ 행위자 'by'는 '~에 의해서'의 뜻으로, '소년들이 사람들을 깜짝 놀라게 해왔다'는 말로 해석되어 형태
  는 수동이지만 동적(動的)인 느낌을 준다.
  cf. 'at'는 '~을 보고, 듣고, 생각하고'의 뜻으로 정적(靜的)인 느낌을 준다.

- A pianist and composer
  = A (pianist and composer) 피아니스트겸 작곡가
  ➡ 두 단어가 한 사람의 자질(資質)을 의미할 때 관사는 하나만 쓰임

❸
success 성공
suffer 겪다
serious 심각한
mental 정신의
crisis 위기
well-known 잘 알려진
similar 비슷한
experience 경험

- have nothing left to live for 삶의 목적이 아무것도 남아있지 않다
  ➡ 'for'는 '추구 · 기대'의 대상을 나타내고, 'nothing'은 'for'의 목적어

❹
closely 주의 깊게
observe ~알게 되다
loneliness 외로움
frustrated 짜증을 내고 조바심하
는
mental 정신의
ability 능력
completely 완전히
fit in 어울리다
emotionally 정서적으로

- Ten-year-old geniuses, if (they are) sent to universities
  ➡ ' if, as, though, when, while' 등으로 유도될 때 '주어 + 동사'가 종종 생략.

5 Many children, as they enter adolescence, begin to turn to other teenagers for affection, encouragement, and a sense of belonging. This can be a very difficult time in the lives of prodigies. They know they are different, and other teenagers know it, too.

사춘기에 들어서면서 많은 아이들은 다른 10대 아이들에게 애정을, 서로간의 격려를, 그리고 (서로가 같은 10대라는) 소속감을 구하려한다. 신동들의 삶에 있어 이때(다른 10대 아이들에게 같은 10대라는 소속감을 구하려할 때)가 매우 어려운 시기가 될 수 있다. 그들은 자기가 남다르다는 것을 알고, 다른 10대들 역시 그러한 사실(신동들이 다르다는 것)을 알기 때문이다.

6 "I'm afraid of not having any friends," says Mac Randall. Mac, 11, taught himself to use an electric typewriter at the age of three. At four, he began to write horror stories. He recently wrote a rock opera.

"친구를 사귀지 못할까봐 두려워요." 올해 11세인 맥 랜델의 말이다. 그는 3세 때 전동타자기의 사용법을 스스로 터득했고, 4살 때 공포소설을 쓰기 시작했으며 얼마 전에 록 오페라도 쓴바있다.

7 Although many prodigies enjoy the satisfaction of extraordinary achievement, public praise, and material wealth, even the most successful sometimes question the value of their lives and accomplishments. "I have a longing which grows stronger as I get older," confesses the acclaimed American concert pianist Eugene Istomin, "to be mediocre."

비록 많은 천재들이 뛰어난 성취와 국민들의 찬사, 그리고 물질적 부(富)에 대한 만족감을 누리지만 하지만, 때로는 가장 성공적인 사람들조차 자신들의 삶과 업적의 가치에 의문을 갖는다. 갈채 받는 미국의 콘서트 피아니스트인 유진 이즈토민은 "나는 나이가 들면서 평범해지고 싶은 열망이 강렬해집니다."라고 고백한다.

- Many children begin to turn to other teenagers for affection, ...
  많은 아이들은 다른 10대 아이들에게 애정 … 을 구하려한다.

- They know they are different (from other teenagers), and ....
  그들(= 신동들)은 (다른 십대들과) 다르다는 것을 알고 있다.

- I'm afraid of not having any friends 친구를 사귀지 못할까봐 두려워요
  ➡ 'be afraid of' 는 '~할까봐, ~을 한다는 생각이 두렵거나 무섭다'; 'be afraid to' 는 '(실제로) ~하는 것이 두렵다 / 무섭다' 의 뜻이다.

  eg. I'm afraid of going out of the house at night. 밤에 집밖에 나가는 생각만 해도 두려워.

  Don't be afraid to ask for help. 도움을 청하는 것을 두려워하지 마라.

- "I have a longing *which grows stronger as I get older*," confesses the acclaimed American concert pianist Eugene Istomin, "*to be mediocre*."
  ➡ 복잡한 구조를 갖고 있는 이 문장의 주어는 'the acclaimed American concert pianist Eugene Istomin'; 동사는 'confess' 이다.

- "...a longing which grows stronger as I get older," V + S "to be mediocre."
  열망 └─────┘ 나이가 들면서 더욱 강렬해지는   평범해지고 싶은
  ➡ 부정사 'to be mediocre' 도 'longing' 을 수식하는 형용사구

  cf. a longing which grows stronger as I get older to be mediocre
  ➡ 평범해지기 위하여 나이를 먹으면서 강렬해지는 열망' 이라는 잘못된 해석을 방지하기 위해 두 수식어 사이에 '동사와 주어' 를 삽입시킨 것이다.

---

❺
adolescence 사춘기
turn to 구하다
turn to … for ~에게 (도움 · 조언 · 동정 등을) 구하다
affection 애정
encouragement 격려
sense 감각
belonging 소속

❻
horror 공포
recently 얼마 전에

❼
satisfaction 만족
extraordinary 뛰어난
accomplishment 업적
material 물질적인
wealth 부, 재산
successful 성공한
question 의아해하다
value 가치
longing 열망
grow 차차 ~이 되다
confess 고백하다
acclaim 갈채를 보내다
mediocre 좋지도 나쁘지도 않은

Wolfgang A. Mozart will be remembered as one of history's most famous child prodigies. By the age of eight, he had performed in half the great cities of Europe and was about to write his first three symphonies. He died shortly before his 36th birthday, but the world recognizes him as one of the finest composers that ever lived. For centuries, people have been amazed by children of unusual talent. A pianist and composer Felix Mendelssohn had composed a fair amount of music by the time he was 11. His fourth opera was produced in Berlin when he was only 18. Success has not always brought happiness to prodigies. When he was 20, John S. Mill, the 19th-century British philosopher, suffered a serious mental crisis. "I seemed to have nothing left to live for," he wrote years later. Other well-known prodigies have had similar experiences.

Those who have studied today's prodigies closely have observed that they live under the great weight of their loneliness. In school with children of their own age, they become bored, frustrated, and may simply turn off learning completely. Ten-year-old geniuses, if sent to universities because of their mental abilities, can't fit in. Emotionally, they're still children. Many children, as they enter adolescence, begin to turn to other teenagers for affection, encouragement, and a sense of belonging. This can be a very difficult time in the lives of prodigies. They know they are different, and other teenagers know it, too.

"I'm afraid of not having any friends," says Mac Randall. Mac, 11, taught himself to use an electric typewriter at the age of three. At four, he began to write horror stories. He recently wrote a rock opera. Although many prodigies enjoy the satisfaction of extraordinary achievement, public praise, and material wealth, even the most successful sometimes question the value of their lives and accomplishments. "I have a longing which grows stronger as I get older," confesses the acclaimed American concert pianist Eugene Istomin, "to be _____ mediocre."

1. **What does the passage mainly discuss?**

   (A) The Emotional Problems that Prodigies Have in Common

   (B) Characteristics of Famous Women Prodigies

   (C) The Short Lives of Well-known Prodigies

   (D) The Personal Life of Wolfgang A. Mozart

2. Which of the following is **NOT** true according to the above article?

   (A) Many prodigies don't thoroughly enjoy the satisfaction and the value of their lives.

   (B) By the age of eight, Mozart had performed in all the great cities of the world.

   (C) Success is said not to have always brought happiness to prodigies.

   (D) Adolescent prodigies do not feel the same as other teenagers.

3. The word "it" refers to the fact that _____.

   (A) prodigies are different from other teenagers

   (B) they are different from themselves

   (C) prodigies are different from other prodigies

   (D) teenagers are different from common teenagers

4. Which of the following is **NOT** a synonym of the word "extraordinary"?

   (A) remarkable   (B) very unusual

   (C) normal   (D) special

5. Choose the incorrect part of the sentence.

   People have been <u>amazed by</u> children of <u>unusual talent</u>.
   　　　　　　　　　　　(A)　　　　　　　　　　　(B)

   <u>A pianist and a composer</u> Mendelssohn had composed a fair amount of
   　　　　(C)

   music <u>by the time</u> he was 11.
   　　　　(D)

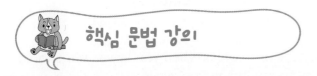

핵심 문법 강의

▶ 수동태에서 전치사 'by : at' 〈8과 핵심 문법 강의 참조〉

Last night I was *very* surprised at the masked boy.

Last night I was *much* surprised by the masked boy.

　→　'~을 보고, 듣고, 생각하고'의 뜻인 'at'이 쓰였을 때는 '가면을 쓴 소년을 보고 놀랐다'라는 말이므로 이때 'surprised'는 형용사적 성격을 띠어 very의 수식을 받는다. 그러나 '~에 의해서'의 뜻인 행위자 'by'가 쓰였을 때는 '가면을 쓴 소년이 나를 놀라게 했다'는 말로 'surprised'는 동사적 성격을 띠어 'much'의 수식을 받는다.

LESSON 69 Table Manners in the US

1 If you travel to the U.S. there is good possibility that you may be invited for a weekend homestay with an American family. If so, you would be having a number of meals with your host family – and these tips concerning table manners might come in handy:

미국에 여행가면 미국인 가정에 주말 유숙을 초대받을 가능성이 충분히 있다. 그러한 경우에는 초대해 준 가정의 가족들과 여러 차례에 걸쳐 식사를 함께 하게 될 것이다. 따라서 식사예절에 관한 다음의 조언들이 도움이 될 것이다.

2 If the dinner is informal, ask if you can bring something, such as something to drink or dessert. Arrive five to ten minutes late, but never early. Your host or hostess may still be getting ready. Take off your hat and coat as soon as you enter someone's home.

저녁식사가 격식을 차리지 않은 것이라면, 마실 음료라든가 후식 같은 것을 가져가도 되는지 물어 보세요. 5분 내지 10분 정도 늦게 도착하세요. 절대로 일찍 가지 마세요. 당신을 초대한 주인이 아직 준비 중에 있을지도 모릅니다. 집에 들어가자마자 모자와 코트를 벗으세요.

3 Feel free to politely refuse food that you don't want. Say, "No, thanks. I don't care for any." Put your napkin on your lap before you begin to eat. If there are a number of utensils; several forks, knives, and spoons, those farthest from the plate are supposed to be used first, and gradually move to the inside ones during the course of the meal.

당신이 원하지 않는 음식에 대해선 정중하게 거절하셔도 됩니다. "감사합니다만 전 별로 생각이 없습니다."라고 말하세요. 식사를 하기 전에 냅킨을 당신의 무릎 위에 펴놓으세요. 식탁 위에 포크, 나이프, 스푼과 같은 많은 식사도구들이 놓여 있으면 접시에서 가장 멀리 떨어져 있는 것부터 먼저 사용하도록 되어 있습니다. 그래서 식사가 진행되는 동안에 점차 안쪽의 것으로 옮겨가게 됩니다.

4 Hold the fork in your right hand unless you are left-handed. Keep your left hand in your lap unless you are cutting something.

당신이 왼손잡이가 아니면 포크는 오른손으로 잡으세요. 칼로 뭘 썰지 않는다면, 왼손을 무릎에 올려놓으세요.

5 Remember to thank your host or hostess when you leave. You should also telephone the next day to say 'thank you' again.

떠날 때 주인에게 감사하다고 인사하는 것을 잊지 않고 하세요. 그 다음날 전화를 걸어 다시 한번 감사하다고 말하는 게 옳습니다.

6 These are some of the basic guidelines, and of course, they may vary with the situation. When in doubt, it's best to look at what the other people at the dinner table are doing.

이것이 대략 기본적인 지침들입니다만, 상황에 따라 물론 다를 수도 있습니다. 잘 모를 때는, 다른 사람들이 식탁에서 어떻게 하는지 보는 것이 최선입니다.

- If so = If you are invited for a weekend homestay with an American family
  ➡ 'so'는 앞에서 언급된 문장 · 술부 등을 대신하다

❶
good 충분한
possibility 가능성
host 남자주인
tip 조언
concerning ~에 관한
table manners 식사예절

❷
informal 격식을 차리지 않은
dessert 후식
still 아직(도)
take off 벗다
enter 들어가다

- Arrive (by) five to ten minutes late, but never (arrive) early.
  ➡ '(by) five to ten minutes'는 'late'를 수식하는 부사구인데 '정도'를 나타내는 전치사 'by'가 생략된 채 부사 역할을 한다.
  ➡ 반복되는 어구는 생략된다.
- Take off your hat and coat as soon as you enter someone's home.
  ➡ 시간의 부사절에서는 현재시제로 미래를 나타낸다.

❸
feel free to 마음 놓고 …하다
politely 공손히
refuse 거절하다
lap 무릎
utensil 식사도구
several 몇몇의
farthest 가장 멀리 있는
plate 납작하고 둥근 접시
gradually 점차

- Feel free to politely refuse food that you don't want.
  ➡ 분리 부정사: to와 동사 사이에 부사가 삽입되는 것을 말하며 주로 양태부사가 삽입 되어 동사를 강조한다.
- I'm afraid it doesn't agree with me. / I'm not very keen on meat.
  저에게 이 음식이 맞지 않는 것 같아요. / 저는 고기를 별로 좋아하지 않아요.
  ➡ 권유받은 음식을 거절 할 때 'agree with (음식 · 기후 등이 성미에 맞다) / be keen on (~을 매우 좋아하다)'와 같은 어구를 사용한다.

❹
hold 갖고 있다
unless ~하지 않으면
left-handed 왼손잡이

❺
remember 잊지 않고 …하다

❻
basic 기본적인
guideline 지침
vary with ~에 따라 다르다
situation 상황

- Remember to thank your host or hostess when you leave.
  ➡ 시간 · 조건의 미래부사절은 현재동사로 미래를 대신한다.

- ➡ 'they'는 'basic guidelines'를 가리킨다
- When (you are) in doubt 잘 모를 때
  ➡ 'when, while, if, unless, as'로 시작되는 부사절에서 '주어 · 동사'가 종종 생략됨.

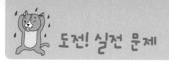

If you travel to the U.S. there is good possibility that you may be invited for a weekend homestay with an American family. If so, you would be having a number of meals with your host family – and these tips concerning table manners might **come in handy**:

▶ If the dinner is informal, ask if you can bring something, such as something to drink or dessert.

▶ Arrive five to ten minutes late, but never early. Your host or hostess may still be getting ready.

▶ Take off your hat and coat as soon as you enter someone's home.

▶ Feel free to politely refuse food that you don't want. Say, "No, thanks. I don't care for any."

▶ Put your napkin on your lap before you begin to eat.

▶ If there are a number of utensils; several forks, knives, and spoons, those farthest from the plate are supposed to be used first, and gradually move to the inside ones during the course of the meal.

▶ Hold the fork in your right hand unless you are left-handed.

▶ Keep your left hand in your lap unless you are cutting something.

▶ Remember to thank your host or hostess when you leave. You should also telephone the next day to say 'thank you' again.

These are some of the basic guidelines, and of course, they may vary with the situation. When in doubt, it's best to look at what the other people at the dinner table are doing.

1. Feel free to politely refuse food that you don't want. Say the following **EXCEPT** _____.

(A) No, thanks. I don't care for any.
(B) No thank you. I'm afraid I'm not very keen on meat.
(C) No thank you. I'm afraid meat doesn't agree with me.
(D) No, thanks. I've no more room left.

2. Choose the incorrect part of the sentence.

Arrive <u>five to ten</u> minutes <u>of late</u>, but <u>never early</u>. Your <u>host or hostess</u> may still be getting ready.
        (A)   (B)   (C)   (D)

3. The above advice concerning table manners is for those who
   _____.

   (A) are ill-mannered
   (B) are visiting America
   (C) are traveling abroad
   (D) are in doubt

4. The phrase "come in handy" means _____.

   (A) be valuable
   (B) be significant
   (C) be useful
   (D) be handmade

5. According to the information in the reading, which of the following is true?

   (A) It's polite to say that it was a very nice meal the other day.

   (B) If you're invited to dinner, try to be punctual.

   (C) Take off your shoes and coat as soon as you enter someone's home.

   (D) Eat quietly, chewing with the mouth closed.

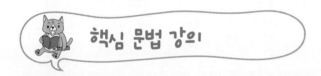
핵심 문법 강의

▶ 동명사와 to부정사

'remember, forget, regret' 다음에 오는 동명사는 이미 전에 일어난 과거의 일을, 부정사는 앞으로 일어날 미래의 일을 각각 나타낸다.

Remember to thank your host or hostess when you leave. 〈5번 문장〉

Don't *forget* to remember me.
날 잊지 말아요.

I'll never *forget* seeing my daughter dance in public for the first time.
내 딸이 처음으로 다른 사람들 앞에서 춤추는 것을 본 것을 결코 잊지 않을 거야.

He *regretted* having been overcharged for repairing the TV set.
TV 수리비 바가지 쓴 것을 그는 후회했다.

cf. I *regret* to say the experiment was a failure.
그 실험이 실패했다는 것을 전하게 되어 유감스러워.

overcharge[òuvərtʃáːrdʒ] 바가지를 씌우다
repair[ripɛ́ər] 수리하다(fix)
regret to do ~하게 되어 유감스럽다
experiment[ikspérəmənt] 실험
a failure[féiljər] 실패작

LESSON 7 0 Packaging Goods Is a Terrible Waste of Our Natural Resources

1

Have you noticed how much of the trash we throw away each week consists of packaging materials? Much of this packaging is completely unnecessary.

매주 우리가 버리는 쓰레기의 얼마나 많은 것이 포장 재료로 되어있는가 관심을 가져본 적이 있습니까? 많은 이런 포장이 완전히 불필요한 것이다.

2

It is used to make a product look larger or more attractive, but otherwise it has no purpose. When we take our purchases to the cash register, even more packaging is added. Much of this further packaging has no important purpose either.

상품이 더 크게 또는, 구매자의 마음을 더 끌도록 보이게 하기위하여 포장이 사용된다. 그것 말고는 다른 목적은 없다. 산 물건을 카운터에 가져가면 또 다시 포장을 해준다. 이와 같은 이중포장은 전혀 중요한 목적이 또한 없다.

3

It often happens that the material an item is wrapped in is much larger than the item itself, and often it weighs more as well. This is especially true of small items. Extra packaging is added to these items so that we will notice them and want to buy them. However, is this packaging of any real use to the buyer?

물건을 포장한 재료가 물건자체보다 훨씬 큰 경우가 종종 있다. 그리고 또한 포장이 무게가 더 나가는 경우가 흔히 있다. 이것은 특히 작은 물건인 경우에 그렇다. 우리가 그 물건들에 관심을 가지고 사고 싶도록 하기 위해서 이런 물건들을 추가로 포장하는 것이다. 그러나 이와 같이 포장하는 것이 구매자에게 진짜 어떤 쓸모가 있는가?

4

When we see unnecessary packaging being used, we should realize first that it is a terrible waste of our natural resources. Most plastic, for example, is made from oil and coal; paper is made from trees; and whatever kind of packaging material is used, making this material requires large amounts of energy. Second, we should realize that when we take the packaging material home and throw it away, even more of our natural resources are wasted: we must place the trash in plastic bags and a truck must haul it away and process it. Finally, we should realize that we pay for all this – the prices we pay at shops and supermarkets include the price of packaging, and we must also pay to have trash collected at our homes and processed.

불필요한 포장이 되는 것을 볼 때, 첫째로 우리는 그것은 우리의 천연자원을 심하게 낭비하는 것이라는 사실을 깨달아야만 한다. 예를 들어 대부분의 플라스틱은 석유와 석탄으로 만들어지고, 종이는 나무로 만들어지고, 거기에 포장 재료는 어떠한 종류가 사용되든 간에 이 재료를 만드는데 많은 양의 에너지가 필요하다. 둘째로 포장 재료를 집으로 가지고 와서 버릴 때, 훨씬 더 많은 우리의 천연자원을 다시 많이 낭비되고 있다는 사실을 깨달아야만 한다. 즉, 우리는 쓰레기를 쓰레기봉투에 넣어야 하고 트럭으로 운반해서 처리해야만 한다. 마지막으로 이러한 모든 일에 우리가 돈을 내야 한다는 사실을 깨달아야만 한다. 상점과 슈퍼에서 우리가 지불하는 가격에는 포장 값도 포함되어있고, 집에서 쓰레기를 모아 처리하기 위해 또한 돈을 지불해야만 한다.

5

Some packaging is, of course, necessary, but we should politely refuse packaging which is added for no good reason, and we should object when companies insist on packaging goods wastefully.

물론 일부 포장은 필요하지만, 아무런 타당한 이유 없이 추가되는 포장은 정중히 거절해야만 하고, 회사가 상품을 사치스럽게 포장하는 것을 강력히 요구할 때 우리는 반대해야만 한다.

- the trash (that) we throw <u>that</u> away consists of packaging materials
  S 쓰레기 ↑_____ 우리가 버리는   V ~로 이루어지다 O 포장 재료
  ➡ 목적격 관계대명사 'that'는 앞으로 이동하고 지금은 빈자리 〈56과 3번 참조〉

- It is used to make product look larger or more attractive
  _____   S   V   C
  V   O   O.C
  하기 위하여/제품이 더 크게 또는 구매자의 마음을 더 끌도록 보이게
  ➡ It is used ⋯ They use it(it = packaging) (~하기 위하여) 그들은 포장을 이용 한다
  ➡ '2형식 + 5형식 구조'; 사역동사 'make' 때문에 'look'는 원형동사

- the material (that) an item is wrapped in is much larger than the item itself
  S 재료 ↑____ 물건이 포장된 (형용사절)   V   C
  ➡ 'much'는 비교급 강조, 'itself'는 'item'을 강조

- ... is added to these items / so that we will notice them and want to buy them
  이 물건들에 (포장이) 추가 된다   우리가 그 물건들에 관심을 가지고 사고 싶도록 하기 위해서⋯
  ➡ so that we will / can / may ... ~하기 위해서/~하도록 〈목적〉

- When we <u>see</u> <u>unnecessary packaging</u> <u>being used</u> 불필요한 포장이 되는 것을 볼 때
  V   O   O.C 〈21과 99쪽/70과 300쪽 참조〉

- Most plastic is made from oil and coal; paper is made from trees
  ➡ 수동태에서 'from'은 화학적 변화, 즉 재료의 성질 변화를 나타낸다.
    cf. 'of'는 물리적 변화, 즉 형태 변화만을 나타낸다.
  eg. This blouse is made of silk.
    이 블라우스는 비단 제품이야.

- we must also pay / to have trash collected at our homes and processed.
  또한 지불해야만 한다 집에서 쓰레기를 모아 처리하기 위하여
  ➡ have + 목적어 + 과거분사: 어떤 사람에게 ~을 하라고 말/명령 하다

❶
notice 관심을 가지다
trash 쓰레기
throw away 버리다
package 포장하다
material 재료
completely 완전히
unnecessary 불필요한

❷
product 상품
attractive 사람의 마음을 끄는
otherwise 그것 말고는
purpose 목적
purchase 산 물건
cash 현금이나 지폐
register 기록(부)
add 추가하다
further 그 이상의

❸
item 물건
weigh 무게가 나가다
especially 특히
true of ~에 해당하는
extra 가외의

❹
realize ~을 알다
terrible 심한
natural 천연의
resource 자원
require 요구하다
amount 양
waste 낭비하다
place ~을 놓다
haul away 운반해서 치우다
process 가공·처리하다

❺
politely 공손하게
refuse 거절하다
object 반대하다
insist 강력히 요구하다
wastefully 사치스럽게

Have you noticed how much of the trash we throw away each week consists of packaging materials? Much of this packaging is completely unnecessary.

It is used to make a product look larger or more attractive, but otherwise it has no purpose. When we take our purchases to the cash register, even more packaging is added. Much of this further packaging has no important purpose either.

It often happens that the material an item is wrapped in is much larger than the item itself, and often it weighs more as well. This is especially true of small items. Extra packaging is added to these items so that we will notice them and want to buy them. However, is this packaging of any real use to the buyer?

When we see unnecessary packaging being used, we should realize first that it is a terrible waste of our natural resources. Most plastic, for example, is made from oil and coal; paper is made from trees; and whatever kind of packaging material is used, making this material requires large amounts of energy. Second, we should realize that when we take the packaging material home and throw it away, even more of our natural resources are wasted: we must place the trash in plastic bags and a truck must haul it away and process it. Finally, we should realize that we pay for all this – the prices we pay at shops and supermarkets include the price of packaging, and we must also pay to have trash collected at our homes and processed.

Some packaging is, of course, necessary, but we should politely refuse packaging which is added for no good reason, and we should object when companies insist on packaging goods wastefully.

1. According to the passage, which of the following is **NOT** true?

   (A) Extra packaging rarely causes the rise in the price of goods.
   (B) Excessive packaging can cause a terrible waste of our natural resources.
   (C) The prices we pay at shops include the price of unnecessary packaging.
   (D) Packaging is used to make merchandise look larger or more attractive.

2. Packaging goods _____.

   (A) are of no use to the buyer
   (B) serves the buyer's purpose
   (C) are anything but a waste of our natural resources
   (D) is nothing but garbage

3. Which of the following is **NOT** a synonym of the phrase "throw away"?

   (A) put out
   (B) dispose of
   (C) get rid of
   (D) run out of

4. Choose the most suitable one to fill out the blank.

   Wasteful packaging is used _____.

   (A) to make a product look more appealing
   (B) to making the buyers really attractive
   (C) to make the purchasers completely necessary
   (D) getting rid of extra natural resources

핵심 문법 강의

① **지각 동사 + O + [현재분사 / 과거분사]**

지각 동사 뒤에 목적 보어로 현재분사, 과거분사가 올 수 있다.

a. I saw her *swim across* the river.

b. I saw her *swimming across* the river.

→ 문장 a)는 '그녀가 수영을 해서 강을 건넜다' 는 뜻으로 동작이 완료됨을; 문장 b)는 '강을 가로 질러 수영하고 있다' 는 동작이 진행되고 있음을 뜻한다.

c. I heard my name *called* behind. 뒤에서 내 이름이 불려지는 것을 들었다.
〈21과 핵심 문법 강의 참조〉

= I heard someone *call* my name behind. 〈능동태〉

→ 수동의 의미일 때는 과거분사를 쓴다.

② **have + O + 과거분사**

we must also pay to have trash collected at our homes and processed.

I'm going to the hairdresser's to have my hair cut. 이발하러 이발소에 갈 거야.

→ 'have' 동사는 '~가 …을 하게 하다(cause somebody to do something)' 또는 '~이 이루어지게 하다 (cause something to be done)' 와 같은 사역의 뜻이 있으므로 'I had someone cut my hair.' 는 'I employed someone to cut my hair for me.(어떤 사람을 시켜 내 머리를 나대신 깎도록 했다.)' 라는 뜻이다. 그러나 문장의 형태를 좀더 간결하고 깔끔하게 표현할 수 있도록 하기 위해 'I had my hair cut.' 와 같이 수동문장이 흔히 쓰인다. 〈21과 핵심 문법 강의 참조〉

cf. I cut my hair yesterday.

→ 자기가 직접 자기 머리를 깎은 것을 의미한다.

정답과 해설

LESSON 1

1. (D) 언어와 추상적 사고의 긴밀한 관련은 동물에서는 볼 수 없다. indispensable 없어서는 안 될 of an age 동갑의 concurrently 동시에
2. (C) ancestor 조상 offspring 자손, 후손
3. (C) 등위접속사(and)의 좌우는 동일 구조이므로 'start … and follow …'와 같이 고친다.

LESSON 2

1. (C) 얼굴에 여드름이 있다고 외롭고 매우 불행하지는 않다. the merciful 자비로운 사람들 the less fortunate 덜 행복한 사람들 self-interest 사리사욕
2. (A) (B)는 lonely; (C)는 merciful; (D)는 outgoing(외향적인)의 뜻 forgive 용서하다 punish 벌주다 cruel 잔인한 mix with ~와 잘 어울려 지내다
3. (C) the homeless 무주택자들 〈245/291쪽 핵심문법강의 참조〉
4. (D) 등위접속사 and는 동일 문법 구조로 연결된다. miserably → miserable

LESSON 3

1. (B) 제목으로 가장 적합한 것은 "쓰레기 처리"이다.
2. (D) "매일 버리는 쓰레기 양은 심각하다."고 위 글에서 언급했으므로 (D)는 옳지 않다. annoying 짜증이 나는 come up to ~에 이르다 combustible 타기 쉬운 serious 심각한
3. (A) thrown-away 버리는 manufactured 가공한, 제조된
4. (C) everyday는 형용사로만 쓰이고, 부사로 쓰일 때는 every day처럼 두 단어로 쓰인다.

LESSON 4

1. (C) 위 글의 주제는 "생태계의 발달과정"이다.
2. (A) (B)는 환경(environment), (C)는 자연(nature), (D)는 숲(forest)에 대한 설명이다. surrounding 환경 exist 존재하다 independently of ~와 독립하여, 별개로
3. (C) 명사 stages를 꾸며주므로 similarly → similar와 같이 부사를 형용사로 고친다.

LESSON 5

1. (A) 위 글의 주제는 "환경과 에너지"이다.
2. (C) "핵에너지는 많은 쓰레기를 야기시키지 않는다."는 내용은 언급되지 않았다. pollutant 오염물질 scarcely 거의 …하지 않는 impact 영향
3. (D) therefore 그래서 nevertheless 그럼에도 불구하고 moreover 더욱이 〈225쪽 참조〉
4. (A) atmospheric 대기의, 공기의 pollution 오염

LESSON 6

1. (C) 위 글의 제목으로 가장 적합한 것은 "부적절한 비료 사용"이다.
2. (D) "많은 양의 비료가 흙으로 스며들지만 흙에 해를 주지는 않는다."는 것은 본문의 내용과 일치하지 않는다. there is no doubt ~은 확실하다 planet 지구 life-giving 생명을 주는 contaminate 오염시키다
3. (B) 비료를 부적절하게 사용함으로써 야기되는 것이 아닌 것은 "곡물 수확의 증가"이다.
4. (C) 식물이 흡수하는 무기비료의 비율은 얼마나 되는가? 2째줄에 언급되어 있다.

LESSON 7

1. (B) "특히 인간이 원인이 되는 미래 기후 변화가 현재 걱정해야 하는 이유이다."라는 내용이 위 글을 가장 잘 요약하고 있다.
2. (B) "지나치게 화석 연료를 사용하는 것"이 현재 지구 온난화의 주원인이다.
3. (A) 최근에 기후가 더 불안정해졌다는 증거가 있다. unstable 불안정한 unequal 같지 않은 seasonal 계절의 unsatisfactory 불만족스러운

LESSON 8

1. (C) 뼈들은 지금 몇 년 된 것인가?
2. (D) 여기 저기 어떤 종류의 뼈들이 놓여있었나?
3. (B) extremely 매우 shocked 충격적인 awkward 어색한; 거북한
4. (A) inquire 묻다 demand 요구하다 recommend 권장하다 request 요청하다

LESSON 9

1. (C) 글의 제목으로 적합한 것은 "지방 전통을 파괴하는 관광사업"이다.
2. (D) "관광객들은 어떤 나라의 전통적 생활방식에 관심이 끌리지만, 인류학자들은 젊은이들이 이런 생활방식에서 떠나가고 있다고 생각한다."가 위 글의 요약으로 가장 적절하다.
3. (A) synonym 동의어 unwilling 마지못해하는 favorable 호의를 보이는; 유리한
4. (C) or (명령문 또는 명령의 뜻이 담긴 'must' 다음에) 그렇지 않으면 heritage 유산(遺産) disappear 사라지다

LESSON 10

1. (C) "관광사업이 자멸적일 수 있다는 것을 우리는 25년이 지나서 깨달았다."가 위 글의 요약
2. (B) 밑줄 친 내용은 '앞으로 계속되는 이익을 가져다 줄 수 있는 것을 파괴하는 것'을 뜻한다.
3. (D) 환경은 제3세계 정부에 종종 중요하지 않다. 제3세계의 많은 정부들은 관광사업을 경제적 문제점들을 해결할 수 있는 손쉬운 해결책으로 생각한다.

LESSON 11

1. (A) "남색은 우울한 기분을 의미하는데, 환상적인 기분이다."라는 것이 옳지 않음. fantastic 환상적인 should (충고) ～하는 게 좋다 consult a doctor 진찰을 받다
2. (C) 핑크색깔은 기분이 아니고 건강과 관련이 있다.
3. (C) 시간·조건 부사절에서는 현재 시제로 미래를 나타낸다. If I'll look → If I look

LESSON 12

1. (A) 모든 아이들이 교육을 받아야 한다고 2번째 문장에서 언급하고 있다. based on ～을 근거로 intellectual 지적(知的)의 qualified 자격이 있는 elector 유권자
2. (B) 미국교육의 본질이 아닌 것은? public affairs 공적인 일 financially 재정적으로 equip ～을 갖추다 broad 폭넓은
3. (B) qualified 자격 있는; 적임의 extremely 매우 characteristic 명 특성 형 특색을 이루는
4. (C) economical 알뜰한 → economic 경제의, 경제학의

LESSON 13

1. (A) "하와이에서 텍사스 운전면허로 운전하는 것은 허용 된다"는 것이 글의 내용과 일치한다.
2. (B) "다른 나라 면허로 얼마동안 운전이 허용되는가?" at least 적어도 be up to (어떤 일의 결정이) ～에게 달려있다
3. (C) "위 항목들은 무엇에 대한 이야기인가?"- "하와이에서 운전법규"

LESSON 14

1. (D) 많은 금전적 보상 때문에 아이들이 야구나 농구선수가 되도록 부모들이 권한다고 존슨은 믿고 있다. encourage 권하다, 격려하다 popularity 인기 financial 재정적 reward 보상
2. (C) outstanding 뛰어난 regard A as B A를 B 생각하다
3. (B) property 재산 cause 원인 significance 중요성
4. (C) 미국 젊은이들이 야구나 농구 선수가 되고자 하는 동기는 돈 때문이다. be fond of ～을 좋아하다 motivate ～에게 동기를 주다 be good at ～을 잘하다

LESSON 15

1. (C) "미국은 다문화 사회가 되었다."는 것이 글의 내용과 일치한다. profoundly 심오하게 unrestricted 제약 없는
   counterproductive 역효과의
2. (D) "이주자들의 일부는 미국에 …할 목적으로 미국에 왔다." with a view to -ing …할 목적으로
   get away from ~로부터 벗어나다 avoid 피하다 persecution 박해
3. (C) antonym 반대어 offspring 자손 ancestor 조상 posterity 후손

LESSON 16

1. (C) "위 글의 제목으로 가장 적합한 것은?" – "가정에서의 쇼핑" run errands 심부름가다
2. (A) "홈쇼핑의 규모는 2010년까지 줄어들 것이다."는 올바른 진술이 아니다. reduce (양 · 규모 · 가격 · 무게 등을) 줄이다
   range 범위 limit 제한하다
3. (D) "홈쇼핑은 전화 · 컴퓨터 · 우편주문으로 할 수 있다."
4. (A) 홈쇼핑으로 무엇을 살 수 있는가? anything but ~외에 무엇이든

LESSON 17

1. (B) "판매되는 물건은 이월 상품" previous 이전의, 앞의 redundant 잉여분의 urgent 긴급한
2. (B) 구매한 물건이 마음에 들지 않는다 하더라도 교환될 수 없다. 5째줄 final 교환될 수 없는
3. (A) get rid of 처분하다(sell) dispose of (원치 않거나 계속 가지고 있을 수 없는 것을) 처분하다 purchase 구매하다
   out of stock 품절된
4. (C) 앞서 언급된 내용을 요약하여 논리적인 결과를 나타낼 때 'therefore' 가 쓰인다.

LESSON 18

1. (D) "동전과 지폐의 형태로 된 돈이 더 이상 쓰이지 않는 사회, 즉 credit cards 또는 수표만이 쓰이는 사회를 상상할 수
   있다."는 위 글에서 언급되지 않았다.
2. a. marketplace   b. barter
3. (A) 몇 종류의 지폐와 동전을 기반으로 하는 화폐경제 measure 측정하다 value 가치 store 축적하다

LESSON 19

1. (D) 동양에서의 실업률이 증가한 것은 구조조정 때문이다.
2. (C) "(A) jobless (B) emigrant (C) immigrant"의 뜻 dismiss 해고되다; 깨끗이 잊어버리다 permanently 영구히
3. (D) 'the + 동명사' 또는 형용사의 수식을 받거나 복수로 쓰일 때 동명사는 보통명사가 되어 목적어를 가질 수 없다.
   the restructuring industry → the restructuring of industry

LESSON 20

1. (A) 사람들이 있는 곳은 어디인가? court 법원; 마당, 뜰 police station 경찰서 wine bar 술집
2. (C) 신임 경찰관은 그가 전에 바텐더였기 때문에 피고인이 만취해 있었다는 것을 확실히 말할 수 있었다.
   without (a) doubt 틀림없이
3. (B) guilty 유죄인 suspected 혐의가 있는 frightened 두려워하는

LESSON 21

1. (A) "위 글의 제목으로 가장 적합한 것은?" – "치료로 쓰이는 와인" therapy (약이나 수술이 아닌 몸 또는 마음) 치료
   excessive 지나친, 과도한
2. (B) "과음은 인간사회에 불행의 씨"라는 언급이 없다. property 재산, 특성; 효능 curse 화(禍), 불행의 씨
   indulgence ~에 빠짐 benefit 이익
3. (D) 식사와 함께 적당히 와인을 마시면 건강하고/마음이 편안하고/차분하게 해준다. relaxing calm 침착한 upset 동 전
   복시키다; 당황케 하다; 화를 나게 하다

4. (B) 〈19과 91쪽 참조〉

LESSON 22

1. (D) "비흡연자의 권리는 무시돼도 좋다."는 언급이 없다. irritated 짜증난 forbid 금지하다 worthless 하잘 것 없는
2. (B) grant 승낙하다; 인정/시인하다 calculate 계산하다
3. (B) nevertheless 그럼에도 불구하고 on the contrary 이에 반하여 〈225쪽 참조〉
4. (C) 종속절(that이하)내에 주어가 없으므로 smoke → smoking(동명사)

LESSON 23

1. (A) "간접흡연의 건강 위험이 강조되지 않는다."는 잘못된 진술이다. hazard 위험 underscore 강조하다
   bronchial tubes 기관지 affect 영향을 주다 function 기능
2. (D) "흡연에 영향을 받지 않는 기관(器官)은 어느 것인가?" bronchial tube 기관지
3. (B) 타동사 generate의 의미상 목적어 the toxic fumes가 동사 앞에 있을 때는 수동관계가 되어야 하므로 generated
   가 올바른 표현이다.

LESSON 24

1. (B) another physical benefit를 서술하고 있으므로 앞서 운동의 장점을 이미 언급했다는 것을 유추할 수 있다.
   previous 이전의 most likely 아마, 십중팔구 discuss 이야기/토론하다
2. (A) 골다공증은 나이든 사람에서 발견된다. the old 노인
3. (C) 'this' 는 바로 앞에서 언급한 '뼈가 점차 손실되어 가는 과정' 을 가리킨다.
4. (B) 명사(process)를 수식하는 것은 형용사 gradually → gradual

LESSON 25

1. (D) "위 글의 제목으로 가장 적합한 것은?" – "의학연구에 동물사용의 사례(事例)"
2. (B) 동물은 누구를 위하여 죽어야만 하는가?
3. (B) 글의 요지는 "인간의 이익 때문에 연구에 동물사용이 정당화될 수 있다."는 것이다. justify 정당화하다
   be dependent on ~에 달려있다
4. (D) 'and' 로 연결되는 구문에서 동일한 문법 구조가 쓰인다. depressed → depression

LESSON 26

1. (A) "위 글의 제목으로 가장 적합한 것은?" "수면 중에 무슨 일이 일어나는가?" activity 활동 physical 신체적
   difference (두 사람/사물 사이에서의) 차이
2. (C) "수면 중에 호흡이 느려진다"는 것이 위 글의 내용과 일치한다. protect 보호하다 suffer 고통을 받다
   insomnia 불면증 cease 멈추다 function 작동하다
3. (B) 이 글 앞에 나왔을 내용은 첫 문장 "잠자는 이유보다 잠이 무엇인가 …"에서 유추할 수 있다.
   precede ~에 앞서다, 에 선행하다
4. (C) 고열은 감기 조짐의 하나이다. token (사랑·슬픔·모임 등의) 표 symptom (질병의) 조짐 symbol 상징

LESSON 27

1. (C) 이 글을 쓴 목적은 "불면증으로 고통을 받는 사람에게 조언해주기 위한 것"이다.
2. (B) "불면증으로 고통 받는 사람들은 불면증으로 인한 상태를 과장한다."는 것이 위 글의 내용과 일치한다.
   exaggerate 과장하다 effect 상태, 변화, 결과
3. (A) 위 글의 출처는 "과학 잡지" technical 기술의 journal (학회 등의) 정기 간행물; 신문
4. (D) "위 글은 누구를 위한 것이라고 생각하는가?"–"불면증 환자들" psychology 심리학

LESSON 28

1. (B) "운동이 숙면을 보장하지 않을 것이다."라는 내용은 언급되지 않았다.
   stick to ~에 집착하다 guarantee 보증하다; 약속하다 stimulate 자극하다
2. (D) 불면증의 원인이 되는 것이 아닌 것은? lead to ~의 원인이 되다; ~로 이끌다
3. (A) 위 글에 쓰인 조언들은 불면증 환자들을 위한 것이다.
4. (A) shallow 얕은; 피상적인 intoxicated 만취한; 황홀한 sound 휑 충분한; 건전한; 확실한 몡 소리, 음(音) 동 ~하게
   들리다 comfortable 안락한

LESSON 29

1. (A) 스트레스에 대처하는 최상책은 휴식과 즐거운 생활을 하는 것이다. cope with ~을 다루다, 처리하다
   enjoy oneself 즐겁게 보내다
2. (C)
3. (D) 직장에서의 스트레스로 고통을 받는 사무실 근로자들의 비율은?
4. (C) irritation 짜증나게 함 relaxation (마음을 편하게 가지는) 휴식; 긴장완화 anxiety 근심 걱정

LESSON 30

1. (C) "햄버거는 어떤 형태일까?"
2. (A) "손님과 종업원은 각각 'long' 이라는 단어를 어떻게 이해했다고 생각하는가?"
3. (B) perplexed 당황한 satisfied 만족한 extremely 매우 disappointed 실망한

LESSON 31

1. (B) 여인이 소리를 지른 이유는 "극장표가 매진되었다."고 했기 때문이다. be stood up 바람맞다 despite ~임에도 불구
   하고 be sold out 매진되다 scare 놀라게 하다, 겁나게 하다
2. (A) 극장 안에 빈 좌석이 있다고 누가 그 여인에게 알려 주었나?
3. (C) 극장 안에 2좌석이 남아있다고 매표소 직원에게 알려주었기 때문이다. bossy 두목행세를 하는, 사람들에게 이래라 저
   래라 명령하는

LESSON 32

1. (C) 서비스의 장점으로 (A)를 생각할 수 있지만 'foolproof' 는 '쉽게 작동할 수 있는' 의 뜻으로 부적합하다.
   "Saves money"에서 "economical(경제적인)"을 유추할 수 있다. comfortable (침대 등이) 편안한
   cf. convenient (시간·노력이 들지 않는) 편리한
2. (B) 신청자는 앤서맨 사용이 얼마동안 무료인가? applicant 신청자, 지원자 for nothing 공짜로
3. (A) (음성사서함) 서비스는 언제 끝나는가?

LESSON 33

1. (A) 그 여인이 친구에게 초대를 확인하려고 전화를 했다. confirm 확인하다 a social gathering 사교모임
   regard (pl.) 안부 immediately 즉시
2. (C) 몇 시에 그들은 저녁을 함께 먹기로 되어 있었는가? be supposed to ~하기로 되어 있다; ~라고 소문나다; ~해야
   만 하다; ~하다던데
3. (C) 왜 상대방 전화에서 불길한 침묵이 있었다고 생각하는가? cancel 취소하다.
4. (D) 〈147쪽 참조〉

LESSON 34

1. (C) 이 글에서 "전화받을 사람의 행방에 대해 캐묻는 것"은 좋지 못한 예절이라고 언급되어 있다.
   apologize 사과하다 query 캐묻다
2. (D) 위 글에 따르면 다음 중 어느 것이 전화 걸었을 때 적절한 질문인가?

step out 잠깐 외출하다 leave a message 전갈을 남기다

3. (A) manner 몡 방법; (pl.) 예절, 예의 eg. table manners 식사예절

LESSON 35

1. (C) express 표현하다 gratitude 감사하는 마음 appreciate 고맙게 여기다 complain about 불평하다
   purchase 구매; (pl) 구매한 물건 put together 조립하다
2. (C) 새로 산 제품에 문제가 있거나 불만이 있다면 환불/교환/도로 가져와도 되나요? refund 환불(하다) exchange 교환하다
3. (A) grateful for + (사물) ~에 감사하는 grateful to + (사람) ~에게 감사하는

LESSON 36

1. (A) apology 사과 appreciation 감사 recommendation 추천 introduction 소개
2. (C) urgent 매우 중요해서 즉시 조치를 취해야하는, 긴급한 essential 매우 중요한 marvelous 놀라운; 훌륭한
   fault 결함, 흠 wrong 부당 행위
3. (C) 시간과 조건 부사절은 현재시제로 미래를 대신하므로 (C)에서 'will' 삭제한다.

LESSON 37

1. (B) 편지를 쓴 사람은 무엇에 대하여 불평을 하는가? complain about 불평하다 extra charge 추가 요금
2. (B) 누구에게 쓴 편지인가? travel agent 여행사 직원 private investigator 사설탐정
3. (C) 〈159쪽 참조〉

LESSON 38

1. (A) 이 공식 통지서를 (은행이) 고객에게 보냈다. accountant 회계사 a limited company 유한회사
2. (D) "고객에게 신용카드를 반으로 자르도록 요구한 이유는?" – "다른 사람이 사용할까봐"
3. (B) 이 공식 통보가 고객에게 알린 것은 '1천 달러를 대출했다'는 (A)가 아니라, '신용 한도액이 초과되었다'는 (B)라는 것에
   주의해야 한다.
4. (C) 밑줄 친 'this'가 가리키는 것은 '귀하의 거래가 폐쇄되었다'는 공식통지

LESSON 39

1. (C) "그는 자기 엄마의 현명한 생각에 허를 찔렸다."가 글의 내용과 일치한다. debt 빚 outwit ~의 허를 찌르다
2. (C) 그의 엄마는 어떤 사람이라고 생각하는가? selfish 이기적인 quick-witted 재치 있는 slow-witted 우둔한
3. (A) 부모에 대한 아들의 태도는 어떻다고 생각하는가? attitude 태도 ungrateful 배은망덕한 sympathetic 동정적인
   filial 효성스러운
4. (B) 본문의 it은 자기 부모로부터 5천 달러를 빌렸다고 진술하는 편지를 가리킨다.

LESSON 40

1. (B) 다른 손님이 먼저 파이를 대접받기를 수잔 아버지는 원해서 건넨 것이다.
   completely 완전히 spoil one's appetite 식욕을 잃다 spoil 망치다 appetite 식욕
2. (A) "수잔의 부모님들은 자기 집에서 손님들에게 저녁식사를 제공했다."는 것이 이 글의 내용과 일치한다.
   provide 주다, 제공하다 manage 경영하다; 관리하다; 시간을 내다
3. (C) 명사가 다른 명사 앞에서 형용사 역할을 할 때는 항상 단수형이다.

LESSON 41

1. (A) "동물원 호랑이 탈출"이 위 글의 제목으로 가장 적절하다.
2. (C) 위 글의 4째 줄에 '호랑이 우리 주변의 나무가 너무 낮게 드리워져 있다'고 언급되어 있다.
3. (B) get along with 사이좋게 지내다 get away 도망가다 arrest 체포하다
4. (A) "police"는 집합명사로 항상 'the'와 함께 쓰이며 복수 의미

LESSON 42

1. (B) "조언을 하는 사람이 헷갈려하는 사람에게 그가 사랑하는 여자와 결혼하라고 왜 제안 했는가?" – "그 부유하고 늙은 여자를 자신이 원했기 때문이다."
2. (A) attractive 매력적인 charming 매력 있는 innocent 순진한 considerate 사려 깊은 generous 관대한
3. (C) suitable 적합한 fill in 채우다 get away with ~을 가지고 달아나다 get along with ~와 잘 지내다 get in touch with ~와 연락하다 get out of ~에서 나오다
4. (B) marry(~와 결혼하다)는 완전 타동사이므로 전치사를 필요로 하지 않지만 수동문에서는 got married to가 되어 '~에게 장가가다 또는 시집가다' 의 뜻이 된다.

LESSON 43

1. (B) 이러한 규칙들은 어디에서 볼 수 있는가? regulation 규칙; 법규 library 도서관 auditorium 강당
2. (C) records에 대한 언급은 없고, 잡지는 집에 가져 갈 수 없다. purpose 목적 permit 허용하다(allow) refreshment (간단한) 음식물
3. (D) reserve 예약하다 erase 지우다 duplicate 복사하다; 모방하다

LESSON 44

1. (D) "위 설명서는 동전투입 자동세탁기 사용자를 위한 것이다."
   instruction 설명서 refrigerator 냉장고 electronic shop 인터넷 상점
2. (A) "못 쓰게 만든 옷에 책임이 없다."고 언급했지만, (B), (C), (D)에 대한 언급은 없다.
   in charge of 책임지는; ~을 담당하는 change 잔돈 item 물건; 품목; 조항, 항목
3. (A) take away ~로부터 꺼내다 put off 미루다, 연기하다 get rid of 제거하다, 없애다 take off (모자 · 옷 따위를) 벗다

LESSON 45

1. (B) responsibility 책임지고 돌봐야 할 일, 책무 deal with 다루다 heavy things 무거운 물건
   cf. heavy client 다루기 힘든 고객 document 문서
2. (C) (A)는 5번째, (B)는 7번째, (D)는 2번째 사항에 각각 언급되었지만, (C)에 대한 언급은 없다.
3. (A) assistant 조수, 보조원 client (은행 · 변호사로부터 전문적인 서비스를 받는) 고객

LESSON 46

1. (C) "호텔 규칙에 따르면 손님은 몇 시에 방을 비워야만 하는가?" vacate (방 · 집을) 비우다
2. (A) 전기 쿠커도 (가정용) 전기기구에 해당하므로 (A)는 올바른 진술이 아니다.
3. (C) recommend의 종속절에 (should) be deposited

LESSON 47

1. (D) "화자(話者)는 이웃으로부터 무엇을 빌렸는가?"
2. (A) "이웃은 나에게 왜 가스 쿠커를 빌려가고 싶어하는지를 물어봤는가?" – "이웃은 내가 그것을 청소해주기를 바랐기 때문에" return 갚다, 답례하다 favor 호의, 친절
3. (C) roughly 거칠게; 대충 immediately 즉시 carefully 정성들여, 주의 깊게 clearly 분명히
4. if I would like to borrow the gas cooker

LESSON 48

1. (D) 집에 늦게 오는 것에 대한 변명을 늘 하기 때문에 (D)가 틀린 진술이다.
   lack 부족, 결핍 concern 관심 considerate 사려 깊은 excuse 변명
2. (C) (A), (B), (D)는 부인을 우울하게 하는 원인이지만 '실직했다' 는 (C)의 언급은 없다.

notify 알리다 stand up ~를 기다리게 하다 occasionally 가끔

3. (A) argument 언쟁; 논쟁 last 지속/계속하다 not cooked food 요리가 안 된 음식

4. (A) marry는 완전 타동사이므로 목적어를 필요로 하지만, 주어가 We이므로 수동으로 해야 하고, 3년 동안 결혼 생활을 해오고 있으므로 완료 수동이 되어야 한다.

LESSON 49

1. (D) 3번째 문장에 '식물 플랑크톤은 유독성이고 소화가 되지 않기 때문에 사람에게는 식량원(原)으로 적합하지 않다.'라고 쓰인 것으로 보아 (D)는 올바른 진술이 아니다.

2. (C) refer to ~을 가리키다

3. (B) extremely 매우 edible 식용의, 먹기에 안전한 rare 희귀한, 보기 드문

4. (D) known as ~로 알려진 cf. known to ~에게 알려진

LESSON 50

1. (D) the darndest things를 통해서 정답이 (D)임을 알 수 있다. darndest 혱 별난(unusual)

2. (A) from forming the fries out of dehydrated potato concentrate를 통해서 정답이 A임을 알 수 있다.
   dehydrated 혱 건조된(dried)

3. (B) the sizzling hot fries를 통해서 튀김이 매우 뜨거움을 알 수 있다.

4. (D) 마지막 줄에서 케첩과 소금이 컵의 밑바닥에 있음을 알 수 있다.

LESSON 51

1. (A) One law for the rich and another for the poor. 유전무죄 무전유죄(有錢無罪 無錢有罪)
   Other times, other manners. 세대가 다르면 관습도 다른 거야.

2. (D) 미국에서 선생님들의 시선을 똑바로 쳐다보는 것은 무례하게 생각하지 않는다.

3. (D) 등위접속사(or)의 좌우는 동일한 문법구조이어야 하므로 'touching or looking into'가 되어야 한다. 'avoid'는 항상 동명사를 목적어로 한다.

LESSON 52

1. ① (A) ② (B) ③ (C)

2. (C) "위 연설은 누구에게 한 것인가?" deliver 배달하다; (연설을) 하다

3. (D)

LESSON 53

1. (D) Levi는 청바지 Levies를 처음 만든 사람의 이름이다.

2. (C) 광부들이 옷을 험하게 입기 때문에 레비는 바지를 질기게 만들길 원했다.
   strong (천이) 질긴; (술이) 독한; (커피가) 진한 hard on 험하게/모질게 구는

3. (B) sought-after 혱 (품질이 좋아) 인기 있는/수요가 있는

4. (D) be busy -ing ~하느라 바쁘다

LESSON 54

1. (C) 질문자는 머리가 빠지는 원인에 대한 조언을 구하고 있다.

2. (A) 질문자는 어느 의사를 찾아가는 게 좋을까요?

LESSON 55

1. (C) 우리가 아마존 숲을 파괴하면 환경적 자살 행위라는 (C)가 가장 적절하다. '온도 상승으로 인한 해수면이 상승되어 해안 도시가 바다에 잠기게 될 것'이라는 내용은 홍수와 무관하므로 (D)는 정답이 될 수 없다.
   agree 동의하다 destroy 파괴시키다 environmental 환경의 suicide 자살 (행위)

2. (C) 온도 상승으로 인한 결과가 괄호 다음에 언급되고 있으므로 "그 결과(as a result), 그런 까닭에"의 뜻을 나타내는 (C)가 정답이다.

3. 콜론 다음에 two things가 가리키는 것이 언급되고 있다. 즉, 세계 기후에 심각한 결과와 우리가 들이마시는 공기 중의 일부인 산소를 잃게 된다는 것

4. (C) '우리가 공기를 들이마신다' 는 과학적 진술이므로 현재 시제를 쓴다.

LESSON 56

1. (A) reason 이성 be referred to as ~으로 생각/간주되다

2. (B) other는 말하는 상대방 또는 앞서 언급된 것을 제외한다는 뜻이므로 말하는 사람과 그 밖에 12명이면 모두 13명이 되므로 빈칸에 적합한 것은 (B)가 된다.

3. (A) 〈239쪽 3번 참조〉

LESSON 57

1. (C) "알코올 중독자는 치료될 수 없다."는 말은 언급되지 않았다. cure 치료하다

2. (D) 자동차 사고 사망 중 얼마의 비율이 술과 관련이 있는가? proportion 비율; 조화

3. (A) 알코올 중독이 가장 심각한 사회적 문제이고, (B), (C), (D)는 알코올 중독으로 발생하는 예이다.
   separation 별거, 이별; 분리

4. (B) connected with ~과 관련이 있는 charged with ~을 책임지고 있는 infected with ~에 감염된

LESSON 58

1. (D) 마지막 두 문장에서 "그녀와 같은 '신세대' 사고를 가진 사람하고만 결혼할 것이다."라는 말로 미루어 보아 (D)가 정답이 된다.

2. (C) 2째 단락의 "I'm not going … life is too short.(인생이 너무 짧기 때문에 저는 그렇게 살지 않을 겁니다.)"라는 말로 봐서 글쓴이는 인생을 즐기고 싶어 한다는 것을 알 수 있다.

3. (B)

LESSON 59

1. (D) (A)는 1-2째 줄에, (B)는 첫째 줄에, (C)는 둘째 단락에 언급됨 mixed 서로 다른(different), 여러 잡다한
   66%= more than half

2. (B) 아이들 때문에 스트레스를 받는 부모들의 비율은? proportion 비율; 조화

3. (D) antonym 반대어 optimistic 낙천적인 satisfied 만족하는 fantastic 환상적인 gloomy 우울한; 어둑어둑한
   skeptical 회의적인

LESSON 60

1. (D) 첫째 문장에서 '운동을 증가시키면 심장마비를 일으킬 약간의 위험은 감소될 수 있다.' 라고 언급했기 때문에 정답을 유추할 수 있다. infer 추론하다, 추리하다

2. (D)

3. (C) 'unfit' 는 '건강이 좋지 않은; 부적당한' 의 뜻으로 (A)와 (C) 둘 다 가능하지만 위 글에서는 '건강이 좋지 않은' 의 뜻으로 쓰인 것이다.

LESSON 61

1. (D) "미성년자에게 담배와 술을 판매하는 것은 불법"이라는 (D)가 제목으로 가장 적합함

2. (A) "10대에게 술과 담배를 판매하는 것은 불법"이라는 것이 위 글의 요지이고, "판매하다적발되면 1년형을 받는다."는 것은 불법으로 인한 결과를 말하므로 (D)는 정답이 되지 못한다.

LESSON 62

1. (B) 흡연자를 대상으로 제임스 막스 세미나는 개최될 것이다.
2. (C) 이 세미나의 주제/목적은 '금연' ; (B)는 '세미나의 방법' 이므로 정답은 (C)
3. (B) "참가자들이 세미나 참석 후에 어떻게 할 수 있다고 광고하고 있나?" "하룻밤이면 (세미나장에서) 비흡연자로 걸어 나갈 수 있다." participant 참가자 urge 설득하다 for good 영구히
4. (A) '(B), (C), (D)' 다음에 흡연을 하고 싶은 욕망을 느낀다는 것을 위 글에서 추측할 수 있다.
5. (A) 동사 quit는 항상 (동)명사를 목적어로 한다. smoke ⇒ smoking

LESSON 63

1. (B) (A)는 재활용이 중요한 이슈라는 서론, (C), (D)는 쓰레기 처리 문제점 예시이다.
   support 입증하다, 뒷받침하다; 지탱하다; 후원하다 conclusion 결론
2. (B) untilize (실용적인 목적으로) 이용하다
3. (B) '(A), (C), (D) 는 재활용 재료이고, (B)만이 재활용품으로 만들어진 제품이다.

LESSON 64

1. (B) 지구의 온도 상승으로 농업과 홍수 · 가뭄과 같은 기후변화는 언급되었지만 지리적 변화는 언급되지 않았다.
   geography 지리, 지형 minor 사소한 ↔ major 중대한
2. (B) 괄호 앞에 the amount of these gases …가 언급되었고, carbon dioxide가 뒤따라 언급되었으므로 '가스들의 예'를 들고 있다는 것을 알 수 있다.
3. (A)

LESSON 65

1. (D) 많은 젊은이들이 상냥한 성격을 원하는 것이지 상냥한 외모를 원하는 것은 아니다.
2. (B) "능력 있고 자활할 수 있는 여성들을 원하는 남자의 비율"은 마지막 줄에 언급되어 있다.
3. (A) put off 밥맛 떨어지게 하다 delay 미루다 cancel 취소하다 arrange 조정/정리하다

LESSON 66

1. (B) gratitude 감사하는 마음 reputation 평판; 명성
2. (B) "이 이기적인 세상에서 절대적이고 사심이 없는 친구는 개"라는 것이 옳은 진술이다.
3. (A) 마지막 줄에 "은혜를 알고 결코 배신하지 않는"이라는 것에서 유추할 수 있다.

LESSON 67

1. (A) 제목으로 가장 적합한 것은 "여성들에게 걸맞는 평등권"이다.
2. (C) "(평등권을 주장하는 여성들이) 어려운 상황에 처하면 남자들과의 평등권을 요구하지 않는다."는 (C)를 정답으로 추론할 수 있다. infer 추론하다, 추리하다
3. (C) 이런 태도란 "여자들보다 자신들이 더 낫다고 남자들이 생각하는 것" 의미한다.

LESSON 68

1. (A) 주제를 묻는 문제로 (A)의 "신동들이 공통적으로 갖는 정신적 고민"이 정답이 된다.
2. (B) (A), (C), (D)는 올바른 진술이고, (B)의 진술 중 world가 아니라 Europe이다.
3. (A) "신동들이 다른 십대아이들과 다르다는 것"
4. (C) synonym 동의어 remarkable 놀라운 unusual 보통이 아닌 normal 보통의 special 특별한
5. (C) 두 가지 자질(資質)을 가진 멘델스존 한 사람을 가리키므로 관사 하나만을 붙인다.

LESSON 69

1. (D) '(A), (B), (C)'는 원치 않는 음식을 거절할 때, (D)는 더 먹으라는 권유를 사양할 때 쓰인다.
   feel free to 마음 놓고 ~하다 care for 좋아하다 agree with (음식 등이) ~에게 맞다 be keen on ~을 매우 좋아하다

2. (B) of late 요즈음, 최근 → late 늦게

3. (B) ill-mannered 예의가 없는 in doubt 망설이는, 의심하여

4. (C) valuable 귀중한 significant 중요한 useful 쓸모 있는, 유용한 handmade 손으로 만든

5. (A) 초대받은 시간보다 5-10분 늦게 도착하고, 서양에서는 집안에서도 신발을 벗지 않는다. (D)는 언급되지 않았음.
   punctual 〔형〕 시간을 엄수하는

LESSON 70

1. (A) (B)는 11, 15째 줄에, (C)는 17-18째 줄에, (D)는 3째 줄에 언급되어 있다. (A)에서 'rarely 좀처럼 ~않다'의 부사가 없으면 올바른 진술이 된다.

2. (D) 의미와 문법적 구조를 동시에 묻는 문제로, (A), (C), (D)가 정답 가능하지만 동명사 Packaging이 주어이므로 단수 취급한다. serve the buyer's purpose 구매자에게 소용이 있다

3. (D) put out 밖에 내놓다, 생산하다 dispose of 처분하다 get rid of 제거하다, 치워놓다 run out of ~이 바닥나다

4. (A) 'be used to -ing ~에 익숙하다'가 아니라 'be used to make ~하도록 …이 쓰인 것이다'라는 뜻으로 목적을 나타내는 부정사의 용법이다.